《我的前半生》的书里书外

——世界奇书人物解读

孟向荣◎著

群众出版社
·北京·

图书在版编目（CIP）数据

《我的前半生》的书里书外：世界奇书人物解读 / 孟向荣著. —北京：群众出版社，2021.12

ISBN 978-7-5014-6173-8

Ⅰ.①我… Ⅱ.①孟… Ⅲ.①爱新觉罗·溥仪（1906-1967）—人物研究②《我的前半生》—研究 Ⅳ.①K827=7

中国版本图书馆 CIP 数据核字（2021）第 199661 号

《我的前半生》的书里书外——世界奇书人物解读

孟向荣 著

出版发行：群众出版社
地　　址：北京市丰台区方庄芳星园三区 15 号楼
邮政编码：100078
经　　销：新华书店
印　　刷：涿州市新华印刷有限公司

版　　次：2022 年 1 月第 1 版
印　　次：2022 年 1 月第 1 次
印　　张：11.625
开　　本：880 毫米×1230 毫米　1/32
字　　数：324 千字

书　　号：ISBN 978-7-5014-6173-8
定　　价：42.00 元

网　　址：www.qzcbs.com
电子邮箱：qzcbs@sohu.com

营销中心电话：010-83903991
读者服务部电话（门市）：010-83903257
警官读者俱乐部电话（网购、邮购）：010-83901775
文艺分社电话：010-83901330　010-83903973

写在前面的话

自从2005年年底担任《我的前半生（全本）》责任编辑以后，我就开始研究《我的前半生》的出版史。2016年在中国文史出版社出版了拙著《探寻丢失的历史——〈我的前半生〉出版史话》一书。此书勒为三编：档案编、图书编、权利纠纷编，是侧重于成书史的出版史研究专题汇编。它的后封宣传语概括了其内容和特点。

……该书比较全面地叙述了《我的前半生》从准备、撰写，到成书、修改、出版，以及出版后的社会反响、版权纠纷等详细过程，尤其是对书稿修改的描写更为细致（涉及主管单位、中央有关部门、各级领导、创作者、有关方面专家及普通读者等），体现了《我的前半生》的出版，是在党和国家的直接关怀、指导下完成的，凝聚了众多人物的心血，是集体智慧的结晶。

该书史料性较强，对深入研究新中国出版史有一定的参考价值。

到2019年，我又完成了《〈我的前半生〉成书史论》（群众出版社2021年9月出版，勒为正编、补编两大部分）。在“导言”中，将其与中国文史出版社版作了区别：“《探寻丢失的历史——〈我的前半生〉出版史话》出版后，笔者有幸掌握了一些新史料，对‘成书’、‘出版’、‘权利纠纷’这三个关键词又有了新的认识；正编剥离后两个关键词，即剥离《我的前半生》一书在‘文化大革命’中和改革开放后的命运，集中叙述该书成书过程以及短期延续的相关史事。本书使用了一些前一本书用过的史料或文字，包括对原史料或文字的新发掘，按照时序和章节体图书的逻辑架构重新组织内容，并撰写了许多前一本书未写的内容，其系统性、整合性、丰富性、完善性，均非前一本书可比，谨请读者对照自检。”

在这部刚刚出版的图书里设有三小节：《揭秘未点名人物》、《点名人物举隅——说说工藤忠》、《母子情深的笔触》。其中《揭秘未点名人物》第一自然段云：

《我的前半生》是一部跨越一百余年中国历史、揭示这段历史沧桑巨变的优秀传记作品。因其署名作者为爱新觉罗·溥仪先生，故它不仅是传播于全世界的名著，而且素有奇书之美誉。书中涉及的晚

> 清史、民国史、伪满洲国史、新中国成立以后的历史，与传主的传奇经历纠缠在一起，构成溥仪及其时代的特大学术主题。所以，钩索文本之外的史实以证《我的前半生》的内容，方能显示出文本之内所产生的广泛的辐射度，从而以小见大，构成“一滴水映出大海狂澜”的阅读效果。

这个自然段的内容，是我撰写这本，即第三本研究《我的前半生》的著述的诱因。

《我的前半生》前六章人物索引提到的中国人凡 334 人，外国人凡 149 人。从第七章至第九章以及《新的一章》不再设人物索引。因为第七章以后，溥仪就是囚徒了，在《新的一章》里，他是共和国的公民，已经与旧社会的人际关系彻底划清了界限。这些有姓有名且并未化名的人物，大都在中国近代史的册页上留下了鲜明的烙印，或大或小、或轻或重地起到了作用。可以说，《我的前半生》前半部分的亮点在于，通过围绕着末代皇帝活动并与之互动的这些人物，可以领略溥仪何以能成为末代皇帝。诚然，溥仪写他们的笔墨确有巨细浓淡之别，反映出构思上的权衡和取舍以及自传体裁不能弥补的局限性，但几乎每一个人物背后都有不短的人生故事（童仆孙博元除外）。这些人物，有清廷的宗室王公，有封建社会的遗老，有北洋军阀，有日本侵略者，等等。他们或为阴沟里的水流，亦有不少掀起过排天浊浪，并且与溥仪的传奇经历纠缠共处，影响、制约着他的思想行为发展，一起汇聚成动荡民国的汪洋。由于末代皇帝特殊的身份和地位，在他的人脉图中鲜有可歌可泣的正面人物。虽然这些人物在历史上主要起反面教员作用，但溥仪在事件中勾勒人物活动，把他们之中的某些人写得性格饱满、活灵活现，为中国传记文学史留下了可资借镜的生动篇章。从某种意义上讲，人们要了解中国近代史上形形色色的人物，可从阅读《我的前半生》开始。

我认为，研究溥仪，可以以书为中心，也可以以事件为中心，还可以以问题为中心。我曾经写出的两本书，就是以《我的前半生》为着眼点，探讨该书的成书和出版问题。书兼了问题。诚然，目前研究溥仪的主流成果，是有关溥仪及其时代的各种专题研究，然而，以人物为中心的溥仪研究历时不绝，曾产生过不少名作力作。我的思路是，以《我的前半生》中出现的人物为纲，钩沉、獭祭书中相关表述，再查检征引其他文献对这些人物的记录或评论，从而彰显、丰富或延伸末代皇帝所擅长的人物评述。这样，是书兼了人物。因为人物活动多数在事件之中，也就兼了事件。构成了这部世界奇书人物描写的提要态和补充态。

本书所写人物依据《我的前半生》前六章人物索引。写这本书的目的，是为了读者更好地阅读《我的前半生》。因此，把这本书看作《我的前半生》以文为主的辅助图物亦可(群众出版社2013年出版过以图为主的辅助图物《我的前半生（图录）》)。运用随笔札记的方式“拆读”这部世界奇书难度并不大，主要是搞好书中人物及其他文献中人物描写内容的取舍。凡与溥仪生平经历或《我的前半生》叙述有牵涉的其他人物行迹都可列入写作之中；凡与溥仪认识且有交流的重要人物，基本纳入笔端；同时也考虑相近人物的代表性，并不都写（也有些人物味同鸡肋，没有什么可写的）。所写人物全都在《我的前半生》前六章即晚清、民国、伪满洲国时期活动，一部分人物的活动延伸到新中国成立之后。如何将这些人物进行分类，按照鲁迅先生所言“分类有益于揣摩文章”的提示，一看目录便可清楚。

最后需要感谢老一辈出版人姚良、于浩成、李文达等组织编写了《我的前半生》前六章的人物索引，为我提供了知识发现和学术进阶的手段。这个人物索引以姓名为单位，其知识粒度明显比书或篇章这样的粒度要细腻得多，免除了我的费劲查检之劳。

又及，群众出版社的李铁军同志和我妻子康玉洁曾提供电脑排版帮助，铭记在心。

年近古稀，还想在溥仪研究领域做一些有益的工作。尽力而为吧！

目　录

宗室王公编

遗老编

军阀编

太监、侍从、童仆编

母子编

民国编

外国编

宗室王公编

关于溥仪的退位

《我的前半生》对溥仪的退位，交代得十分简单：“宣统三年旧历十二月二十五日，隆裕太后颁布了我的退位诏。一部分王公跑进了东交民巷，奕劻父子带着财宝和姨太太搬进了天津的外国租界。醇王在会议上一直一言不发，颁布退位诏后，就回到家里抱孩子去了。袁世凯一边根据清皇太后的懿旨，组织了民国临时共和政府，一边根据与南方革命党达成的协议，由大清帝国内阁总理大臣一变而为中华民国的临时大总统。而我呢，则作为大总统的邻居，根据清室优待条件开始了小朝廷的生活。”

华文出版社 1990 年版孙喆甡所著《中国末代皇帝爱新觉罗·溥仪传》在第三章《紫禁城的黄昏》第七节《退位诏书颁布经过》较为详细

地记载了溥仪退位时的情况。

“退位诏书”是于宣统三年（1912）2月12日由隆裕太后偕同皇帝溥仪在乾清宫颁布的。前一天，内阁秘书处通知唐在礼、姚宝来、刘恩源、蔡成勋四个侍卫武官，护卫各国务大臣前往乾清宫参加接奉皇帝退位诏书的仪式。

袁世凯自从东华门遇炸以后，就奏请清廷给假，允其在私邸养病办公，暂不入朝，需入朝办事，均由外务大臣胡惟德代表。所以，接受退位诏书那天，仍由胡惟德代表袁世凯带领各国务大臣入宫。其中有：民政大臣赵秉钧，度支大臣绍英，陆军大臣王士珍，海军大臣谭学衡，学部大臣唐景崇，司法大臣沈家本，邮传大臣梁士诒，工商大臣熙彦，理藩大臣达寿等，连同四名侍卫武官，共十四人。侍卫官穿着军装，腰佩军刀，大臣们仍旧戴着翎顶，穿着袍褂，一切如仪。

2月12日天刚亮，大臣们都到乾清宫宫内东南角上的廊子里聚齐。那廊子相当大，有几间屋子长，是通常候旨的所在。这天东华门戒备森严。据说，奉命进宫的大臣们都非常忐忑不安，担心闯出几个宗社党人来拼命。有人说：“这是最后一手了。诏书一下，清朝的天下就只限于紫禁城里了。”大臣们进宫后，都在廊子里坐着等候，一边喝着盖碗茶，一边聊天。不久，有话传来：“太后就要上殿了。请各位大臣上殿。”随后，胡惟德带领众大臣向殿里走去。殿里只有四名太监站在两旁侍候。胡惟德进到距宝座约一丈远的地方站住，各大臣依次排列在胡的左右，横列一排，面向宝座站定。四名武官，分开站在大臣们身后。

在隆裕之前，先出来两个太监，分站在两边，然后，太后才出来，溥仪跟随其后。胡惟德领着全体大臣先鞠了三个躬。这是大臣们首次改变跪拜为行礼的。隆裕点了点头作为还礼。这时，从后面又出来几个随扈的太监。隆裕还礼后，就座在正中宝座上，溥仪坐在旁边的一把椅子上。这时，胡惟德上前一步说："总理袁世凯受惊之后身体欠安，未能亲自见驾，所以叫胡惟德带领各国务大臣到宫里来给太后请安，给皇上请安。"隆裕说："是。"等了一会儿，隆裕把预先写好的诏书拿在手里，说："袁世凯世受皇恩，把这样的局面应付到今天，为国家、为皇帝出了不少力。如今议和能使南方满意，做到优待皇帝等等，也是不容易的。我和皇上为了全国老百姓早一天得到安顿，国家早一天得到统一，过太平日子不打仗，按照议和条件把国家大权交出来，交给袁世凯办共和政府。今天颁布诏书，实行退位，叫袁世凯早点出来，使天下早点安宁吧。"隆裕说着，慢慢站了起来，把手里拿着的诏书递给胡惟德："你把我的意思告诉袁世凯，这道诏书也交给他吧。"胡惟德连忙维恭维谨地走到隆裕座前，鞠着躬双手把诏书接了过来，并说："现在大局如此，太后睿明鉴远，顾全皇室，顾全百姓。袁世凯和群臣、百姓岂有不知，绝不会辜负太后的一番慈衷善意。况且优待条件已经确定，今后必然做到五族共和。今后这个天下就是大家的太平天下了。敬祈太后保重，太后放心。"这时，气氛肃穆，太后脸上露出凄惨的样子，溥仪冷冷地待在旁边。胡惟德说完话后，隆裕就退朝了。胡也领着大臣们走出乾清宫。一时，大家都无话可说，一直走出宫门，上了马车，直奔石大人胡同外交大楼向袁世凯报告去了。

爱新觉罗·溥杰亲自为《中国末代皇帝爱新觉罗·溥仪传》作序。序云："喆甡同志早年即跟随溥仪左右，对清末民初社会的风云变幻，已多有观察，迨至伪满年代，更是亲身经历，耳闻目睹溥仪的生活与经历。故书中对溥仪具有传奇色彩的一生——从'皇帝'到公民，以及其艰苦思想改造过程，都有详尽记叙。"序又云：

隆裕皇太后和宣统帝

“‘在齐太史简，在晋董狐笔’。作者秉笔审慎，爱而知其丑，憎而知其善，书中‘巨政务求确凿，琐录亦必存真’。以严肃认真的写作态度，为读者提供一部系统研究溥仪的历史资料，而书中所收录的若干史料亦弥足珍贵。”堪称知人论世识书之言。

此外，关于溥仪退位的经过，近年来有学者热衷于揣摩某些参与者的表情及心态，如这样的描述：“透过氤氲的茶气，还是可以看出各人在表情的不同：胡惟德、赵秉钧、梁士诒三个人平静中略带喜色，似乎急不可待；绍英、熙彦、达寿三人面有愤色，却又无可奈何；王士珍、谭学衡两人一副怅然若失的模样，仿佛在为得而复失的高级职位而惋惜；而司法大臣沈家本表情冷漠，似乎这一切都不关他的事，一副置身事外的样子。”这是典型的把历史叙事文学化的表现。一百多年后的今人在凭空玄想。

倘把辛亥时期的人物獭祭分类，胡惟德等确属袁世凯的人马，绍英等为忠于清室及溥仪者，但王士珍等并非官迷脑壳。殊不知，丁巳复辟之际，讨逆军飞机的炸弹危及紫禁城，末代皇帝的属下为保命四处逃窜，只有王士珍和陈宝琛还留在皇上身边（《我的前半生》如是说）。就是胡惟德等人，长期沐浴浩荡皇恩，怎么可能在庄重的退位仪式上轻薄得“面露喜色”？至于法学学者沈家本，谁看见他“一副置身事外的样子”了？机械排比的文学描写细节，在历史著作中还是少用为佳。

醇亲王在书里书外

据中国国际广播出版社2002年版王庆祥著《非常公民》说，1960年1月26日，周恩来总理在全国政协会议厅接见特赦回来的溥仪及其家族成员时，对载沣给予过这样的评价：载沣是难得的满文专家，又是天文学家；他出任清末监国摄政王，责在慈禧；他执政三年未能阻止中国封建专制制度的结束，并非个人的过错；辛亥革命期间，他不主张以武力对抗革命，顺应了时代潮流；他不参与遗老复辟清王朝的活动，反对溥仪到东北当傀儡皇帝，在政治上与“满洲国”划清了界线，表现了民族气节；新中国成立后，他立即在醇王府内废除封建思想，能够随着历史发展而进步。周总理对晚清以来政治人物的评价，总是妥帖到位的。

《我的前半生》第一章《我的家世》第一节《醇贤亲王的一生》的第一自然段，就把末代皇帝的谱系以及如何成为“万岁爷”的情况说清楚了。

> 公元一九〇六年，即清朝光绪三十二年的旧历正月十四，我出生于北京的醇王府。我的祖父奕譞，是道光皇帝的第七子，初封郡王，后晋亲王，死后谥法“贤”，所以后来称作醇贤亲王。我的父亲载沣，是祖父的第五子，因为第一和第三、四子早殇，第二子载湉被姨母慈禧太后接进宫里，当了皇帝（即光绪皇帝），所以祖父死后，由父亲袭了王爵。我是第二代醇王的长子。在我三岁那年的旧历十月二十日，慈禧太后和光绪皇帝病笃，慈禧突然决定立我为嗣皇帝，承继同治（载淳，是慈禧亲生子，载湉的堂兄弟），兼祧光绪。在我入宫后的两天内，光绪与慈禧相继去世。十月初九日，我便登极为皇帝——清朝的第十代，也是最末一代的皇帝，年号宣统。不到三年，辛亥革命爆发，我退了位。

在该章第二节《外祖父荣禄》，溥仪又做了补叙：“醇贤亲王有四位‘福晋’，生了七子三女。他去世时，遗下三子一女，最长的是第五子，即我的父亲载沣，那年八岁，承袭了王爵。我的两个叔父，五岁的载洵和三岁的载涛，同时晋封为公爵。”载洵和载涛在《我的前半生》前半部分也经常出现。

载沣一生最高的官衔是摄政王。名义上除了太后、皇上，他排第三位。这是光绪三十四年十月的事，在他的日记中有记载：“……醇亲王载沣著授为摄政王……”这是西太后病重时的决定。然而这个摄政王盛名之下其实难副，在晚清政局中并未产生应得的作用。《我的前半生》更多地把他当作文学形象来塑造，刻画其性格特征。且看该章第四节《摄政王监国》的一些描写。

"好，好，皇帝好，好好地念，念书吧！"说完，又点了一阵头，然后站起来走了。他在我这里一共待了不过两分钟。

从这天起，我知道了自己的父亲是什么样：不像老师，他没胡子，脸上没皱纹，他脑后的花翎子总是跳动。

摄政王载沣

以后他每隔一个月来一次。每次待的时间也都不过两分钟（溥仪"承继同治"、"兼祧光绪"后，名分上不算载沣之子，待的时间长了，有"僭越"之嫌吧——引者注）。我又知道了他说话有点儿结巴，明白了他的花翎子之所以跳动，是由于他一说话就点头。他说话很少，除了几个"好，好，好"以外，别的话也很难听清楚。我的弟弟曾听母亲说过，辛亥那年父亲辞了摄政王位，从宫里一回来便对母亲说："从今天起我可以回家抱孩子了！"母亲被他那副轻松神气气得痛哭了一场，后来告诫弟弟："长大了万不可学阿玛（满族语父亲）那样！"

在谈到醇亲王是如何处理政务的，该节和第三章《紫禁城内外》第十一节《在北府里》各有一段给人印象深刻的叙写，分录如下。

在介绍清末宗室之争时，溥仪说："其中最难对付的是奕劻和载泽。奕劻在西太后死前是领衔军机，太后死后改革内阁官制，他又当了内阁总理大臣，这是叫度支部尚书载泽最为愤愤不平的。载泽一有机会就找摄政王，天天向摄政王揭奕劻的短。西太后既搬不动奕劻，摄政王又怎能搬得倒他？如果摄政王支持了载泽，或者摄政王自己采取了和奕劻相对立的态度，奕劻只要称老辞职，躲在家里不出来，摄政王立刻就慌了手脚。所以在泽公和庆王间的争吵，失败的总是载泽。醇王府的人经常可以听见他和摄政王嚷：‘老大哥这是为你打算，再不听我老大哥的，老庆就把大清断送啦！’摄政王总是半晌不出声，最后说了一句：‘好，好，明儿跟老庆再说……’到第二天，还是老样子：奕劻照他自己的主意去办事，载泽又算白费一次力气。”

溥仪还谈到他被赶出紫禁城返回北府后，父亲是如何叫他“感到了极大的失望”的。

> 他比我还要惊慌。从我进了北府那一刻起，他就没有好好地站过一回，更不用说安安静静地坐一坐了。他不是喃喃自语地走来走去，就是慌慌张张地跑出跑进，弄得空气格外紧张，后来，我实在忍不下去了，请求他说：
>
> “王爷，坐下商量商量吧！得想想办法，先打听一下外边的消息呀！”
>
> “想想办法？好！好！”他坐了下来，不到两分钟，忽然又站起来，“载洵也不露面了！”说了这句牛头不对马嘴的话，又来来去去地转了起来。
>
> “得打听打听消息呵！”
>
> “打，打听消息？好，好！”他走出去了，转眼又走进来，“外边不，不让出去了！大门上有兵！”
>
> “打电话呀！”
>
> “打电话，好，好！”走了几步，又回来问：“给谁打电话？”

末代皇帝写他父亲，极少评论语境，让描摹自己去说话——其人真不是从政做官的料。那么，醇亲王是如何处理家务的呢？且看

第一章《我的家世》第五节《亲王之家》的叙写。

> 父亲的收入，不算田庄，亲王双俸和什么养廉银每年是五万两，到民国时代的小朝廷还是每年照付。每次俸银到手不久，就被母亲花个精光。后来父亲想了很多办法，曾经和她在财物上分家，给她规定用钱数目，全不生效。我父亲还用过摔家伙的办法，比如拿起条几上的瓶瓶罐罐摔在地上，以示愤怒和决心。因为总摔东西未免舍不得，后来专门准备了一些摔不碎的铜壶铅罐之类的东西（我弟弟见过这些“道具”），不久，这些威风也被母亲识破了，结果还是父亲再拿出钱来供她花。花得我祖母对着账房叹气流泪，我父亲只好再叫管事的变卖古玩、田产。

上述婆婆妈妈的琐细家事，或许很容易让读者忘记。但，第二章《我的童年》第一节《登极与退位》中，有一个传诵一百多年而不衰的富于政治隐喻性的段子，给经过二百多年风风雨雨的大清朝拉开了棺盖。

> 大典是在太和殿举行的。在大典之前，照章要先在中和殿接受领侍卫内大臣们的叩拜，然后再到太和殿受文武百官朝贺。我被他们折腾了半天，加上那天天气奇冷，因此当他们把我抬到太和殿，放到又高又大的宝座上的时候，早超过了我的耐性限度。我父亲单膝侧身跪在宝座下面，双手扶我，不叫我乱动，我却挣扎着哭喊：“我不挨这儿！我要回家！我不挨这儿！我要回家！”父亲急得满头是汗。文武百官的三跪九叩，没完没了，我的哭叫也越来越响。我父亲只好哄我说：“别哭别哭，快完了，快完了！”
>
> 典礼结束后，文武百官窃窃私议起来了：“怎么可以说‘快完了’呢？说要回家可是什么意思呵？”一切的议

论，都是垂头丧气的，好像都发现了不祥之兆。

《我的前半生》第六章《伪满十四年》第五节《第三次做“皇帝”》，写溥仪在伪满洲国“登极”后摆家宴，“在宴会进行到喝香槟的时候，溥杰按我的布置，起立举杯高呼：‘皇帝陛下万岁，万岁，万万岁！’我的家族一起随声附和，连我的父亲也不例外。我听了这个呼声，到了酒不醉人人自醉的地步了。”这是怎么回事呢？

李立夫主编、王文锋执行主编《溥仪研究·下卷》（天津人民出版社 2012 年版）收录张微署名文章《试论摄政王载沣性格的两面性》。文中说，载沣有着充满矛盾性的性格。有时表现出软弱、优柔寡断的一面，有时又表现出倔强、固执的一面；有时对国家、民族大义看得很重，不愿屈从于外敌的压力，有时又很看重个人和家族的利益。他的这种性格的两面性在许多事情上都能够反映出来。文章举了数例加以说明，在此仅举其中一例。

在对待日本人的态度上，他的这种两面性也时有表现。1931 年“九一八”事变后，日本人将溥仪千方百计弄到东北，当了伪满洲国皇帝，成为历史的罪人，遭到国人的唾骂。当时隐居在天津英租界里的载沣唯恐遭人暗算，在日本人再三动员下，将家迁到日租界。这显然反映出他在羽翼之下的懦弱性。但是，他还有另一面。1934 年 7 月，载沣带子女到长春做了一次“私人探望”。在临近长春的火车上，载沣看到窗外一群日本兵在踢打一个趴在地上的中国人，他竟不知不觉地急得站起来。在长春期间，伪满的郑孝胥等人提出，有个“日满文化协会”总裁正有空缺，请载沣来担任，每个月车马费可得一万元。载沣当即拒绝。在长春住了一个多月，载沣处处感到日本人的压力，他很反感。他执意回天津，尽管溥仪再三挽留，并以安全为由百般阻拦，但他都没有接受，最后还是回到了天津。这都不同程度地体现了载沣的民族性和他在日本人面前的强硬一面。

浏览《我的前半生》开头的部分，主要指第一章和第二章，传奇故事令人目不暇接，很能吸引眼球。传主对两任醇亲王的描写，大有清宫秘史的味道，使得当代学者产生了困惑。拙著《皇城根下的记忆》（群众出版社 2020 年版）曾引录中国社会科学院近代史研究所研究员马勇的言论：“溥仪所讲的故事多大程度上是真实的。去年日本一个媒体找我谈溥仪与辛亥革命的关系。日本的学者对《我的前半生》研究也很深，我对他们讲，我的基本思想是，书中前面大部分是晚清历史，对于晚清历史从多大程度上是真实的应谨慎对待，因为溥仪对晚清的历史没有亲自经历，没有直观的感受，基本都是传闻，多数是听别人说的，如对慈禧的判断、对光绪的判断、对袁世凯的判断等，都与范文澜等那一代马克思主义史学观是一致的，这种一致，我们不能说是曲解历史，但已经注入了很强的意识形态色彩。但是溥仪经历的 20 年代后的历史，如出宫、伪满洲国、战犯改造过程，史料价值最高。所以群众出版社把几个版本出版，将来对近代史的研究会有一个大的推动，而且可读性强，肯定有很大的市场。”信然。但似可把时间节点稍稍提前，以“丁巳复辟”为区分史料可信度的分界线，倘界定得更早一些，或为《溥仪年谱》所云“溥仪用牙咬伤二嬷的乳头，就此断奶”的 1914 年。

另外，“文化大革命”后群众出版社再版的《我的前半生》正文后附录李文达的“补充注释”，为该书晚清部分的内容匡误二十条。其中涉及载沣的言论，全文录如下：

> 溥仪对摄政王载沣的评论，系依个人好恶而发。溥仪在世时，对这位前摄政王毫无好感，因而本书凡提到载沣的地方，均有流露。载沣在清末任摄政王时期，继承慈禧的衣钵，作为当时最反动的黑暗势力的代表人物，这一点史家早有定评。至于对其一生的全面评价，因非本书的任务，且不去提它。在这里仅补充一些过去从未发表过的载

沣在辛亥革命以后直至 1951 年他去世为止的资料，以供史家参考。辛亥后，自民国成立日起，清皇室上层及“遗老”中有不少人活动复辟，在书中提到的张勋复辟中，载沣就曾再度成为王公们的代表想分复辟一杯羹之事，这是载沣在清王朝垮台后最不光彩的一段。但据史书所载，在辛亥清廷“让国”中，载沣是主张“让”的，他下台后，对复辟活动也是消极的，倒是在他周围的那些人总想推动他活动。他在张勋复辟丑剧中那一段，据后人了解，就是如此。张勋复辟事件发生，他后悔不迭，再也不愿谈此类问题，那些不死心的王公“遗老”也不再去找他。对溥仪后来投靠日本军国主义，当傀儡皇帝，载沣也是极其不满的，据溥任先生讲，载沣对在家子女评论溥仪的所作所为时，说溥仪不过是个后晋的儿皇帝石敬瑭和朝鲜的李岂用。溥仪在伪满时曾多次请他带家人到东北定居，都遭到拒绝。后来为了应付一下，去给溥仪过生日（此处似误。溥仪生日为旧历正月十四，而载沣赴“新京”为阳历 7 月 18 日——引者注）自己去了一趟，住了不久就回来了，而且决不允许身旁的几个子女去东北。

汪精卫的救命恩人——善耆

爱新觉罗·善耆（1866—1922），字艾堂，号偶遂亭主人。满洲镶白旗人，晚清贵族重臣，清朝十二家铁帽子王之一。清太宗皇太极长子肃武亲王豪格后代，女间谍川岛芳子生父。同治五年生于北京，初封二等辅国将军，光绪二十五年其父隆懃逝世后，善耆袭封肃亲王爵位。后历任乾清门头等侍卫、副都统、统领、民政部尚书、民政大臣、理藩大臣，是中国现代警察制度的缔造者之一。善耆去世后，从日本占领的旅顺返回北京肃亲王墓地安葬。溥仪追谥“忠”，全称肃忠亲王。

溥仪议论善耆的时候，先提到袁世凯和汪精卫两个大人物。

《我的前半生》第二章《我的童年》第一节

《登极与退位》云：

> 袁世凯的革命党方面的朋友，主要的是谋刺摄政王不遂的汪精卫。汪精卫被捕之后，受到肃亲王善耆的很好的招待。我父亲在自己的年谱中说这是为了“以安反侧之心”，其实并非如此。我有位亲戚后来告诉我，当时有个叫西田耕一的日本人，通过善耆那里的日本顾问关系告诉过善耆，日本人是不同意杀掉汪精卫的。摄政王在几方面压力之下，没有敢对汪精卫下手。武昌事起，汪精卫得到释放，他立刻抓住机会和善耆之流的亲贵交朋友……

“父亲在自己的年谱”语，不知指何书。《醇亲王载沣日记》附录二《载沣年谱》，为陈宗舜先生所编写，有“宣统二年（1910年），二十七岁。汪精卫谋刺载沣未遂”语。《醇亲王载沣日记》正文则有记载：“二十日　甲子。上门。民政部等衙门会禀匪犯一摺，廷寄〇〇旨：汪、黄交法部永远牢固监禁，罗牢固监禁十年。等因。钦此。”汪指汪精卫，黄指黄复生，罗指罗世勋，均为名噪一时的中国民主革命家。该日记每每提及“肃邸”，即善耆的王府。至于“日本顾问”，应该包括臭名昭著的川岛浪速。

宣统二年（1910），汪精卫秘密潜来北京，图谋刺杀溥仪的父亲、清王朝摄政王载沣。汪精卫行刺不成被捕，朝廷责成善耆负责审理此案。审案过程中，善耆看到汪精卫的手稿《革命之趋势》、《革命之决心》、《告别同志书》之后，感慨万分，遂有不杀之意。此外，善耆已经预感到清王朝的统治岌岌可危，认为此时杀几个革命党人无济于事，不如以怀柔手段对付之。在其力促之下，汪精卫得到从轻发落，仅以“误解朝廷政策”之罪名，被判处永远监禁。不久，又得以释放。

上述内容为搜狗百科的说法。笔者认为，还是《我的前半生》所云“日本人是不同意杀掉汪精卫的”说法更为深刻。肃亲王与日本人的关系很好，莫非日本人有先见之明？居然在辛亥之前就为汪精卫准备了将来。李立夫主编、王文锋执行主编的《溥仪研究·下卷》（天津人民出版社 2012 年版）收录曹振威署名文章《冤家变同党——汪精卫与溥仪的奇特关系》，其云：

> 为软化汪精卫，肃亲王善耆还多次到监狱探视，与其“谈论政治”，“并赠以图史百余帙”，清政府的软化政策，收到了一定效果，汪精卫的意志渐趋消沉，思想情绪也发生了变化。1931 年之后，他在回忆这段历史的时候，还称颂善耆是“伟大的政治家”，感恩戴德地说，“救我命的是肃亲王。”当时汪精卫思想的变化，还可以从他狱中所写的《有感》这首诗中看到：“忧来如病亦绵绵，一读黄书一泫然。瓜蔓已都无可摘，豆箕何苦更相煎。笳中霜月凄无色，画里江城黯自怜。莫向燕台回首望，荆榛零落带寒烟。”
>
> 汪精卫把自己曾经身体力行过的反清革命斗争，说成是“豆箕”相煎，这是他反清思想的明显变化。所以，当时就有人指出：“兆铭在出狱时，固已投降民政部大臣善耆矣。”这种心灵深处的污点，正是汪精卫后来不能保持晚节的历史痕迹。

《我的前半生》第二章《我的童年》第一节《登极与退位》里有一个脚注：“在辛亥革命期间，满清皇族的最顽固最反动的集团，以良弼、溥伟、铁良等为首组成了宗社党，其目的是挽救清朝的灭亡，反对清帝退位，反对袁世凯，反对议和。后良弼被革命党人彭家珍炸死，袁世凯又策动冯国璋等发表通电，赞成共和，才被迫同意清帝退位，隆裕亦传谕，把它解散。宗社党解体之后，其中一些主要分子并不死心，分别投靠了帝国主义企图借助外力来复辟。”这个宗社党的领袖人物亦有善耆。赵继敏、王文锋主编《末代皇帝溥仪在紫禁城》收录郭玉春署名文章《1912 年的宗社党：以〈申报〉报道为中心》，引用了一些史料介绍善耆当时的活动：

满亲贵善耆、载涛、毓朗及良弼、荫昌、寿勋等连日密议谋害袁世凯，闻俟铁良一到即将实行暗杀。

早在1912年1月2日报中就载有“拟清皇帝退据东三省”的密议，当宗社党成立之时，醇亲王载沣、恭亲王溥伟、肃亲王善耆就有密议“如力有所不及时，可借助外力”，并“商讨求援日本”。

在“第一次满蒙独立运动”失败后，善耆仍心有不甘，于7月23日与川岛浪速签订《誓约书》，内容涉及中国的内政、外交、财政、军警及其他要政，在满蒙独立后唯日本之命是听，东北的铁路、矿山、森林、渔牧等权益，将由日本囊括以尽。

上述“第一次满蒙独立运动”，指1912年善耆组织勤王军准备起事，他将购买的大批军火伪装成农具，由公主岭运往内蒙古。可就在这批军火运抵郑家屯附近时，被吴俊升的军队截获，几十辆大车全部被收缴，使这次独立运动胎死腹中。

民国三年（1914）元旦，日本大正天皇即位，善耆冒着刺骨的寒风登上旅顺白玉山，拜谒日本侵华将士的亡灵，为拉近与川岛浪速的关系，他还将最小的女儿，年仅六岁的十四女金璧辉（即川岛芳子）送给川岛当养女。每逢川岛来拜访，他必带领全家老小到门口排队等候，亲自上去拥抱迎接，还让最年轻的侧妃陪着川岛浪速畅饮……对于善耆、川岛浪速之狼狈为奸，《我的前半生》第三章《紫禁城内外》第二节《丁巳复辟》有叙述：“四人（指善耆、溥伟、升允、铁良——引者注）中最活跃的是善耆，他任民政部尚书时聘用的警政顾问日本人川岛浪速，一直跟他在一起，给他跑合拉纤。日本财主大仓喜八郎男爵给了他一百万日元活动费。日本军人青森、土井等人给他召募满蒙土匪，编练军队，居然有了好几千人。袁世凯一死，就闹了起来。其中有一支由蒙古贵族巴布扎布率领的队伍，一度逼近了张家口，气势十分猖獗。直到后来巴布扎布

肃亲王善耆（1866—1922）与川岛浪速（1865—1951），右为善耆

在兵变中被部下刺杀，才告终结。”这就是近代史文献命名的“第二次满蒙独立运动”。

关于两次满蒙独立运动的详情可参看赵继敏、王文锋主编《末代皇帝溥仪在长春》（吉林大学出版社 2016 年版）收录武育文署名文章《日本浪人与宗社党的“满蒙独立”运动》。

要之，善耆其人一生有两个看点：第一，不杀汪精卫。第二，组织满蒙独立运动。关于前者，给若干年后的中国准备了一名头号汉奸。关于后者，在若干年后的伪满洲国得以实现。满蒙独立了吗？主权都卖光了。

最后说说，善耆作为民政部大臣，为何涉足中国现代警察制度。光绪三十一年（1905）九月，清廷决定在中央设置巡警部，从而产生了中国最早的中央警察机关。巡警部高级官僚设置尚书、左右侍郎等。光绪三十二年（1906）九月，清政府实行官制改革，改巡警部为民政部，民政部改尚书为大臣，侍郎为副大臣。这时，由于警政只是民政部综理的事项之一，因而警察事务实际上已成为内务行政的一部分。川岛浪速之所以与善耆结交，是因为这个日本人曾任顺天府日本警务衙门事务长官，在京城搞过警察教育工作。两个人是同行，而且川岛浪速出道更早——光绪二十七年（1901），清廷即委派全权大臣庆亲王奕劻与川岛浪速签订了工作合同。

溥伟的悲剧

《我的前半生》第一章《我的家世》第四节《摄政王监国》有关于溥伟的生平脚注：

> 溥伟（1880—1936），恭亲王奕䜣之孙，光绪二十四年袭王爵，辛亥革命前为禁烟大臣，辛亥后在德帝国主义庇护下寓居青岛，青岛被日本占领后又投靠日本，在此期间与升允等组织宗社党，不断进行复辟活动，“九一八”事变后出任沈阳四民维持会会长，企图在日本支持下组织“明光帝国”，但不久即被抛弃，拿了日本人赏的一笔钱老死于旅顺。

溥伟（1880—1936）

第二章《我的童年》第一节《登极与退位》有一条脚注谈宗社党的活动：“在辛亥革命期间，满清皇族的最顽固最反动的集团，以良弼、溥伟、铁良等为首组成了宗社党，其目的是挽救清朝的灭亡，反对清帝退位，反对袁世凯，反对议和。后良弼被革命党人彭家珍炸死，袁世凯又策动冯国璋等发表通电，赞成共和，才被迫同意清帝退位，隆裕亦传谕，把它解散。宗社党解体之后，其中一些主要分子并不死心，分别投靠了帝国主义企图借外力来复辟。”上述两条注释说明了当溥仪还是孩童的时候，溥伟就是螳臂当车的反动派，他从事政治活动的特征为“企图借外力来复辟”。后来虽然有日本人支持，也没有取得他们满意的好结果。在这一节里，末代皇帝援引了溥伟记录的一次隆裕太后召集的御前会议的日记，通过这位堂兄与别人的对话，披露了他的政治立场。第三章《紫禁城内外》第二节《丁巳复辟》说：“袁（指袁世凯——引者注）死了不多天之后，报上登了‘宗社党起事未成’、‘满蒙匪势猖獗’的消息。我知道这是当初公开反抗共和的王公大臣——善耆、溥伟、升允、铁良，正在为我活动。他们四人当初是被称作申包胥的，哭秦庭都没成功。后来铁良躲到天津的外国租界，其余的住在日本租借地旅顺和大连，通过手下的日本浪人，勾结日本的军阀、财阀，从事复辟武装活动。”进一步较详细地披露了溥伟的政治活动。同时反映出一位十岁孩童的幼稚心理——溥伟所作所为仅仅是为了身为“真龙天子”的我。

最初，溥仪对这位堂兄很是赞佩。《我的前半生》第四章《在天津的活动》第一节《罗振玉的努力》说：“……不过我对溥伟的印象颇好。我到天津不久，溥伟从旅顺跑来给我请安，这位初次见面的‘恭亲王’，向我说了一句很令我感动的话：‘有我溥伟在，大清就不会亡！’”的确，宣统继光绪登极后近十余年，他被禁锢于故宫，没有机会在外部世界经风雨、见世面，当然也就不认识溥伟这位长期混迹于江湖的老油条，但他的复辟誓言，很快便翻刻成溥仪自己的版本，末代皇帝在《我的前半生》中鹦鹉学舌地说：

> “有我在，大清就不会亡！”
>
> 我的复辟、复仇的思想，这时达到了一个新的顶峰。

《我的前半生》第四章《在天津的活动》第五节《领事馆、司令部、黑龙会》在叙述罗振玉主张溥仪“以暂行东幸为宜，不妨先到抚顺”时，不点名地提到溥伟：“恭亲王在那边有了妥善筹备，日本军方也愿协助，担当护驾之责。”这似乎表示了溥伟的忠耿之心。然而第五章《潜往东北》第二节《日本人意见分歧》则终于反映出溥仪的忧虑。

> ……从那以后，我多少明白了一点，不仅天津的领事馆与驻屯军之间意见分歧，就连关东军内部步调也不太一致，我对某些现象不由得有些担心：前恭亲王溥伟在日本

人的保护下，祭祀沈阳北陵，辽宁省出现了“东北地方维持会”的组织，旧东北系重要人物臧式毅在受着关东军的“优待”，前民国执政段祺瑞的行踪消息，又出现于报端，传闻日本人要用他组织北方政权。假如我当时知道日本人曾一度想用段祺瑞，又一度要用“东北行政委员会”的空架子，又一度要用溥伟搞“明光帝国”（这是很快就知道的），以及其他的一些可怕的主意，我的心情就更难受了。

末代皇帝“多少明白了一点”，是因为年轻涉世不深。他感到“可怕的主意”，主要担心恭亲王抢了皇位。这种担心明显受了陈宝琛和郑孝胥激烈争辩的刺激。且看该章第三节《夜见土肥原》中的一段颇富戏剧演事性的道白：

“当前大局未定，轻举妄动有损无益。罗振玉迎驾之举是躁进，现在启驾的主意何尝不是躁进！”陈宝琛瞅着郑孝胥说。

“彼一时，此一时。时机错过，外失友邦之热心，内失国人之欢心，不识时务，并非持重！”郑孝胥瞅着陈宝琛说。

“日本军部即使热心，可是日本内阁还无此意。事情不是儿戏，还请皇上三思而定。”

“日本内阁不足道，日本军部有帷幄上奏之权。三思而行，如此而已！”

“我说的是请皇上三思，不是请你三思！”

“三思！三思！等日本人把溥伟扶上去，我们为臣子的将陷皇上于何地？”

“溥伟弄好弄坏，左不过还是个溥伟。皇上出来只能成，不能败。倘若不成，更陷皇上于何地？更何以对得起列祖列宗？”

“眼看已经山穷水尽了！到了关外，又恢复了祖业，又不再愁生活，有什么对不起祖宗的?”

在郑孝胥的飞溅的唾星下，陈宝琛脸色苍白，颤巍巍地扶着桌子，探出上身，接近对面的秃头顶，冷笑道：“你，有你的打算，你的热衷。你，有何成败，那是毫无价值可言!”……

《我的前半生》涉及溥伟的描述，从副文本的生平注释，宗社党的活动说明，到正文中披露溥伟的政治立场，溥伟对溥仪的影响以及末代皇帝对他认识上的调整，以富于变化的笔力，将文本与副文本绾联，正面描写与侧面烘托结合，循序渐进，臻于佳境，从而走上表达的峰巅。即郑孝胥的焦虑之言：“……等日本人把溥伟扶上去，我们为臣子的陷皇上于何地?”溥仪面对恭亲王的袭来，不得不怨陈宝琛“忠心可嘉，迂腐不堪”。这是你死我活的皇帝争夺战！那么，溥伟在这场战斗中究竟扮演了什么角色呢？吉林大学出版社 2013 年出版的由赵继敏、王文锋主编《末代皇帝溥仪在紫禁城》收录的李伟撰文《溥仪与溥伟的三次皇帝梦》，能够帮助我们认识这个问题。不妨提要它的部分内容，延伸《我的前半生》之所写。

溥伟和溥仪是堂兄弟。他们都是同治、光绪两个皇帝的侄子，由于二帝均无嗣后，所以溥伟和溥仪都可继承皇位。但是，孰能承位，只有西太后说了算。当时同光的下一代为“溥”字辈，虽然“溥”字辈人很多，但呼声最高、最有能力的首先对象便是溥伟。

溥伟是恭亲王奕䜣的孙子，奕䜣有三子，长子载澄无子，溥伟原是恭亲王二子载滢的儿子，载澄死后，将溥伟过继给他为子，便成为恭亲王奕䜣的嫡长孙，奕䜣死后由溥伟继承爵位，即第二代恭亲王。众所周知，电影《火烧圆明园》和《垂帘听政》里的“鬼子六”（奕䜣），是为慈禧执政立下了汗马功劳的，况且溥伟长溥仪二十余岁，早已是成熟之人，贵族身份是亲王，与溥仪的父亲载沣比肩，又身居要职“禁烟大臣”，常在内廷行走，精明强干，风度翩翩，颇有祖父风范，他自诩“承续大统舍我其谁”。那么，慈禧为什么偏偏挑中了年仅三岁的溥仪坐龙椅，导致晚清传说的“恭亲王咆哮宫门”，为与皇位擦肩而过气急败坏呢？原因大抵有三：第一，西太后认为亲生儿子同治之死与溥伟的父亲载澄有直接关系。问题在于，载澄因为引导同治冶游（是载澄让同治明白，宫外的生活很精彩，两人喜欢同时穿上黑衣，茶坊酒肆妓院，无所不至，昏天黑地。经常去的地方是八大胡同，与民同乐），对同治的早夭负有责任，而甚为慈禧所痛恶，所以，第二代恭亲王是不可能继承皇位的。第二，溥伟有主意，太能干，西太后担心其不好控制，严防出现第二个光绪。第三，西太后看重老实厚道又听话的载沣，载沣是光绪的亲弟弟，溥仪的正统奶奶则为慈禧的妹妹，加之小皇帝不懂事便于摆布。于是溥伟的第一次帝梦化为泡影。

恭亲王联合张勋等人定于1913年4月7日发动癸丑复辟，被袁世凯发现，使得复辟行为流产，他第二次失去做皇帝的机会。1917年，张勋单独发动丁巳复辟，溥伟得知日本人的态度“发动复辟，目下尚非其时”，便劝张勋慎行，并对丁巳复辟持回避态度。可是，当他得知张勋复辟成功时，惊喜欲狂，专程进京，但遭到张勋的训斥和驱赶，使得他再次与皇位无缘。

张勋复辟失败后，溥伟并未死心。他在青岛与一位日本间谍说：“如若得日本相助，恢复大清基业，将荣幸之至。”20世纪20年代，日本人占领东北的野心已经昭然若揭，其心目中的傀儡人选有两个：一为溥仪，二为溥伟。满铁支持溥伟，它的总裁内田康哉曾向内阁建议，扶植溥伟在沈阳登基，国号为“明光帝国”。1931年10月26日，在日本人的策划下，恭亲王身着前清服饰，率亲族旧臣在日本宪警的簇拥下前往沈阳北陵祭祖，宣称：“……此际仰仗祖宗灵威及日本正义，推翻盘踞廿年之仇敌，臣今后当竭其心力……”11月8日，天津《益世报》报道：“恭亲王溥伟复辟的活动仍甚积极，龙袍玉玺业已制就，拟于十六日之前登位……”然而，前清多数遗老认为“非溥仪出头，弗能号召”，日本军方也支持末代皇帝，溥伟的皇帝梦彻底破灭。

那么，伪明光帝国为什么斗不过伪满洲国呢？原来日本军方与慈禧太后的想法一样，认为溥伟不好驾驭，而溥仪能听使唤，且宣统皇帝比恭亲王名头更大、牌子更响。其实，日本军国主义者心目中的儿皇帝只能是溥仪，打出“明光帝国”的幌子，完全是为了逼溥仪早日潜往东北继位称帝。正像《我的前半生》所云，“我的心情就更难受了”，他不能窝囊得让郑孝胥等人失去辅弼的目标，自己更失去千载难逢的好机会。

《我的前半生》对溥伟的描写还是很有分寸的，“本是同根生，相煎何太急”。既然历史已经叫溥仪做了伪满洲国的头号汉奸，当然不必担心王爷还能篡位，更不必再去渲染溥伟如何的狼子野心、觊觎帝位，反而酿成悲剧的事实了。

“贪赃枉法庆亲王”

奕劻在《我的前半生》中出场时，溥仪说了两句既有政治背景，又有活动人物，还有事件结局的话：“八国联军进入北京，慈禧出走，他授计负责议和的李鸿章和奕劻，在谈判中掌握一条原则：只要不追究慈禧的责任，不让慈禧归政，一切条件都可答应。就这样，签订了赔款连利息近十亿两、让外国军队驻兵京城的辛丑条约。”

溥仪非常地憎恶奕劻，在晚清的老臣中，他受到最严厉的批判。盖棺论定的话响当当：“庆王就是以办理卖国外交和卖官鬻爵而出名的奕劻。”且看《我的前半生》第一章《我的家世》第三节《慈禧太后的决定》中，一大段历史叙事。

在西太后时代，能得到太后欢心就等于得到了远大前程。要想讨西太后的欢心，首先必须能随时摸得着太后的心意，才能做到投其所好。荣禄贿赂太监李莲英，让太太陪伴太后游乐，得到不少最好最快的情报，因此他的奉承和孝敬，总比别人更让太后称心如意。如果说奕劻的办法和他有什么不同的话，那就是奕劻在李莲英那里花了更多的银子，而奕劻的女儿即著名的四格格也比荣禄太太更机灵。如果西太后无意中露出了她喜欢什么样的坎肩，或者嵌镶着什么饰品的鞋子，那么不出三天，那个正合心意的坎肩、鞋子之类的玩意儿就会出现在西太后的面前。奕劻的官运就是从这里开始的。在西太后的赏识下，奕劻一再加官进爵，以一个远支宗室的最低的爵位辅国将军，逐步进到亲王，官职做到总理各国事务衙门。他得到了这个左右逢源的差使，身价就更加不同，无论在太后眼里和洋人的眼里，都有了特殊的地位。辛丑议和是他一生中最重要的事件。在这一事件中，他既为西太后尽了力，使她躲开了祸首的名义，也让八国联军在条约上满了意。当时人们议论起王公们的政治本钱时，说某王公有德国后台，某王公有日本后台……都只不过各有一国后台而已，一说到庆王，都认为他的后台谁也不能比，计有八国之多。因此西太后从那以后非常看重他。光绪二十九年，他进入了军机处，权力超过了其他军机大臣，年老的礼亲王的领衔不过是挂个虚名。后来礼王告退，奕劻正式成了领衔军机大臣，他儿子载振也当了商部尚书，父子显赫不可一世。尽管有反对他的王公们暗中搬他，御史们出面参他贪赃枉法，卖官鬻爵，都无济于事，奈何他不得。有位御史弹劾他“自任军机，门庭若市，细大不捐，其父子起居饮食车马衣服异常挥霍，……将私产一百二十万两送往东交民巷英商汇丰银行存储”，有位御史奏称有人送他寿礼十万两，花一万二千两买了一名歌妓送给他儿子。结果是一个御史被斥回原衙门，一个御史被夺了官。

然而，西太后对庆王也保持一定的警惕性。该节还说：“使西太后担心的，不是贪污纳贿，而是袁世凯和奕劻的特殊关系。单从袁在奕劻身上花钱的情形来看，那关系就很不平常。”袁世凯的心腹朋友徐世昌后来说过：“庆王府里无论是生了孩子，死了人，或是过个生日，等等，全由直隶总督衙门代为开销。奕劻正式领军机处之前不久，有一天庆王府收到袁家送来十万两（一说二十万两）白银，来人传述袁的话说：‘王爷就要有不少开销，请王爷别不赏脸。’过了不久，奕劻升官的消息发表了，人们大为惊讶袁世凯的未卜先知。”

在该章第四节《摄政王监国》中，溥仪在是否要除掉袁世凯的问题上，有一个重要的政治判断：“……杀袁世凯和保袁世凯的问题，早已不是什么维新与守旧、帝党和后党之争，也不是什么满汉显贵之争了，而是这一伙亲贵显要和那一伙亲贵显要间的夺权之争。以当时的亲贵内阁来说，就分成庆亲王奕劻等人的一伙和公爵载泽等人的一伙。给我父亲出谋划策以及要权力地位的，主要是后面这一伙。”

笔者始终认为奕劻是清朝覆亡的掘墓人。诚如该节说：

庆亲王奕劻（1838—1917）

后来武昌起义的风暴袭来了，前去讨伐的清军，在满族陆军大臣荫昌的统率下，作战不利，告急文书纷纷飞来。袁世凯的“军师”徐世昌看出了时机已至，就运动奕劻、那桐几个军机一齐向摄政王保举袁世凯。这回摄政王自己拿主意了，向“愿以身家性命”为袁做担保的那桐发了脾气，严肃地申斥了一顿。但他忘

> 了那桐既然敢出头保袁世凯，必然有恃无恐。摄政王发完了威风，那桐便告老辞职，奕劻不上朝应班，前线紧急军情电报一封接一封送到摄政王面前，摄政王没了主意，只好赶紧赏那桐“乘坐二人肩舆”，挽请奕劻“体念时艰”，最后乖乖地签发了谕旨：授袁世凯钦差大臣节制各军并委袁的亲信冯国璋、段祺瑞为两军统领……

重新起用了袁世凯，大清国的祚命也就到头了。而起用袁，庆王起了关键作用。然而，也有研究者表彰奕劻，认为“武昌起义爆发后，清廷第一次召开御前会议讨论对策，奕劻身为内阁总理大臣，却表示赞成清帝逊位，因此成为众矢之的……但奕劻在历史的关键时刻表现得相当开明，是没有疑问的”。

中国文史出版社 2012 年版金人著《京城文脉》一书，收录《王谢门庭：京津两座庆王府》一文。文章对奕劻在义和团事件中所起作用和其人贪腐问题都有更为细致的叙述，录出以供参考。

> 关于奕劻，后世多有訾议。近年来，随着档案史料的揭开，时有异议。唐文治（1865—1954），由进士而入仕，初为户部主事，后官至农工商部左侍郎署尚书，与奕劻父子共事多年，接近枢垣，时与秘闻。他在 1924 年撰写的《记和硕庆亲王事》一文中回忆奕劻生平，事关晚清政局、外交内政以及宫闱隐讳情事，对奕劻所作所为颇多赞语。追忆庚子年义和团飙兴，七月一日、十八日先后奉诏杀力主镇压义和团、反对对外宣战的五位大臣，奕劻长跪为之求情，挥泪而退。“当是时，人人皆为王危，义和团匪更窃窃疑之。王曰：‘毋然，吾非通洋人者，可自明也。’遂赴庄亲王义和匪坛，焚香祈祷，众疑如释。二十日翠华西狩，太后谕王曰：‘汝可留守，冀中国尚有转机。’王叩头流涕曰：‘愿从太后、皇上行耳。’遂与其长君振贝子徒步随扈行。”而清史专家孔祥吉根据一件军机章京书写的清

代档案“庚子七月初一至十九日召见单”，颠覆了传统看法，此召见单记录了慈禧太后、光绪帝离京西逃前20天内召见官员的名单，其中至少有16天召见了奕劻，且多与力主“招抚义和团”、围攻东交民巷使馆、对外宣战的端郡王载漪同日召见。以往人们认为，奕劻反对义和团，义和团揭贴中说庆亲王信天主教，与义和团为敌，他与慈禧太后对民团的看法尖锐对立，二人势同水火，李希圣《庚子国变记》中曾记载，慈禧连杀五位大臣后，“又欲杀奕劻……会城破而免”。此召见单推翻了传统说法。说明奕劻从戊戌维新到义和团前后，一直为慈禧出谋划策，言听计从。二人关系诡秘，密迩程度无人可比。由此观之，对历史人物的月旦评骘之难。

关于奕劻的贪腐问题，金人文章有总括的说法：“奕劻内恃恩宠，外结袁世凯等地方实力派，权势日隆，政以贿成，官以私进，朝政日坏。他利用先后五次出任京师崇文门税关正监督肥缺之机，贪污纳贿，卖官鬻爵，大发横财，名利之徒趋之若鹜，接踵其门，时人戏称为‘庆记公司’，更因奕劻与满族权贵大臣那桐沆瀣一气，苞苴公行，时人讥讽为‘庆那公司’，民谚形容奕劻等人贪污误国：‘杀端方，宰铁良，贪赃枉法庆亲王，里勾外连袁世凯，锉骨扬灰徐世昌’。”

对《我的前半生》所述两个御史弹劾奕劻之事，金人文章记载更详。

光绪三十年（1904），御史蒋式瑆上疏弹劾奕劻“细大不捐，门庭若市”，近日将私产120万两白银存入英商汇丰银行。清廷派人往查，被英商所拒，以查无实据上报，蒋式瑆反而因此落职。光绪三十三年（1907），东北地区建省，改盛京将军为东三省总督，设奉天、吉林、黑龙江三省巡抚，清廷派载振与徐世昌查勘边务。直隶总督

> 袁世凯的心腹段芝贵时以道员身份兼任天津巡警总办，为谋得署理黑龙江巡抚之职，不惜花1.2万两重金购得梨园名伶杨翠喜献与载振，以求进身之阶。事被御史赵启霖风闻，上疏参奏段芝贵，连及奕劻、载振父子。早有内线人物暗中通风报信，奕劻父子密商于袁世凯，设法加以弥缝，掩盖真相。清廷派醇亲王载沣、大学士孙家鼐查办此事，又以“事出有因，查无实据”结案，黑龙江巡抚改由程德全署理，赵启霖也以妄言落职。

武昌起义爆发后，奕劻受袁世凯蛊惑，合谋对隆裕太后连逼带吓，软硬兼施，最终迫使宣统帝溥仪逊位。据《我的前半生》讲，退位诏颁布后，“奕劻父子带着财宝和姨太太搬进了天津的外国租界”。庆亲王1917年病故。“他家来人递上遗折，请求谥法”。末代皇帝连想了好几个坏字眼：“谬”、“丑”、“幽”、“厉”，载沣结结巴巴地说：“皇上还还是看在宗宗室的分儿上，另另赐个……”溥仪理直气壮地说：“奕劻受袁世凯的钱，劝太后让国，大清三百多年的天下，断送在奕劻手里，怎么可以给个美谥？只能是这个：丑！谬！”载沣表示用“献”字，“这这个字有个犬字旁，这这字不好……”溥仪又哭又闹，还是不干。“南书房翰林们最后拟了一个‘密’字，我以为这不是个好字眼，同意了。到后来从苏洵的《谥法考》上看到‘追补前过曰密’时，想更改也来不及了。”

事见《我的前半生》第二章《我的童年》第四节《毓庆宫读书》。

溥伦和毓崇算哪头的

《我的前半生》中有这么爷俩，爸爸溥伦，儿子毓崇。爸爸让人看不懂，儿子则窝囊可欺。

溥伦是条变色龙。第二章《我的童年》第一节《登极与退位》写清王朝到了最后关头，“太后召集的第一次御前会议，会上充满了愤恨之声。奕劻和溥伦由于表示赞成退位，遭到了猛烈的抨击。第二天，奕劻没有敢来，溥伦改变了口风，声明赞成君主”。溥伦还是个叛徒。第三章《紫禁城内外》第一节《袁世凯时代》有以下记载。

> 我从响城中听见中南海（袁世凯的办公地点——引者注）的军乐声，就是在这时候。那时，三大殿正在进行油缮

> 工程，在养心殿的台阶上，可以清清楚楚地望见脚手架上油工们的活动。张谦和告诉我，那是为袁世凯登极做准备。后来，“伦贝子”（溥伦）代表皇帝和八旗向袁世凯上劝进表，袁世凯许给他亲王双俸，接着他又到宫里来向太妃索要仪仗和玉玺。这些消息使我感到心酸、悲愤，也引起了我的恐惧。虽然陈师傅不肯明讲，我也懂得“天无二日，国无二君”这句老话。袁世凯自己做了皇帝，还能让我这多余的皇帝存在吗？历史上的例子可太多了，太史公就统计过“春秋之中，弑君三十六”哩！

值得庆幸的是，袁世凯做了八十三天的皇帝后很快就一命呜呼了。可是，《我的前半生》说，黎元洪继任总统后，“紫禁城派了曾向袁世凯劝进的溥伦前去祝贺”。看来伦贝子是经“组织”批准的职业叛徒。

有关史料记载，溥仪的师傅陈宝琛经常向他灌输如何辨析忠奸的思想。据末代皇帝回忆，陈宝琛曾列举了许多“贰臣”的名字，如既当民国总统又兼清室太傅的徐世昌，既为清东三省总督又任民国奉天都督的赵尔巽，既已官至清朝江宁布政使并暂护两江总督又接受民国总统委派出任参政院参政兼参议、顾问的樊增祥，既当了清朝的道台又出任民国印铸局局长的易顺鼎等，认为这些人都不是伯夷、叔齐，他们做了民国的官，拿了民国的钱，是遗老中的变节分子，只能列名于“贰臣传”。面对袁世凯上演“洪宪皇帝”丑剧的一幕，陈宝琛更认为是大叛逆，指袁为“元凶大憝，自作孽，必不得善终”。然而上述内容只反映出前清朝廷官员质素的浅显局部，他们还有丑恶的更深层次，连宗室王爷伦贝子都去做“贰臣”，不过为了维护那一点儿既得利益，延长苟延残喘的时间。该节还说：

> 为了“不能我即”（陈宝琛给溥仪占的吉卦——引者注）和保住优待条件，师傅、王爷和内务府大臣们在算卦之外的活动，他们虽没有告诉我，我也多少知道一些。他

们和袁世凯进行了一种交易，简单地说，就是由清室表示拥护袁皇帝，袁皇帝承认优待条件。内务府给了袁一个正式公文，说："现由全国国民代表决定君主立宪国体，并推戴大总统为中华帝国大皇帝，为除旧更新之计，作长治久安之谋，凡我皇室极表赞成。"这个公文换得了袁世凯亲笔写在优待条件上的一段跋语："先朝政权，未能保全，仅留尊号，至今耿耿。所有优待条件各节，无论何时断乎不许变更，容当列入宪法。袁世凯志，乙卯孟冬。"

这两个文件的内容后来都见于民国四年十二月十六日的"大总统令"中。这个"令"发表之前不多天，我父亲日记里就有了这样一段记载："十月初十日（即阳历十一月十六日）上门。偕世太傅公见四皇贵妃，禀商皇室与袁大总统结亲事宜，均承认可，命即妥行筹办一切云。在内观秘件，甚妥，一切如恒云云。"

所谓秘件，就是袁的手书跋语。所谓亲事，就是袁世凯叫步兵统领江朝宗向我父亲同世续提出的让他女儿当皇后。太妃们心里虽不愿意，也不得不从。其结果是，优待条件既没有列入宪法，我也没有跟袁家女儿结婚……

民初复辟谋划层出不穷。如肃亲王善耆就组织勤王军以"第一次满蒙独立运动"为名，准备起事。当时的《申报》记载，清室屡发宣言"声明清室与运动复辟一举毫无关系，并请重惩散播此项谣言之人"，并由溥伦、志琦等谒见袁世凯以表明自身。据说清室成员初闻复辟呼声，颇为震惊，故有释嫌之举，并称复辟行动"贻害皇帝，为祸匪浅"。但正如维护共和者所言，复辟者利用溥仪及清室名义奔走活动，后者主观上是否有意已无关紧要，舆论很自然地将遗老、溥仪及清室、优待条件等联系起来。其时末代皇帝"用牙咬伤二嬷的乳头，就此断奶"，形势上再怎么对他不利，也犯不上溥伦之流去袁世凯那里拍马屁，以洗清自己。

废清的王爷们，不依据自己的血统去争江山社稷，而计较什么优厚待遇，公开向袁世凯挂起降幡，还安排溥仪去做“洪宪皇帝”的驸马爷，这样的烂泥塘，不出贰臣，真是岂有此理！

伦贝子的公子毓崇是给溥仪伴读的。第二章《我的童年》第四节《毓庆宫读书》说：

> 我九岁的时候，他们想出一条促进我学业的办法，给我配上伴读的学生。伴读者每人每月可以拿到按八十两银子折合的酬赏，另外被“赏紫禁城骑马”。虽然那时已进入民国时代，但在皇族子弟中仍然被看作是巨大的荣誉。得到这项荣誉的有三个人，即：溥杰、毓崇（溥伦的儿子，伴读汉文）、溥佳（七叔载涛的儿子，伴读英文，从我十四岁时开始）。伴读者还有一种荣誉，是代书房里的皇帝受责。“成王有过，则挞伯禽”，既有此古例，因此在我念书不好的时候，老师便要教训伴读的人。实际上，皇弟溥杰是受不到这个的，倒霉的是毓崇。毓庆宫里这三个汉文学生，溥杰的功课最好，因为他在家里另有一位教师教他，他每天到毓庆宫来，不过是白赔半天工夫。毓崇的成绩最坏，这倒不是他没另请师傅，而是他由于念的好也挨说，念不好也挨说，这就使他念得没有兴趣。所以他的低劣成绩，可以说是职业原因造成的。

袁世凯准备“登极”的时候，毓崇沾了伦贝子给“洪宪”拍马屁的光。《我的前半生》说：“这时毓庆宫里最显著的变化，是师傅们对毓崇特别和气，没有人再拿他当伯禽来看待。他在太妃那里竟成了红人，常常被叫进去赏赐些鼻烟壶、扳指之类的玩意儿。每逢我说话提到袁世凯的时候，师傅就向我递眼色，暗示我住嘴，以免让毓崇听见，传到他父亲溥伦耳朵里去。”是的，人家溥伦在清朝只是个贝子，而在袁世凯那边享有亲王俸。孰亲孰疏，师傅们都明白。

毓崇他们还干了一件移风易俗的事情，从而载入废清史册。

从民国二年起，民国的内务部就几次给内务府来函，请紫禁城协助劝说旗人剪掉辫子，并且希望紫禁城里也剪掉它，语气非常和婉，根本没提到我的头上以及大臣们的头上，内务府用了不少理由去搪塞内务部，甚至辫子可做识别进出宫门的标志，也作为一条理由。这件事拖了好几年，紫禁城内依旧是辫子世界。现在，经庄士敦一宣传，我首先剪了辫子，我这一剪，几天工夫千把条辫子全不见了，只有三位中国师傅和几个内务府大臣还保留着。

因为我剪了辫子，太妃们痛哭了几场，师傅们有好多天面色阴沉。后来溥杰和毓崇也借口“奉旨”，在家里剪了辫子。那天陈师傅面对他的几个光头弟子，怔了好大一阵子，最后对毓崇冷笑一声，说道：“把你的辫子卖给外国女人，你还可以得到不少银子呢！”

陈师傅不能批评溥仪和溥杰，只能拿“倒霉”的毓崇撒气。

爱新觉罗·溥伦（1874—1927），字彝庵，隶属满洲镶红旗。道光帝曾孙，隐志郡王奕纬之孙，贝子载治之子。袭封贝子爵位，时称“伦贝子”。1904 年，他率清帝国代表团离京出席美国圣路易斯世界博览会，回国后受到重用。任资政院总裁、农工商大臣等，是宣统年间皇族内阁重要成员之一。

爱新觉罗·毓崇（1903—1965），溥伦之子。1912 年“奉旨入宫”在溥仪身边伴读汉文，溥仪赏其“头品顶戴”。继随溥仪到天津，在“行在”办事处“值班”。后又跟溥仪到了长春，先给溥仪当侍卫官，又当近侍处理事官兼掌礼处理事官。

父子俩是一头的。

伪满四巨头之中唯一的远亲熙洽

《我的前半生》说：“……一九三二年二月十九日，忽然来了一个消息，刚刚复会的‘东北行政委员会’通过了一项决议，要在满洲建立一个‘共和国’。所谓东北行政委员会是二月十八日复会的，这个委员会由投降的原哈尔滨特区长官张景惠、辽宁（这时被改称奉天）省主席臧式毅、黑龙江省代理主席马占山和被这委员会追认的吉林省主席熙洽组成，张景惠为委员长。”这便是伪满洲国史上著名的“四巨头”。除了熙洽，其他三人都是奉系人物。熙洽则稍微复杂一些。

爱新觉罗·熙洽（1884—1952），辽宁沈阳人，满族正蓝旗。他于日本陆军学校骑兵科毕业，在张作霖开办的东北陆军讲武堂担任过教务长。后又在东北军担任过参谋处长、军务处长、旅长、参谋长、训练总监等职，为奉系张作相手下的第一干将。然而，他在血统上则为清太祖努尔哈赤亲兄弟穆尔哈齐的后裔。这种淡淡的基因关系，后来成为他捍卫清室的牢牢血栓。

熙洽是在《我的前半生》第五章《潜往东北》第一节《不静的“静园”》中出现的。

> 屋子里只剩下我们三个人。罗振玉恭恭敬敬地给我请过安，拿出一个大信封给我。这是我的远支宗室，东北保安副总司令张作相的参谋长熙洽写来的。张作相是兼职的吉林省主席，因为到锦州奔父丧，不在吉林，熙洽便利用职权，乘机下令开城迎接日军，因此，他的日本士官学校时代的老师多门师团长的军队，不费一枪一弹，就占领了吉林。他在信里说，他期待了二十年的机会，今天终于来到了，请我勿失时机，立即到“祖宗发祥地”主持大计，还说可以在日本人的支持下，先据有满洲，再图关内，只要我一回到沈阳，吉林即首先宣布复辟。

近年来，有些研究者认为，熙洽投降坏了东北的军事大局。当时少帅张学良在关内至锦州一线驻扎东北军约二十万人。熙洽管辖的吉林驻军，正规部队五万五千余人，加上地方军事力量保守估计约十万人。这近三十万人的庞大兵力，对付关东军主力一万余人以及从朝鲜增援的三万余人，绰绰有余。但熙洽为了溥仪复辟，仅仅因为与日寇头目有师生关系，便开门揖盗，使得东三省在一周之内就失去三十余座城市。甭说张学良执行蒋介石的不抵抗命令，就是抗日，军事力量对比也发生了很大的变化。

熙洽既擅长利用职权，又擅长利用血统。该章第五节《在封锁中》里，溥仪说日本人叫他做元首，总理人选尚未定。“这时抢这个首揆椅子的，却大有人在。不但有罗振玉，还有张景惠、臧式毅、熙洽等人。熙洽几次派人送钱给我，共有十几万元，求我授他‘总理’之职。”害得郑孝胥像热锅上的蚂蚁，急忙派儿子给日本人驹井德三递“价码”……

第六章《伪满十四年》第一节《傀儡戏开场》描写了令末代皇帝激动的时刻。

> 三月八日下午三时，火车到达长春站。车还未停，就听见站台上响起军乐声和人们的呼叫声。我在张景惠、熙洽、甘粕、上角等一帮人的簇拥下走上站台，看见到处是日本宪兵队和各色服装的队列。在队列里，有袍子马褂，有西服和日本和服，人人手中都有一面小旗。我不禁激动起来，心想我在营口码头上没盼到的场面，今日到底盼来了。我在队列前走着，熙洽忽然指着一队夹在太阳旗之间的黄龙旗给我看，并且说：“这都是旗人，他们盼皇上盼了二十年。”听了这话，我不禁热泪盈眶，越发觉得我是大有希望的。

“傀儡戏开场”时，只有熙洽能够说出这样富于感情的话，也只有溥仪能够产生这样不切实际的幻想。

在该章第五节《第三次做“皇帝”》中，叙述了溥仪恢复帝号前的政治、军事背景以及熙洽等人在这种背景下的积极表现。

> 过了不久，即三月二十七日，日本为了更便于自由行动，退出了国际联盟。同时，攻入长城各口的日军加紧军事行动，形成了对天津的包围形势。五月末，忙于打内战的南京政府进一步对日本妥协，签订了“塘沽协定”，将长城以南、冀东地区划为非武装区，撤走中国军队，使日本势力进一步控制了华北。在这种形势下，热心复辟的人们得到了巨大的鼓舞，都以为时机已成熟了，纷纷活动起来。熙洽在三月间曾指使他的心腹林鹤皋，邀集了一批满族“遗民”和前东三省的议员们，在长春聚会，打算弄出一个“劝进表”来，当时被日本宪兵制止了，这时又恢复

了活动。华北一些前直系人物和一些日本特务浪人酝酿“拥戴”吴佩孚出山，平津某些与谋的遗老，为此派了人来跟郑孝胥联络，研究在华北、东北实现复辟。七月间，总务厅长官驹井德三下台，拿了一百万元退职金，另又要去了一笔巨额机密费，去找黄郛活动华北独立。他临走时向郑孝胥表示还要到上海，为我将来在全国复辟之事进行活动。总之，在那些日子里，经常可以听见关于复辟或帝制的传说，这些传说鼓舞着我，鼓舞着跟我一样的野心家们……

摇旗呐喊者熙洽之流，终于迎来了1934年春天溥仪在“新京”登极伪满洲国康德皇帝。

熙洽为溥仪潜往东北干的第一件大事，就是伪国家“建国”的筹备事宜，首先是皇宫选址。《我的前半生》未提及此事。据伪满皇宫博物院主办“格物客部落”的网络信息，摘录如下：“熙洽参加完关东军召开的‘建国会议’后（即前文所述‘四巨头’会议——引者注)，急忙从奉天赶回吉林，按照关东军的旨令，进行伪国家建国的筹备事宜。首先，熙洽派人到长春为伪国家的政府官厅进行选址。在驻长春领事田代致日本外务大臣芳泽《关于将长春定为新国家首都》的电报中讲：‘新国家首府看来要确定于长春。本月二十四日，全省警务署长修长余自吉林来长，与本市市长金璧东、县知事赵汝楳联系后开始调查可充作中国政府所属各官厅之建筑物。对市政府（旧道尹公署)、榷运局、陆军医院、各大银行、县政府、市公安局、第二中学等十五六处建筑预定在三四日内着手修缮（市政府建筑物已修理，如已电告)，修署长携带有关建筑物图纸可能明晨返告。’

“从这份密档中可知，1932年2月24日，已选定了吉黑榷运局作为‘执政府’。熙洽为何要选择一座盐仓作为国家的‘执政府’办公地呢？因为长春建城较晚，城市规模小，各项设施均不健全，在老城区几乎找不到像样的楼房，只有吉长道尹公署、吉黑榷运局地处长春东北角高地，且装有暖气设备，在当时，与其他建筑相比条件相对较好，所以，选择其作为伪满洲国‘执政府’的办公地。

“吉黑榷运局被选定为伪满‘执政府’的办公地后，为了尽快将吉黑榷运局全部迁出，开始四处为其寻找新的办公地点。1932 年 2 月 25 日，吉黑榷运局副局长熙清（熙洽之弟）向吉林省长官熙洽请文《呈请准拨省城水门洞外前冯团长住宅全部归本局占用》提到：‘新国首都决议建署长春，该局房屋应速迁出。拟请钧座令准将省城水门洞外前冯团长住宅东西两院全部拨归本局占用。’3 月初，吉黑榷运局临时迁到长春五马路于家楼大院。3 月 3 日，熙洽、郑孝胥和关东军中将森连一行来到吉黑榷运局进行考察，确定了各楼的用途功能，遂开始日夜不停地对原建筑进行修缮。

“3 月 9 日，溥仪在长春吉长道尹公署就任伪满洲国‘执政’。4 月 3 日，溥仪将‘执政府’从吉长道尹公署搬迁到吉黑榷运局，盐仓变成了伪满洲国‘执政府’，亦称‘宫内府’。

“1934 年 3 月 1 日，溥仪第三次登极，成为伪满洲国皇帝，这里被称作‘帝宫’，老百姓俗称‘皇宫’。此后，溥仪在这座盐仓里做了 13 年 5 个月的‘闲（咸）龙。’”

榷，专卖也。榷运局特指储盐的仓库。它的确切位置何在？据群众出版社 2015 年版王文锋著《末代皇帝溥仪与国宝》云：

> 进同德门之后，便是伪皇宫的东院，院内那幢坐北朝南的二层楼，便是同德殿。同德殿是主要的宫中建筑。1937 年日本关东军也觉得傀儡皇帝的门面过于寒酸。为了遮人耳目，对这个帝宫的门面又加以装潢了一番，在原盐仓的位置上开始修建同德殿，1938 年竣工，这是伪皇宫中规模最大的一座建筑，日本人负责设计和施工。

原来当年熙洽相中的盐仓，就是今天的旅游景点同德殿！

熙洽在伪满朝官中还算是有些骨头的，并且敢于搞自己那一套。

熙洽（1884—1952）

《我的前半生》说，在《给予令草案》中规定，日系官吏比满系官吏工资大约高出百分之四十左右。熙洽就曾拍案而起，反抗日本籍总务厅长官驹井德三，“这个议案简直不像话。咱们既然是个复合民族国家，各民族一律平等，为什么日本人要受特殊待遇?”当驹井德三霸道而固执己见时，熙洽顶撞之，“我不是争两个钱，不过我倒要问问，日本人在哪儿建设王道乐土？不是在满洲吗？没有满洲人，能建设吗?”《我的前半生》之外的其他文献说，伪满“建国”初吉林省尚有一千数百万元，虽然通知省长熙洽“省库所存经费必须上缴国库”，但他胁迫当地的中央银行分行长拒不执行，这样就使省公署具有了庞大的财权。另外熙洽还拥有一支规模为 3000 人的私人武装，这就使他拥有了相对独立的私家军队。

熙洽很受溥仪重用。伪满洲国成立后，他担任伪财政部总长兼吉林省省长。溥仪称帝后，他担任伪宫内府大臣。1945 年 8 月日本投降后，他被苏联红军逮捕押往苏联，1950 年被引渡回国，在抚顺战犯管理所接受改造；1952 年 10 月病死于哈尔滨。溥仪对熙洽念念不忘。他在《我的前半生（全本）》中为自己写了“五十三大事记”，于 1952 年条下云：

> 第一次缝洗衣服。交出匿藏的珍宝。学习《由于封建社会，中国怎样沦为殖民地、半殖民地》。交代“九一八”事变前后与日寇勾结的历史真相。（熙洽死。）

有关熙洽家世源流的考察，可参看吉林大学出版社 2016 年版赵继敏、王文锋主编《末代皇帝溥仪在长春》收录潘颖、胡博署名文章《熙洽史事新考》。

五次拜访溥仪的德王

《我的前半生》以描写人物取胜。它所描写的人物，首先突出了传主自我形象。爱新觉罗·溥仪形象的丰满鲜明，成为这部世界奇书取得较高艺术成就的重要原因。其次它还描写了众多封建遗老、家族成员、北洋军阀、以日本人为主的外国人，等等。对这些人物的描摹，有详有略，或多或少；倾注心思、笔墨重点刻画的人物，当以陈宝琛、郑孝胥、罗振玉为最佳。但是，不能忽略一位比他大四岁的特殊人物——德穆楚克栋鲁普。

《我的前半生》第六章《伪满十四年》第六节《幻想的破灭》运用正面叙述和侧面烘托以及心理描写并用的手法，写下了末代皇帝的“心惊肉跳”。

“凌升事件”过去了，我和德王的一次会见造成了我更大的不安。

德王即由日本操纵成立了“内蒙自治军政府”伪组织的德穆楚克栋鲁普。他原是一个蒙古王公。我在天津时，他曾送钱给我，送良种蒙古马给溥杰，多方向我表示过忠诚。他这次是有事找关东军，乘机取得关东军司令的允许，前来看望我的。他对我谈起这几年的经历和成立“自治军政府”的情形，不知不觉地发开了牢骚，埋怨他那里的日本人过分跋扈，说关东军事先同他许了很多愿，到头来一样也不实现。尤其使他感到苦恼的是自己样样不能做主。他的话勾起了我的牢骚，不免同病相怜，安慰了他一番。不想第二天，关东军派到我这里专任联络的参谋，即以后我要谈到的“帝室御用挂”吉冈安直，走来板着脸问我：

德王

“陛下昨天和德王谈了些什么？”

我觉得有些不妙，就推说不过是闲聊而已。

他不放松我，追问道：“昨天的谈话，对日本人表示不满了没有？”

我心里怦怦跳了起来。我知道唯一的办法就是坚不承认，而更好的办法则是以进为退，便说：“那一定是德王故意编排出什么假话来了吧？”

吉冈虽然再没穷追下去，我却一连几天心惊肉跳，疑虑丛生。我考虑这件事只有两个可能，不是日本人在我屋里安上了什么偷听的机器，就是德王在日本人面前说出了真话。我为了解开这个疑团，费了好大工夫，在屋里寻找那个可能有的机器。我没有找到什么机器，又怀疑是德王成心出卖我，可是也没有什么根据。这两种可能都不能断定，也不能否定，于是都成了我的新魔障。

这件事发生之后，我懂得的事就比“凌升事件”告诉我的更多了。我再不跟任何外来人说真心话，我对每位客人都有了戒心。事实上，自从我访日回来发表讲演之后，主动来见的人即逐渐减少，到德王会见之后，更近于绝迹。到了一九三七年，关东军更想出了一个新规矩，即每逢我接见外人，须由“帝室御用挂”在旁侍立。

“凌升事件”因笔者有专文，不赘。李立夫主编、王文锋执行主编《溥仪研究·下卷》收录陈宏署名文章《德王与溥仪——末代王爷与末代皇帝关系初探》，细化了《我的前半生》所述。

关于“我在天津时，他曾送钱给我”，是德王和溥仪的第一次、第二次见面的事情。1924年溥仪被逐出紫禁城后，德王偕同他的姨夫——锡盟驻张家口办事处处长补音达赖等夜赴北京，通过外蒙驻京王公那彦图介绍拜见溥仪。因溥仪正准备转赴天津，仅得一面，未得多谈，聊表慰问之意就告辞了。德王和补音达赖等连夜返回张家口，通过各种关系向张家口的富商筹借了一万银元的巨款又到北京，前往日本公使馆，见到了溥杰，表示愿到天津面见溥仪。恰巧这时溥仪从天津来电话，向溥杰询问他母亲的疾病，溥杰趁便在电话中转达了德王的意思，溥仪告知：“可以前来相见。”于是德王和补音达赖把一万元用布袋缠在腰中，外穿宽大衣服，密赴天津。德王一行到了天津，得知溥仪在日租界里。他让补音达赖通过内部关系和溥仪的保护人取得联系，经过溥仪和天津日本租界的同意才允许他们进入。手头拮据的溥仪对德王的拜见自然喜不自禁。当德王踏进天津的日租界张园见到溥仪时，首先向他行了三跪九拜的君臣大礼，对他被逐出故宫表示了深深的同情和痛惜，并当面将筹借来的一万元银洋奉献给溥仪，表示自己对溥仪的忠君之意。德王对自己的这次拜见很满意，他跟补音达赖说："人在饥饿时，你给他一块糠饼他就会记住你；在他吃饱时，你送块牛肉也记不得你。"

德王和溥仪第三次见面是在 1935 年 12 月。德王同迪力瓦和浦、中岛万藏等乘坐日本人送给他的飞机飞往"新京"，会见日本关东军司令官南次郎和关东军参谋长西尾，可是，具体参加正式晤谈的人是板垣征四郎和田中隆吉。这一次晤谈，主要是有关"蒙古建国"方面的事。经过晤谈，许多方面达成一致，同时起草了协定，交到关东军司令部待修改后成文，德王乘机取得关东军司令官的允许，提出要拜见溥仪。他先和溥仪的侍从武官张海鹏见面，由他通报溥仪，溥仪非常高兴地要德王来见他。德王见了溥仪，又是叩拜问安，又是祝贺他"登极"。溥仪经过一番风雨征程，也比过去懂得多了，实在多了。他见了德王，再也不是稳坐受叩了。他把德王拉起坐在自己身边，一面让侍从看茶，一面打量着德王的变化。德王想从溥仪嘴里掏到一点儿重要的东西，不想他很谨慎，除了说日本人对他很好外，再没有别的什么看法和感受。德王会见溥仪之后，又在关东军安排下观看了日本军队的演习，并到大连火车头制造厂参观。

关于"他这次是有事找关东军，乘机取得关东军司令官的允许，前来看望我的"以及"不知不觉地发开了牢骚"，指的是德王对溥仪的第四次拜访。这次见面是由于德王代表伪蒙古军政府到"新京"来缔结协定。飞机到达"新京"后，他首先去拜会了日本关东军参谋长板垣征四郎，而后又去访问了伪满洲国的总理大臣张景惠、外交大臣张燕卿等。互拜之后，关东军又让两家缔结以"共同防共、军事同盟、互派代表、经济提携"为内容的"满蒙协定"。双方建立了所谓的"外交关系"。缔结协定后，德王见到了溥仪。本有"两国相交"的意味，应当尊重自己的"身份"。但顾念过去的关系，德王对溥仪仍以臣属之礼相见。溥仪也挥手让座，温语有加。接下来就是一系列给溥仪找麻烦的"发开了牢骚"，溥仪听到后却说："你的话太硬了。"于是就匆匆结束了见面。陈宏文章引用的文献是翔实可信的《德王回忆录》等内蒙古文史资料。看来，末代皇帝在处理和日本主子的关系上的确是谨小慎微的，而小肚鸡肠的日本人则神经过敏、无事生非。

后来，德王本着“满蒙亲密合作”的精神又去伪满访问过一次，即第五次拜访末代皇帝。他对溥仪说：“现在皇帝在日本帮助之下，已经登极，再也用不着我效力了，我今后把忠于皇帝之心，忠于蒙古事业。”溥仪也以贵宾之礼待他，宴会时，口称德王为“贵主席”了。

溥仪和德王是一对卖国兄弟。日本侵略者允许满洲称“国”，未同意建立“蒙古国”，故德王的政权仅仅称“自治政府”。溥仪是儿皇帝，德王则有军政实权。因为历史渊源关系，溥仪在日本人的指使下，曾颁发德王“武德亲王”的钦任状，但一“国”一“自治政府”互不隶属，都听命于日本人。新中国成立后，新中国政府给战争罪犯分类，溥仪是伪满战犯，德王是伪蒙疆战犯。

德穆楚克栋鲁普（1902—1966），字希贤，锡林郭勒盟苏尼特右旗人，世袭贵族，内蒙古王公，是内蒙古独立运动的指导者。1908 年袭札萨克郡王爵职，北洋政府时期被授为札萨克和硕亲王，通称德王。投靠日本人后的最高职务是伪蒙疆联合自治政府、伪蒙古自治邦主席。新中国成立后被关押在张家口，1963 年被特赦释放，被聘为内蒙古文史馆馆员。曾主持编撰蒙文版《二十八卷本词典》，晚年有回忆录《德穆楚克栋鲁普自述》。1966 年在呼和浩特去世，卒年六十四岁。

两个贵福及其他

《我的前半生》第五章《潜往东北》第二节《日本人意见分歧》说，“九一八”事变之后，溥仪“赏赐首先投靠日本占领军的张海鹏、贵福等人以美玉”，并封“贵福为西路总司令”，预备了大批写着各种官衔的空白封官谕旨，以备随时填上姓名。第六章《伪满十四年》第一节《傀儡戏开场》叙述末代皇帝初次来到他的“执政府”进行就职典礼，参加典礼的有“蒙古亲王贵福”。该章第六节《幻想的破灭》叙述伪满兴安省省长凌升因对日本关东军不满而被斩首处决，并由吉冈安直通知溥仪，解除他的四妹与凌升的儿子的婚约，说：“凌升是清末蒙古都统贵福之子。”

贵福（1859—1936），字绅五，姓莫尔丁氏，达斡尔族，呼伦贝尔索伦正黄旗人。清末任索伦右翼总管，1915 年封镇国公，1920 年被任命为呼伦贝尔副都统，封贝子衔。“九一八”事变后，任“满蒙独立军西路总司令”，伪满成立时，任参议府参议，授“建国功劳章勋一位”。1936 年 4 月，其子凌升被处死。《我的前半生》笼统地交代，凌升被判处死刑时，“一同受刑的还有他的几个亲属”。王庆祥整理注释的《溥仪文存》云关东军司令植田谦吉曾表示拒绝贵福为儿子求情，然其亦死于 1936 年，何故俟考。

《我的前半生》第六章《伪满十四年》第一节《傀儡戏开场》叙述末代皇帝进行“执政”就职典礼时，参加典礼的除“蒙古王公贵福”，还有“做过绍兴知府以杀害秋瑾出名的赵景祺”。溥仪在书中只是在这里提了这个名字。其实，这个赵景祺也叫贵福。

贵福，字寿鋆，北京香山地区健锐营镶黄旗人，为蒙古喀喇沁诺棍岱氏，出生于同治八年十二月（1870 年 1 月）。少年时代的贵福受过良好教育，通晓满汉两种文字，擅长骑射，肄业于官学。光绪十三年（1887）贵福考取了内阁翻书房翻译官，又应翻译试取得生员资格。光绪二十年（1894）考中举人。翌年（1895），又以优异的成绩考取光绪乙未科第二名翻译进士，随后被选送翰林院庶吉士。光绪二十四年（1898），被授为翰林院编修，遂踏上仕途之路。可见，其人在清季封建官僚汉化程度日益加深，就连末代皇帝都不通晓本民族语言文字之时，是靠精通少数民族原生文化而适应国家需要的。他的这一本领，若干年后派上了用场。据金毓黻《静晤室日记》载，清朝遗老金梁在沈阳组织对奉天故宫崇谟阁《满文老档》进行汉译工作时，因卷帙过多，全译非易，只做部分摘要译录。贵福深通满文，当他读罢汉译《满文老档》时曾批评说：“息侯（金梁字息侯——引者注）译老档，固实有其事，但未身亲其役，仅倩少通满文者数辈，信手翻译，遇有与《开国方略》、《东华录》诸书类似者，则依诸书少变其文词，以为译稿；盖译者本未彻底了解老档，不过敷衍涂附而已。使此言而果信，则秘录可信之价值微矣。”足见贵福对学术考证颇为严谨。

导致贵福一生臭名昭著的事件发生于光绪三十二年（1906）他由中央外放浙江绍兴任知府以后。溥仪晚年的世界观极大转变，他是同情那位“一腔热血勤珍重，洒去犹能化碧涛”的秋瑾的，而杀害秋瑾的恰恰是贵福。据《历代妇女名人年谱》、《辛亥革命四烈士年谱》等书记载，秋瑾在绍兴任大通学堂督办时，贵福曾到该处视察，十分赞赏秋瑾对教育的贡献，并亲笔书写“竞争世界　雄冠地球”的楹联以示鼓励。秋瑾与光复会革命党人徐锡麟约定在浙江、安徽发动起义事败后，贵福带领清军逮捕了秋瑾。他唯恐摆脱不了秋瑾与自己的干系，亲拟电报致浙江巡抚“恳请将秋瑾先行正法”，使其在绍兴城内古轩亭口遇难。

民国成立后，秋瑾成为众人景仰的开国英烈，贵福担心自己成为全国共讨之的靶子，遂改名换姓：姓赵，名景祺，号时敏；身份也摇身一变，改投奉系军阀做官。然而，他的忠君思想始终没有改变，据王庆祥编著《溥仪年谱》记载，为了拉近与逊帝溥仪的距离，1927 年 2 月 13 日，赵景祺与次子赵国圻为祝贺溥仪生日同赴天津。是日，赵景祺赴张园觐见末代皇帝，因事由胡嗣瑗代见。翌日，赵景祺父子参加溥仪生日“万寿节”，当时来朝贺者还有郑孝胥、金梁、王国维、罗振玉、陈宝琛、康有为等数十人。以后，每当溥仪的生日时，赵景祺都要去朝贺一番，以此会一会那些前清遗老们，并表示自己“身在曹营心在汉”的政治态度。

由日本关东军策划悍然发动了“九一八”事变，东北时局骤然紧张。时任辽宁省省长公署顾问的赵景祺，在沈阳四处为溥仪重登大宝而积极奔走，为此他参加了日本侵略者操纵的“东北独立”运动，并于 10 月 3 日派儿子赵国圻赴天津向溥仪转告他在沈阳的筹备情况。溥仪到达长春后，又经历三十余年，在《我的前半生》中，便有了赵景祺参加伪满洲国“执政”就职典礼的那句话。

赵景祺在溥仪手下没有做什么重要的官，但他令末代皇帝很开心，并委派他干一些杂事。以下试举两例：第一，赵景祺曾负责定制溥仪登极用的“黄帽”，将此冠进献之，受到奖赏。第二，作为给皇陵守墓的大臣，他代表溥仪在奉天维城学校开学仪式上宣布

“御笔敕语”：

> 胄子之教，始自虞廷，世变日新，教育益重。尔等皆世族之裔，务其奋勉向学，以蓄国家将来任使之材，朕有厚望焉。康德元年八月十四日。

赵景祺患病期间，溥仪多次召见其子赵国圻询问病情，并赐山参为之调养。1937 年 1 月 16 日，赵景祺病死奉天，临终之前令子女在墓前“不封不树”，即言不要起坟头、栽树木，不留任何标记。他清楚在国家共和不可摧的大势下，秋瑾永远是英雄，唯恐自己的身份暴露，被后人掘坟抛尸。然而，圈子里的人都会泄露的。据中华书局 2010 年版《许宝蘅日记》载，民国期间的奉天省政府秘书长许宝蘅在与赵景祺初次见面时，一眼就认辨出他的本来面目。在当天的日记中写道：“赵即昔年杀秋瑾之绍兴贵太守也。”真是要想人不知，除非己莫为。

然而，末代皇帝对“贵太守”格外关照，则另有原因。本文前面通过《我的前半生》揭示的第一个贵福的儿子凌升，是以“私通苏俄”这个沉重的罪名被处死的。只不过溥仪并没有在自传中挑明，大汉奸能干这种事吗？或许连溥仪自己也不相信这种欲加之罪。但他的四妹韫娴与凌升儿子的婚约在关东军的淫威下解除，则成就了“贵太守”一家。溥仪开始在众官吏之间为自己的妹妹寻觅对象，他十分欣赏赵景祺的儿子赵国圻的才貌，前一个婚约解除不到一个月，就为韫娴指婚赵国圻，并赐“景云章”。1936 年 8 月 1 日，两人喜结连理时，溥仪下颁训谕：

> 朕维贲行之占，吉昭易象，秾华之什，美著风诗。尔等国圻世笃忠忱，尔韫娴夙明礼训，朕推恩同气，指缔嘉姻。尚其个懋修能，永谐静好，效忠于国，克孝于家，以迓天府，无替朕命。钦此。

这个训谕见于爱新觉罗·溥仪著，王庆祥整理注释，由群众出版社 2017 年出版的《溥仪文存》。看来，虽然两个贵福同一“亲家”，但命运截然不同。因为，给日寇当奴仆，也不是一件容易的事。

溥仪的四妹夫赵国圻“运气”不错。伪满行将就木时，他在热河省皇协军任中校军官，而溥仪和溥杰、三妹夫润麒、五妹夫万嘉熙等人在长春，都被俘获至苏联，后押解回国在抚顺改造。赵国圻只身逃至北平岳父醇亲王载沣家中小住，为生计所迫又到上海做生意，因生意不顺，再鬼使神差地流落到台湾。他和父亲赵景祺一样，谨慎得只想隐姓埋名，但国民党不嫌弃汉奸，把他吸收到国军中来，还授了上校军衔。赵国圻出身于日本陆军士官学校，在伪满的军官学校担任过教官。韩国总统朴正熙以及韩国军界的许多将领都是他的学生，战后的日本上流社会中则有他的士官学校同学，都是一些“二战”中侥幸未被击毙的日寇，他与这些人沆瀣一气，每有来往。然思家心切，毕竟妻子和子女都在大陆。改革开放之后，党的统一战线政策在赵国圻身上产生了作用，他终于打消了顾虑，在中国驻日本大使馆和溥杰的帮助下，弃暗投明，回到了阔别近四十年的大陆。政府还给他安排了很好的工作和住房。

赵国圻在谢世之前，以赵琪璠署名口述了《我从台湾归来》一书，这本书由李文达在 20 世纪 80 年代组稿出版。它的前半部分，可以佐证《我的前半生》的相关内容，后半部分体现了党的统战政策的英明伟大，在群众出版社出版的图书中内容较为独特。

解开凌升被处决之谜

《我的前半生》第六章《伪满十四年》第一节《傀儡戏开场》第一次提到了凌升，说在长春道尹衙门举行的伪满洲国“执政”就职典礼中，参加者有凌升。真正重点述说凌升是在该章第六节《幻想的破灭》，使溥仪终于明白自己不过是儿皇帝，不过是职位最高的被日本人欺辱的对象，从而幻想破灭，是由于“凌升事件”。

凌升是清末蒙古都统贵福之子，原为张作霖东三省保安总司令部和蒙古宣抚使署顾问。他是在旅顺的“请愿代表”之一，因此被列入“建国元勋”之内，事件发生时他是伪满兴安省省长。一九三六年春天，他突然遭到了关东军的拘捕。拘捕的原因，据关东军派来的吉冈安直说，他有反满抗日活动，但是据佟济煦听来的消息，却是他在最近一次省长联席会上发过牢骚，以致惹恼了日本人。据说他在这次会上，抱怨日本关东军言行不一，说他在旅顺时曾亲耳听板垣说过，日本将承认“满洲国”是个独立国，可是后来事实上处处受关东军干预，他在兴安省无权无职，一切都是日本人做主。开过这个会，他回到本省就被抓去了。我听到这些消息，感到非常不安，因为半年前我刚刚与他结为亲家，我的四妹与他的儿子订了婚。我正在犹豫着，是不是要找关东军说说情的时候，新任的司令官兼第四任驻“满”大使植田谦吉先找我来了。

“前几天破获了一起案件，罪犯是皇帝陛下认得的，兴安省省长凌升。他勾结外国图谋叛变，反对日本。军事法庭已经查实他的反满抗日罪行，宣判了死刑。”

“死刑?”我吃了一惊。

“死刑。”他向他的翻译官点头重复一遍，意思是向我说清楚。然后又对我说：“我是杀一儆百，陛下，杀一儆百是必须的!”

他走后，关东军吉冈安直参谋又通知我，应该立刻跟凌升的儿子解除四妹的婚约。我连忙照办了。

凌升被处决时，使用的是斩首之刑。一同受刑的还有他的几个亲属。这是我所知道的第一个被日本人杀害的显要官员，而且还是刚刚跟我做了亲家的。我从凌升跟我攀亲的举动上，深信他是最崇拜我的，也是最忠心于我的人。而关东军衡量每个人的唯一标准却是对日本的态度。不用说，也是用这统一标准来看待我的。想到这里，我越发感到植田“杀一儆百”这句话的阴森可怕。

本世纪初，当笔者以责任编辑的身份认真阅读《我的前半生》时，对溥仪的上述叙写产生了一些想法。吉冈安直说凌升的罪名是

“反满抗日”，植田谦吉说凌升的罪名是“勾结外国图谋叛变”。吉冈所言应该扣到东北抗联以及一切爱国志士头上，汉奸也反满抗日？那他们还叫汉奸吗？植田所言当有所指，难道这个“外国”指的是苏联或外蒙古？当时跟溥仪狼狈为奸、沆瀣一气者，绝对不会因为世界观有进步倾向而被赤化的。苏维埃国家是汉奸傀儡政权的死敌。佟济煦倒是讲了一些具体情节。似乎是因为在日本人的统治下，省长无职无权，有乖“满洲国”为独立主权国家的宗旨。但溥仪并没有自己去研究、去解释这一切，讲的全是“听说”，譬如，“最近一次省长联席会”到底是个什么性质内容的会议？凌升发过多少牢骚，和什么人一起在哪里被斩首了？等等。但这段日本人杀害伪满“显要官员”的故事，倒确实把没有骨头的末代皇帝吓怂了。

被关东军处死的伪满兴安省省长凌升

2020年5月，笔者读了一篇题目为《蒙古往事“满蒙会议举办地——大黄楼”》的网文。该文叙述了从1935年到1936年在“大黄楼”举办的第一次至第三次“满蒙会议”。全称为“满洲国与蒙古国国境会议”，因为会议在满洲里举行，所以又称“满洲里会议”。前两次“满蒙会议”伪满洲国的首席代表均为凌升，会议主要讨论关于确定“满蒙”国境、哈拉哈庙领土争议等问题。到第三次“满蒙会议”召开时，凌升已被处决，伪满洲国换了首席代表。

该文说在“满蒙会议”上，凌升没有自由发言权，发言内容须由日本特务机关长斋藤正锐决定。凌升对此极为不满，提出异议并与斋藤正锐争辩。日方指责凌升不为日满效力，心无诚意。1936年

3月，伪满洲国在“新京”（今长春）召开兴安四省省长会议。在会议上，针对日本帝国主义对“满洲国”的国策，凌升进行了猛烈抨击：反对日本向兴安四省派出开拓团的移民计划，反对将日语作为“满洲国”的“国语”，反对日本官吏把持蒙旗实权，等等。由于言辞尖锐，切中要害，搞的主持会议的日本官吏不知所措，怒不可遏，下决心要除掉凌升这块绊脚石。3月29日，凌升由“新京”返回海拉尔，下车后即被日本宪兵以“通苏通蒙被疑者”名义羁押，4月24日在“新京”南岭被砍头处决。

据《溥仪文存》整理注释者王庆祥考证，同时受刑的还有凌升的二弟孟福龄（陆军上校）、妹夫敖春德（兴安北省警务厅厅长）、郭华霖（凌升的秘书官）等人。植田谦吉在4月11日曾向溥仪透露“将逮捕六人”的信息。他们的罪名是“间谍罪”，从正式逮捕到处以极刑仅用了短短12天时间。

《溥仪文存》收录了植田谦吉在伪满皇宫溥仪居室一楼会客室的全部谈话内容。文长仅摘录如下。

一、动了杀机。植田说：

> 目前是在军政部的军法会议上进行审讯（指凌升等人——引者注）。我曾从政治策略上考虑，是否在判决前或判决后对他施行恩典，但经过各方面反复权衡，决定不作任何政治策略上的考虑，予以严正裁决……

二、关于对凌升事件性质的认识。植田说：

> 凌升等人说是为了谋求蒙古民族的团结独立。联合蒙古民族有两个方法，或联络外蒙古的蒙古民族，将他们拉入“满洲国”，或自行率领“满洲国”内的蒙古族奔赴外蒙古，凌升采用的是后一种方法，即跟随外蒙古。他做人非常滑头，自“满洲国”建国以来对中央政府显示了忠诚

的态度，在地方上则对蒙古民族作政治上的笼络，这一次恶劣行为的暴露，可知从前的那些忠诚并不是出于真心而是阴谋。“满洲国”建国后，他一直很顺从“满洲国”政府，参照他以前的历史再来看这次事件，并非不可思议。在旧政权时代，他经常联络外蒙、苏联企图扩张自己的势力，当时对满人及日本人进行了压制。总而言之，他经常借助势力强大者来谋求自己的利益，就算现在他对“满洲国”仍保持着忠实的态度，迟早也会有出事的时候，如果苏联显示出强硬态度，根据这次事件，就会判断他会如何表态……他的所作所为，是在带领蒙古族走向被苏联支配的命运，是引导蒙古的共产化。

三、对家属求情的态度。植田说：

如果贵福或是凌升的儿子要求会见，我会说：“在凌升触犯国法被处罚之时，作为他父亲或是孩子应充分谨慎，闭门思过，应该不会提出申请要求见我，如果有人想见我，那恐怕不是凌升的父亲或孩子，是其他人吧，我不能会见和凌升有关联的人。”以此来拒绝。

这桩使末代皇帝感到“阴森可怕”的事的后续政治状貌，王庆祥在《溥仪文存》的一段“按语”中说：

“海拉尔凌升事件”后，关东军以强化“满洲国”的“国防”为理由，对内蒙古实施更严厉的政策。“满洲国政府”积极配合，与关东军对“海拉尔事件”的处理如出一辙，自1936年5月20日起，对“满洲国”内的蒙古人实行“强化指导”。可见“海拉尔事件”的真正目的是为了抑制“国内蒙古民族离满解体的运动”。凌升等蒙古族人在不惜一切参与建立“满洲国”后，“满洲国”的日

> 渐傀儡化违背了他们的初衷。这次事件是对凌升等人因幻想破灭、心中不满而出现的“独立运动”前兆行为的严厉惩罚，杀一儆百，对“满洲国”内蒙古族“独立运动”是重大打击。

上述网文曾夸凌升为“一名有民族正义感、民族气节和维护民族利益的爱国人士、少数民族优秀代表”，笔者以为不妥。因为，“爱国人士”绝不能附庸伪满，分裂中华民族。凌升在当时历史条件下不会走赤化的道路，他有浓重的民族宗派主义情绪，冲撞了以裕仁天皇为首的日本军国主义者的利益。日本人从来也没有维护过“满洲国”，他们只想把东北换血统、换语言、换管理者，从而在若干年后把“满洲国”变成日本的一部分。凌升当上了汉奸，命里注定就是奴仆，只有推翻日本及所谓“满洲国”的反动统治，才能给蒙古民族带来光明。

“第一忠臣”升允

在《我的前半生》呈现的人物长廊中，升允是一位零星闪现于书中的人物。从审美的角度讲，他不具备文学形象的意义。但是能够看得出来，末代皇帝从懵懂孩童到弱冠成人，整个青少年时期都深受这位“辛亥之乱，第一忠臣”（铁良语）的影响。活着就要争取复辟的理念，靠升允这些封建遗老给溥仪不断灌输并顽强滋长。

且看搜狗百科的说法。升允（1858—1931），多罗特氏，字吉甫，号素庵，八旗蒙古镶黄旗人。清廷授多罗特公，曾担任过山西按察使、布政使，陕西布政使、巡抚，江西巡抚，察哈尔都统，陕西总督等要职。宣统元年，升允曾因上疏反对立宪，以妨碍新政之过失被革职。武昌起义爆发后，他又重新被启用，任陕西巡抚，总理陕西军事。

升允率军东进，连下十余城，逼近西安。《我的前半生》第二章《我的童年》第一节《登极与退位》曾说：“远在西安的总督蒙族人升允，这时带兵勤王，离了西安，袁世凯去了一封表示赞许的电报，同时命令他停在潼关不得前进。”末代皇帝用的称谓是升允的旧职务。至于究竟是“逼近西安”还是“离了西安”，不必较真。升允曾想打通陕西到山西再到北京的通路，将接溥仪来陕甘一带建立偏安王朝则属实。这就比那些被南方革命党吓破了胆，而当起缩头乌龟的王公贵族们多了一些血气。然当时形势瞬息万变，溥仪逊位诏书颁下，私心甚重想当大总统的袁世凯不答应他这样做，也很正常。

辛亥以后，升允往来天津、大连、青岛之间，结纳宗社党人，图谋复辟。《我的前半生》第三章《紫禁城内外》第二节《丁巳复辟》记载了此事。

> 袁死了不多天之后，报上登了“宗社党起事未成”、“满蒙匪势猖獗”的消息。我知道这是当初公开反抗共和的王公大臣——善耆、溥伟、升允、铁良，正在为我活动。他们四人当初是被称作申包胥的，哭秦庭都没成功。后来铁良躲到天津的外国租界，其余的住在日本租借地旅顺和大连，通过手下的日本浪人，勾结日本的军阀、财阀，从事复辟武装活动。

倘结合其他文献，更能明晰升允其人。《张勋与佃信夫》一文，讲过升允到日本东京时的情形。

> 寺内因病在家休养，特更衣接待。升允向寺内介绍了中国的国内形势后，寺内说：“听说先生寄寓青岛，归国之后，届时尽可与日本驻军司令官大谷商量（不知是否《我的前半生》所提帮助溥仪“白河偷渡”的那个大谷——引者注），不必客气。”寺内的谈话十分恳切，富于感情。升允听罢，在感激之余，不禁啜泣起来，老泪横流，不能自

禁，连连称谢，竟至语不成声。寺内也被这一为清朝矢忠的孤老遗臣的容态所感动，亦不觉滴下泪来。当时，在日本和清季遗老间传诵过升允写的一首五绝：“老臣犹在此，幼主竟何如。倘射上林雁，或逢苏武书。”说明升允在日本是别有怀抱的。为复辟清室，他与日本勾勾搭搭的内幕中可以看出，升允是个坚决走日本路线的人物。

上述引文讲的是，袁世凯死后，张勋便以徐州为复辟活动中心。升允吹捧其为“当代之伟人”，同其面谈，一拍即合，便以张勋代表的身份，去日本东京，与首相寺内会商。关于佃信夫，溥仪在若干年后亦提及。《我的前半生》第四章《在天津的活动》第五节《领事馆、司令部、黑龙会》说：“我对黑龙会的人物，曾有过接触。一九二五年冬季，我接见过黑龙会的重要人物佃信夫。事情的缘起，也是由于罗振玉的鼓吹。罗振玉对我说，日本朝野对于我这次被迫出宫和避难，都非常同情，日本许多权势人物，连军部在内，都在筹划赞助我复辟，现在派来了他们的代表佃信夫，要亲自和我谈一谈。”看来，从张勋、升允、罗振玉，到寺内、佃信夫，国内外确有一小撮为清室复辟摇旗呐喊的干将。

按照《我的前半生》的记载，升允对末代皇帝最突出的贡献是推荐了一些痴心恢复昔日江山的人才。

首先就是大名鼎鼎的罗振玉。1921年夏，升允受他的朋友罗振玉诚邀，全家从青岛搬至天津罗家当时在法租界德邻里的一幢别墅里居住。或许为了回报滴水之恩，升允以其王公大臣里的四大申包胥的威望，将罗氏引荐给末代皇帝。《我的前半生》第四章《在天津的活动》第一节《罗振玉的努力》言罗振玉云：“他在清末做到学部参事，是原学部侍郎宝熙的旧部，本来是和我接近不上的，在我婚后，由于升允的推荐，也由于他的考古学名气，我接受了陈宝琛的建议，留作南书房行走……”溥仪很听升允这位“先朝老臣”的话，而不懂人际摩擦的技巧。《我的前半生》第三章《紫禁城内外》第十三节《由“使馆区”到“租界”》谈到郑孝胥和罗振玉的矛盾，“在日使馆中又进入了新的阶段，这次是以郑孝胥的失败和罗振玉的胜利而收场的”。溥仪说：

> 从天津来的旧臣升允首先表示了对郑的不满，他向我说了不少郑孝胥“清谈误国”、“妄谈诳上”、“心怀叵测”、“一手遮天”之类的话。当时我并不知道，在前一个回合中失败的罗振玉，和这些反郑的议论，有什么关系。经过升允这位先朝老臣的宣传（这种宣传肯定由升允和罗振玉私约定下了基调——引者注），我对郑孝胥是冷淡下来了，而对罗振玉增加了好感。

其次是后来当上了伪满洲国的外务大臣的台湾人谢介石。溥仪回忆在天津的情况说：“由于升允的引见，在北京时就出入宫中，张勋复辟时做了十二天的外务部官员，后来由日本人的推荐，在李景林（奉系将领——引者注）部下当秘书官，这时跟罗振玉混在一起，不断地给我送来什么‘便衣队行将举事’，革命党将对我进行暗杀等情报。劝说我去旅顺避难的，也有他一份。”从末代皇帝这些似乎不经意的叙述中，大抵可以领略升允人际关系的跨度。

再者，很多乌七八糟的日本人。《我的前半生》第四章《在天津的活动》第五节《领事馆、司令部、黑龙会》说：“……‘日本人’三个字在我心里是一个整体。这当然不包括日本的老百姓，而是日本公使馆、天津日本总领事馆和天津日本‘驻屯军’司令部里的日本人，以及和罗振玉、升允来往的那些非文非武的日本浪人……”溥仪在这里再次提出了升允与日本浪人的关系。他们可是“鄙夷民国”、“称颂大清”、“愿意赞助”溥仪复辟的生力军。包括日本最大的浪人团体黑龙会。末代皇帝在该章该节中醒目地点了升允的名。“头山满是黑龙会最出名的领袖，在他的指挥下，他的党羽深入到中国各阶层，从清末的王公大臣如升允之流的身边，到贩夫走卒如张园的随侍中间，无一处没有他们在进行着深谋远虑的工作……”升允在借助外力方面可是帮了溥仪的大忙。其中也自然包括“从前在升允手下做过事的日本浪人工藤铁三郎”，此君追随末代皇帝忠贞不贰，“简直不下于最标准的遗老”。因已有其他文章介绍，兹不赘述。

还有一个与黑龙会关系密切，游说溥仪举事的白俄谢米诺夫。《我的前半生》第四章《在天津的活动》第三节《谢米诺夫和“小诸葛”》说：“谢米诺夫是沙俄的一个将军，被苏联红军在远东击溃以后，率残部到中国满蒙边境一带，打家劫舍，奸淫烧杀，无恶不作……起先由升允和罗振玉向我推荐过……认为谢是大可使用的‘客卿’人才……”此君空表“矢忠清室”，从末代皇帝那里诓了不少钱，但并没有做出什么“反赤复国”的业绩来。听说，第二次世界大战后，被苏联红军抓住绞死了。

升允虽然不是帝师，但由于他有公爵的贵族身份，加之曾以武力“勤王”的业绩，故其政治地位高于那些封建品官级别的帝师们。王庆祥编著《溥仪年谱》（群众出版社 2017 年版）“1925 年中华民国十四年　溥仪十九岁”目下排有两条记载：

> 6 月 16 日　前清陕西总督升允，奏请溥仪“专力于圣德、圣学，以待时机”，得到溥仪褒嘉。
>
> 7 月 18 日　升允奏请溥仪注重典学，“进讲之科目与用书宜详审也”、“讲官宜慎选也”、“为学贵有恒也”。溥仪当时所用进讲课本有《通鉴纪事本末》、《千秋金鉴录》、《贞观政要》等。

升允用超级教师爷的口气开导青葱时代的末代皇帝，使其心悦诚服。一句“以待时机”，给予溥仪莫大鼓励！

纵观升允一生，除了对清王朝愚忠，也曾做过一些造福桑梓的好事。如，他是西北大学的首倡者，在甘肃推行实业、发展教育，等等。据网载，慈禧太后七十寿辰时，庆亲王命各省献金祝寿。升允不仅不献金，反而上疏要求停止献金，故史称升允“实为满员之德未曾有者”。

内务府大臣与内务府

在“小朝廷”的内务府大臣里，郑孝胥是后加入的另类，世续死得早，荣源很特殊，那是溥仪的岳丈。本文说说绍英、耆龄、宝熙三人。

在《我的前半后》第三章《紫禁城内外》第九节《整顿内务府》中，溥仪批评内务府中饱舞弊之事时，绍英和耆龄的名字一块儿出现。

> 另一个例子是我岳父荣源经手的一次抵押。抵押合同日期是民国十三年五月三十一日，签字人是内务府绍英、耆龄、荣源和北京盐业银行经理岳乾斋，抵押品是金编钟、金册、金宝和其他金器，抵押款数八十万元，期限一年，月息一分。合同内规定，四十万元由十个

金钟（共重十一万一千四百三十九两）做押品，另四十万元的押品则是：八个皇太后和五个皇后的金宝十个，金册十三个，以及金宝箱、金印池、金宝塔、金盘、金壶等，计重一万零九百六十九两七钱九分六厘，不足十成的金器三十六件，计重八百八十三两八钱，另加上嵌镶珍珠一千九百五十二颗，宝石一百八十四块，玛瑙碗等珍品四十五件。只这后一笔的四十万抵押来说，就等于是把金宝金册等十成金的物件当作荒金折卖，其余的则完全白送。这样的抵押和变价，每年总要有好几宗，特别是逢年过节需要开销的时候。一到这时候，报上就会出现秘闻消息，也必有内务府辟谣或解释的声明。比如这一次抵押事先就有传闻，内务府和荣源本人也有声明，说所卖都是作废的东西，其中决没有传说的慈禧的册宝云云。

绍英和耆龄的名字除了与荣源还与世续一起出现过。那是在《我的前半生》第二章《我的童年》第四节《毓庆宫读书》中，溥仪引用帝师梁鼎芬侍讲日记："……初十日，召见世续、绍英、耆龄，谕曰：奕劻贪赃误国，得罪列祖列宗，我大清国二百余年之天下，一手坏之，不能予谥！……"绍英、耆龄、宝熙的名字一块儿出现在该书第三章第九节。溥仪说另类的内务府首席大臣郑孝胥只干了三个月的活儿，就卷铺盖卷走人了。"那些俗而无学的内务府人，究竟是谁把郑孝胥挤走的，我始终没有完全弄清楚。是绍英捣乱吗？可是绍英是出名的胆小怕事的人。是耆龄吗？耆龄是个不熟悉内务府差使的外行，一向不多问事。至于宝熙，来的时间很短，未必有那样大的神通。"关于绍英的性格，溥仪还说："……这一天，绍英带着一副胆小怕事的样子出现在我面前，说现在的步军统领王怀庆对郑孝胥的做法很不满意，王怀庆说如果再叫郑孝胥闹下去，民国如果有什么举动，他就再没办法帮我的忙。一听这话，我才真怵了头。这时，郑孝胥'恳请开去差事'的奏折到了。结果是，郑孝胥回到'懋勤殿行走'，绍英依然又掌管了内务府的印钥。”郑孝胥之闹，指他的整顿内务府的激进改革，谁说挤走郑孝胥与绍英等人没有关系？笔者认为，内务府确实是“庙小神灵大，水浅王八多”的地界，岂止溥仪“没有完全弄清楚”。

绍英的工作很繁忙。如民国二年新年，袁世凯的特使朱启钤在乾清宫给逊帝拜年，贺毕，“绍英走上台，在我的面前跪下。我从面前龙书案上的黄绢封面的木匣子里，取出事先写好的答辞交给他，他站起身来向朱启钤念了一遍，念完又交还给我”。又如，民国七年九月，徐世昌就任大总统时，溥仪命世续、绍英、耆龄做东，两位前任内务府大臣增崇、继禄作陪，宴请了徐世昌。再如“曹锟和奉系首领张作霖进北京之后，小朝廷派了内务府大臣绍英前往迎接”，等等。

随着西医的日渐流行，皇室及内务府人员亦先后接触、使用西医。据国家图书馆出版社 2009 年版《绍英日记》载，绍英曾多次邀请德国医生狄博尔为其诊视疾病。后来，绍英又将其推荐给溥仪。相当长的一段时期内狄博尔多次出入养心殿，在狄博尔之后，又有德国大夫盖礼恩为溥仪诊病。看来这位内务府大臣的工作繁忙，并不都是官场缛礼，还做过一些对溥仪的健康实惠有益的事情。

《我的前半生》第三章《紫禁城内外》第四节《不绝的希望》，揭示了内务府大臣们不同的心态。

> 在我结婚前这几年沧海白云之间，小朝廷里王公大臣们的心情变化，并不完全一样。表现最为消极的是内务府领衔大臣世续。他从丁巳复辟起，越来越泄气，后来成了完全灰心悲观的人。他甚至和人这样说过，就算复辟成功，对我也没什么好处，因为那些不知好歹的年轻王公，必定会闹出一场比辛亥年更大的乱子。他又说：“就算王公出不了乱子，这位皇帝自己也保不了险，说不定给自己会弄个什么结局。”他的主张，是让我和蒙古王公结亲，以便必要时跑到老丈人家里去过日子。世续死于我结婚前

一年左右，去世前一年即因病不再问事了，代替他的是绍英。绍英的见识远不如他的前任，谨慎小心、胆小怕事则有过之。在绍英心里，只有退保，决无进取打算。他要保守的与其说是我这个皇上，倒不如说是“优待条件”。因为保住了这个东西，就等于保住了他的一切——从财产、生命到他的头衔。他是首先从庄士敦身上看到这种保险作用的。他宁愿把自己的空房子白给外国人住，也不收肯出高租的中国人为房客。庄士敦自己不愿意领他这份情，帮忙给找了一个外国人做了他的邻居，在他的屋顶上挂上了外国的国旗，因此他对庄士敦是感恩不尽。

绍英的胆小怕事，甚至有点儿“阴”。该章第七节《内部冲突》说：“我十五岁那年，有一次听庄士敦讲起电话的作用，动了我的好奇心，后来听溥杰说北府（当时称我父亲住的地方）里也有了这个玩意儿，我就叫内务府在养心殿里也安上一个。内务府大臣绍英听了我的吩咐，简直脸上变了色。不过他在我面前向例没说过抵触的话。‘嗻’了一声，下去了。第二天，师傅们一齐向我劝导……”绍英的原则是自己不伸头，请溥仪的师傅们阻拦他，为的是有效地保证自己来之不易的既得利益。

绍英在关键时刻，能够显示出振振有词的斡旋转圜能力。当北京警察总监张璧到紫禁城“逼宫”，索要“皇室私产”，绍英不慌不忙地说：“内务府所管的皇室私产，除在盐业银行所存现款可以很快地交出外，还有房产、土地很多，这些年来我们就没清查过。现在有极少数按季交租银的还可以查得出来，不交租的我们连房产、土地究竟有多少，坐落在什么地方也弄不清楚。”张璧问：“难道这些房产、土地就没有契约、合同可查吗？”绍英冷静地答道：“契约、合同有的是，现在库里存放。如要清查的话，就是每天用筐子来抬也得抬上几天。最后我们双方派人一起清查罢。”

上引史料见于爱新觉罗·溥佳回忆文章《溥仪出宫的前前后后》。

从《我的前半生》所写来看，比起绍英来，荣源、耆龄和宝熙是相对次要的人物。如末代皇帝从紫禁城被迫撤到醇亲王府时，"荣源住进了外国医院，治神经病去了（两个月后才出来），耆龄忙着搬移我的衣物，处理宫监、宫女问题，宝熙在照顾未出宫的两位太妃，只剩下绍英在我身边。"这当然是实情，但溥仪似乎通过这些不经意的叙述，突出绍英在内务府大臣中的地位。绍英病故于末代皇帝到天津之后，耆龄病故于"九一八"事变之前，故溥仪"登极"康德皇帝时，只有宝熙参加了隆重的典礼活动，并以其为首，到长春火车站列队迎接醇亲王载沣一行人。他向溥仪汇报了关东军司令部派人来，以大使馆名义向这位儿皇帝提出抗议，说武装的护军去车站，违反"满洲帝国"已承担义务的前东北当局与日本签订的协议，这个协议规定，铁路两侧一定范围内是"满铁"的附属地，除日军外任何武装不准进入。给了刚"登极"的皇帝一个下马威。

伪满的"宫内府"，就是旧日所称"皇宫"。那时日本人不准叫"皇宫"，乃沿用日本"宫内省"的称谓，曰"宫内府"。它的前身是溥仪的"执政府"，宝熙担任"府中令"，"府中令"即原来的内务府大臣。

华文出版社1990年版孙喆甡著《中国末代皇帝爱新觉罗·溥仪传》介绍了作为典章制度的内务府。

> 内务府是清代掌管宫廷事务的机构，凡帝后的衣、食、住、行、用都由其管理。内务府总管大臣，就是皇帝的大管家。内务府自顺治时设立后，各朝沿置不变。清帝宣统退位以后，内务府不仅未取消，反而由于宫廷内部机构裁并改组等原因，比以前更加扩大了。例如，过去皇帝发布谕令文书和臣工上奏章疏，分别由内阁或军机处秉旨办理，现在，清朝的国家机关已不复存在，这些事情都改由总管内务府大臣去办了。
>
> 内务府机构庞大，官员众多。设有总管内务府大臣、郎中、员外郎、主事、笔帖式等人员。内务府下设堂、七

司、三院等机构。堂是内务府的总办公室。七司有：广储司，掌管府藏及出纳事宜，内又设有银、皮、瓷、缎、衣、茶六库；都虞司，掌管所属武职官员的铨选任用及打猎捕鱼事宜；掌仪司，掌管宫廷礼仪并考核太监品级；会计司，管理内务府帑项出纳及庄园地亩之事；营造司，掌管宫廷修缮工程事务；庆丰司，掌管牛羊畜牧事务；慎刑司，掌审拟上三旗的刑狱案件。三院是：上驷院，管理御用马匹事宜；武备院，掌管制备器械事宜；奉宸院，管理各园庭事宜。一九一四年，院部归并内务府管理。

内务府所属的其他机构还有御茶膳房、昇平署、三旗庄头处、掌关防处、官房租库、牺牲所、御书处、敬事房、三织造处、打牲乌拉处、养鹰鹞处、雍和宫、中正殿、管理番役处、圆明园、颐和园、御药房等，共五十多个机构。

内务府的机构和官员，虽屡经裁减，但它的一切活动，都依照祖制旧章进行。

内务府管理宫廷内财务收支大权。所有人员只用满族而不用汉族。不用说当上一任内务府大臣便成为百万富翁，即使是一个小小职员，也不难发财致富。举例而言，道光帝有一次召见一个大学士，偶然问他进宫以前吃什么早点。大学士答：吃三个卧果（荷包蛋）。道光帝吃了一惊说：“你好阔气！”原来，当时每只鸡蛋价格为几枚小制钱，可内务府的账上却写的是每只鸡蛋30两银子。

再回到《我的前半生》。溥仪在《整顿内务府》这一节的开头就引用了“一位故人”的短文《内务府人多不读书》。文章说“内务府人亦常有自谓‘皇上家叫我们赚钱，就为的养活我们’”。又云“乃有‘天棚鱼缸石榴树，地炕肥狗胖丫头’，以及‘树小房新画不古，一看就知内务府’之讽”。末代皇帝最头疼的不是他们的“俗而无学”，而是他们的“鄙而多金”。故感慨道：“视中饱舞弊，如奉明言。”

绍英（1861—1925），字越千，满洲镶黄旗人，马佳氏。光绪年间即任高官，宣统年间擢署度支部大臣，辛亥革命后任宫中总管内务府大臣，兼任八旗护军营都护使之职，后特授太保。有绍英著、张剑整理《绍英日记》存世。

爱新觉罗·宝熙（1871—1942），清末官吏、学者。字瑞臣，室名独醒庵。河北宛平（今北京）人，隶属满洲正蓝旗，清朝宗室，清太祖努尔哈赤第十五子豫通亲王多铎九世孙。光绪十八年进士，任过编修、侍读、国子监祭酒、总理禁烟事务大臣、度支部右侍郎等许多职务。入民国后，为溥仪的内务府大臣。其人诗文、书法皆有佳誉，亦是金石书画版本的收藏、鉴赏家。著有《工余谈艺》等。

耆龄（1870—1931），字寿民，号支离道人等，室名颇多。满洲正红旗人，伊尔根觉罗氏。由八品笔帖式起家，清末擢至内阁学士兼礼部侍郎衔。入民国后任小朝廷内务府大臣，曾参与过东陵盗案的善后工作。有《赐砍斋日记》存世。

最早出局的宗社党成员良弼

《我的前半生》第二章《我的童年》第一节《登极与退位》两次提到良弼。第一次说："以良弼为首的一些贵族组织了宗社党，宗社党将采取恐怖行动的传说也出现了。"作者在此处作了一个脚注："在辛亥革命期间，满清皇族的最顽固最反动的集团，以良弼、溥伟、铁良等为首组成了宗社党，其目的是挽救清朝的灭亡，反对清帝退位，反对袁世凯，反对议和。后良弼被革命党人彭家珍炸死，袁世凯又策动冯国璋等发表通电，赞成共和，才被迫同意清帝退位，隆裕亦传谕，把它解散。宗社党解体之后，其中一些主要分子并不死心，分别投靠了帝国主义企图借外力来复辟。"第二次仅是简短的一句话："良弼被革命党人炸死了。"

溥仪上文表述的关键词，一为良弼其人。二为宗社党的成立时间、性质、活动、成员、结局等。以下引用其他史料以及《我的前半生》给予补充。

据搜狗百科云，良弼是清太祖努尔哈赤幼弟贝勒巴雅喇八世孙。光绪三年（1877）生于成都，寄籍湖北。光绪二十五年（1899）至光绪二十九年（1903）在日本陆军士官学校留学。归国后长期从事军事工作。宣统元年（1909）七月，清廷“从良弼之建议”，仿日本参谋本部设立军咨府，以统筹全国陆海军事宜，军咨大臣载涛不谙军事，凡事皆以良弼为“谋主”，十月，擢升禁卫军训练大臣。1912 年 1 月 26 日，议事毕回府，在光明殿胡同家门口（今北京西四北大红罗厂街），遭同盟会京津保支部杀手彭家珍（四川武备学堂毕业生）向其投掷炸弹，被炸伤左腿。良弼遇刺，并未即死，救治了两日，请日本军医做了截肢手术，但终于伤重身亡，临死前，良弼叹言：“炸我者，英雄也。我死，大清遂亡!”1912 年 2 月 1 日，以副都统（辛亥革命前，良弼的最后军职是军咨府军咨使兼镶白旗汉军副都统）阵亡例从优赐恤。良弼死后十余天，清帝逊位，抚恤之事无人再提。其人之死细节详见中国网 2011 年黄令坦署名文章《良弼之死》。

王文锋主编《溥仪研究 · 1》（吉林大学出版社 2013 年版）收录郭玉春署名文章《浅谈宗社党与逊清权力中枢的关系》，介绍了有关宗社党的情况，以下剪裁给予录出。

> 宗社党是辛亥革命期间满洲皇族纠合的旧势力集团。关于其成立的具体日期，目前通行的说法是 1912 年 1 月 19 日。……《中华民国史事纪要（初稿）：1912 年 1—6 月》1 月 18 日载“清廷亲贵见形势日迫，愤然而起，结合三十余人，齐赴庆王府包围奕劻，表示激烈；并诘问载涛兄弟，指责其以前主张强硬，为何两次御前会议不发一言？翌日乃以‘君宪维持会’名义，发表激烈宣言。宗社党团体自是公开。”……“君宪维持会”是其本名，“宗

社党”是其别名，因其旨在维护爱新觉罗的宗庙社稷，其核心成员又系满清宗室成员，所以社会舆论以“宗社党”一名称之，别名压倒本名……当时的满族亲贵已基本认清袁世凯的真面目，对袁世凯露出杀机，而刺杀袁世凯也正是宗社党人最初经常秘密会议的重要内容。当然，不可否认的是宗社党人刺杀袁世凯的真实目的在于反对共和、维护清朝统治，但他们此时已把对共和的仇恨完全集中在袁世凯身上，必须致袁世凯于死地而后快……

宗社党组织且成员具有不确定性，但其核心人物在其中起主导作用。其核心人物主要有前军咨大臣载涛，训练近卫军大臣毓朗，原近卫军协统良弼，辅国公、前度支大臣载泽，肃亲王、原民政部大臣善耆，原江宁将军铁良，恭亲王、原宫房大臣、禁烟事务大臣溥伟，镇国公载洵，陕甘总督升允，陆军部大臣荫昌，日本浪人川岛浪速等人……

……随着清帝退位诏书的颁行，宗社党人愈益我行我素，从事阴谋反对共和活动，其与清太后及宣统皇帝的矛盾也日益升级。当清帝退位已成定局，懦弱的隆裕太后为保持一时的平安，再加上袁世凯及外国列强的压力，开始准备解散宗社党，并思考消弭宗社党的办法。据1912年《东方杂志》记载，1912年3月28日，清太后传谕解散宗社党。文章全文为：“清帝退位后，满贵族中有反对贵族者，设立宗社党，秘密运动，并有购运军械情事，北京谣传颇盛，清太后特令传谕，略谓：‘民国优待皇室，厚礼有加，该党等富贵尊荣亦可保守，若必欲借恢复之名，以致生灵涂炭，贻误大局，将为人道所不容，且惹起外人之干涉，应速即解散，以免自取罪戾云。’”……

良弼死于1912年1月底，他没有看到大清国的灭亡就早早地从《我的前半生》中消失了。宗社党被解散后，其前成员还导演了不少“余波绮丽”的复辟闹剧。在《登极与退位》这一节中，溥仪用文学笔法记录了他们尚成团聚伙时的最后表演。

> 太后问：“你们看是君主好还是共和好?”
>
> 大约有四五人立刻应声道：“奴才都主张君主，没有主共和道理。”接着别人也表示了这个态度，这次奕劻和溥伦没参加，没有相反的意见。有人还说，求太后“圣断坚持，勿为奕劻之流所惑”。太后叹气道：“我何尝要共和，都是奕劻跟袁世凯说的，革命党太厉害，咱没枪炮没军饷，打不了这个仗。我说不能找外国人帮忙吗？他们说去问问。过了两天说问过了，外国人说摄政王退位他们才帮忙。载沣你说是不是这样说的?”
>
> 溥伟愤愤地说：“摄政王不是已退位了吗？怎么外国人还不帮忙？这显然是奕劻欺君罔上!”
>
> 那彦图接口道：“太后今后可别再听奕劻的啦!”
>
> 溥伟和载泽说：“乱党实不足惧，只要出军饷，就有忠臣去破贼杀敌。冯国璋说过，发三个月的饷他就能把革命党打败。”
>
> “内努已经给袁世凯全要了去，我真没有钱了!”太后摇头叹气。
>
> 溥伟拿出日俄战争中日本帝后以首饰珠宝赏军的故事，劝请太后效法。善耆支持溥伟的意见，说这是个好主意。隆裕说：“胜了固然好，要是败了，连优待条件不是也落不着了吗?”
>
> 这时优待条件已经由民清双方代表议出来了。
>
> “优待条件不过是骗人之谈。”溥伟说，“就和迎闯王不纳粮的话一样，那是欺民，这是欺君。即使这条件是真的，以朝廷之尊而受臣民优待，岂不贻笑千古，贻笑列邦?”说罢，他就地碰起头来。
>
> “就是打仗，只有冯国璋一个也不行呀!”太后仍然没

有信心。溥伟就请求“太后和皇上赏兵去报国”。善耆也说，有的是忠勇之士。太后转过头，问跪在一边一直不说话的载涛：“载涛你管陆军，你知道咱们的兵怎么样？”

“奴才练过兵，没打过仗，不知道。”载涛连忙碰头回答。

……

《我的前半生》不算是历史著作，但通过具体而微的对话语境，还是把当时清廷已到苟延残喘关头的窘境逼真地揭示出来了。对于冯国璋，恭亲王等人的信任是白说，溥仪前述中已经表明良弼死后冯国璋通电，赞成共和；就是他活着的时候，“袁的北洋军将领段祺瑞等人突然从前线发来了要求‘清帝’退位的电报”。紫禁城的命运风雨飘摇，良弼何德何能，岂有挽狂澜于既倒、扶大厦之将倾的本领？

溥仪说良弼是宗社党的第一首领，史无确证。我想，尽管末代皇帝撰写《我的前半生》时，世界观已经发生了根本性的变化，但为了契合“我死，大清遂亡”的豪叹，把良弼人为地拔高也在情理之中。这算不算“从优赐恤”？良弼在天之灵应该感到欣慰吧！

遗老编

“老鹤无衰貌，寒松有本心”

——略述陈宝琛

据爱新觉罗·溥仪著、王庆祥整理注释《溥仪文存》（群众出版社 2017 年版）著录，六龄童宣统帝早在 1911 年 7 月 10 日就给陈宝琛下了第一道圣旨：“山西巡抚陈宝琛著开缺，以侍郎补。钦此。”1911 年 9 月 10 日又给陈宝琛下了第二道圣旨：“监国摄政王面奉隆裕太后懿旨，皇帝在毓庆宫入学读书，著派大学士陆润庠、侍郎陈宝琛授皇帝读等因。钦此。”陈宝琛的帝师生活就这样开始了。

陈宝琛在《我的前半生》中出现得较早，第一章《我的家世》第三节《母子之间》讲了陈宝琛向溥仪灌输嫡庶之分的理论。在第二章《我的童年》第四节《毓庆宫读书》中，陈宝琛正式登场。

对我影响最大的师傅首先是陈宝琛，其次是后来教英文的师傅庄士敦。陈在福建有才子之名，他是同治朝的进士，二十岁点翰林，入阁后以敢于上谏太后出名，与张之洞等有清流党之称。他后来不像张之洞那样会随风转舵，光绪十七年被借口南洋事务没有办好，降了五级，从此回家赋闲，一连二十年没出来。直到辛亥前夕才被起用，原放山西巡抚，未到任，就被留下做我的师傅，从此没离开过我，一直到我去东北为止。在我身边的遗老之中，他是最称稳健谨慎的一个。当时在我的眼中，他是最忠实于我、最忠实于“大清”的。在我感到他的谨慎已经妨碍了我之前，他是我唯一的智囊。事无巨细，咸待一言决焉。

这是溥仪与两位帝师陈宝琛（右，1848—1935，二十一岁中进士，官至内阁学士兼礼部侍郎）、朱益藩（左，1861—1937，三十岁中进士，官至都察院左副都御史）在御花园养性斋门前合影。

末代皇帝在陈宝琛七十整寿时，命陈的同事朱益藩书写两句诗"老鹤无衰貌，寒松有本心"赐之作为寿联。这两句诗是陈宝琛晚年与溥仪同甘苦共患难的精神品质的真实写照。而历来被学者称道的陈宝琛的典型肖像和语言就是《我的前半生》所言"'有王虽小而元子哉！'这是陈师傅常微笑着对我赞叹的话，他笑的时候，眼睛在老光镜片后面眯成一道线，一只手慢慢捋着雪白而稀疏的胡子"。

陈宝琛教导溥仪，天子对属下要懂礼貌。《我的前半生》第三章《紫禁城内外》第二节《丁巳复辟》叙述张勋上殿请安前，师傅的叮嘱："这次陈师傅用特别认真的神气告诉我，要夸赞张勋的忠心，叫我记住他现在是长江巡阅使，有六十营的军队在徐州、兖州一带，可以问问他徐、兖和军队的事，好叫他知道皇上对他很关心。末了，陈师傅再三嘱咐道：'张勋免不了要夸赞皇上，皇上切记，一定要以谦逊答之，这就是示以圣德。'"该节还记述了陈宝琛"沧海横流方显出英雄本色"的忠诚，当宫中掉下了讨逆军飞机的炸弹时，"磕头的不来了，上谕没有了，大多数的议政大臣们没有了影子，纷纷东逃西散，最后只剩下了王士珍和陈宝琛。"

陈宝琛对"丁巳复辟"后就任民国大总统的徐世昌的认识，有一针见血的深刻。

> 我只知道人们一提起徐太傅，总要流露出很有希望的神情。我记得从徐上台起，紫禁城又门庭若市，紫禁城里的谥法、朝马似乎又增了行情，各地真假遗老一时趋之若鹜。至于和徐世昌的来往进展，师傅们则一概语焉不详。有一回，陈宝琛在发议论中间，以鄙夷的神色说："徐世昌还想当议政王，未免过分。一个'公'也就够了。"又有一次说："当初主张以汉大臣之女为皇后，是何居心？其实以清太傅而出仕民国，早已可见其人！"

满汉有别是清代皇族的正统观念。曾国藩扫荡了太平天国，也不过被封为一等侯。但时代不同了，遗老们对徐世昌帮助复辟还有一些幻想，陈宝琛则把这些北洋军阀看得十分清楚，他们尽管曾经沐浴过浩荡皇恩，但都是识时务的，和袁世凯一样，为了自己圈子的利益最大化，也为了民国的前途，只能对溥仪委蛇委蛇，虚与周旋，把他当作供人驱使的招牌罢了。从这一点上反衬出陈宝琛愚忠的"可爱"。

用封建儒家思想对末代皇帝进行教育，是陈宝琛的重要任务。第四节《不绝的希望》写了陈师傅"翻来覆去"地给溥仪讲解《孟子》里的一段话："故天将降大任于斯人也，必先苦其心志，劳其筋骨，饿其体肤，空乏其身，行拂乱其所为，所以动心忍性，曾益其所不能。"在处理人际关系上，尽管郑孝胥是陈宝琛的同乡，陈又把郑推荐给溥仪，但两个人因为思想性格不同，后来发生了激烈的冲突，陈是坚持自己的原则的。作为老夫子的他曾经叹息道："苏龛（郑字），苏龛，真乃疏忽不堪！""慷慨，慷慨，岂非慷他人之慨！"这个"他人"指溥仪。陈宝琛是个稳健派，一心维护末代皇帝的既得利益，不愿意打着"皇上"的牌干冒险的事。他认为"除了代表日本政府的总领事馆以外，别的日本人的话全不可信"。对于溥仪拟潜往东北与关东军合作的事，他沉痛地说："天与人归，势属必然，光复故物，岂非小臣终身之愿？唯局势混沌不分，贸然从事，只怕去时容易回时难！"真是一语成谶，末代皇帝信从了激进派郑孝胥、罗振玉之流的话，导致后来的生涯万劫不复。

《我的前半生》第五章《潜往东北》第二节《日本人意见分歧》说：

> 我背着陈宝琛，采纳了郑孝胥的意见，派了日本人远山猛雄去日本，找刚上台的陆相南次郎和"黑龙会"首领头山满进行联络。我根据郑孝胥起的草，用黄绢亲笔给这两个大人物各写了一封信。后来，一九四六年在东京国际法庭上南次郎拿出了这封信，给律师作为替他辩护的证据。我因为害怕将来回到祖国会受到审判，否认了这封信，引起了一场轩然大波。

“我背着陈宝琛”这句话有隐而不述的美学性质。它的潜台词是其人不是汉奸。它也是对“老鹤无衰貌，寒松有本心”的别样解释。老鹤寒松者自当不去东北、不在伪满政权做官。这是读者通过阅读能够顺势推导出来的意思。

关于陈宝琛和郑孝胥思想性格之不同，该章第三节《夜见土肥原》有一长段颇像戏剧道白的精彩对话，如闻其声，如见其人。

> 这天是十一月五日，静园里开了一个别开生面的“御前会议”。记得被我召来的除陈宝琛、郑孝胥、胡嗣瑗之外，还有在天津当寓公的袁大化和铁良（升允此时刚刚去世）。在这次会议上，陈宝琛和郑孝胥两人展开了激烈的辩论。
>
> “当前大局未定，轻举妄动有损无益。罗振玉迎驾之举是躁进，现在起驾的主意何尝不是躁进！”陈宝琛瞅着郑孝胥说。
>
> “彼一时，此一时。时机错过，外失友邦之热心，内失国人之欢心，不识时务，并非持重！”郑孝胥瞅着陈宝琛说。
>
> “日本军部即使热心，可是日本内阁还无此意。事情不是儿戏，还请皇上三思而定。”
>
> “日本内阁不足道，日本军部有帷幄上奏之权。三思再行，如此而已！”
>
> “我说的请皇上三思，不是请你三思！”
>
> “三思！三思！等日本人把溥伟扶上去，我们为臣子的将陷皇上于何地？”
>
> “溥伟弄好弄坏，左不过还是个溥伟。皇上出来只能成，不能败。倘若不成，更陷皇上于何地？更何以对得起列祖列宗？”
>
> “眼看已经山穷水尽了！到了关外，又恢复了祖业，

又不再愁生活，有什么对不起祖宗的?”

在郑孝胥的飞溅的唾星下，陈宝琛脸色苍白，颤巍巍地扶着桌子，探出上身，接近对面的秃头顶，冷笑道：

“你，有你的打算，你的热衷。你，有何成败，那是毫无价值可言！……”

面对“戏台”上的激情表演，溥仪说：“我在会上没有表示态度，但心里认为陈宝琛是‘忠心可嘉，迂腐不堪’。”

王文锋主编《溥仪研究》（吉林大学出版社 2013 年版）收录陈春萍署名文章《末代帝师陈宝琛的紫禁城岁月》，这篇文章引用了爱新觉罗·溥杰著《溥杰自传》、孙喆甡先生著《中国末代皇帝爱新觉罗·溥仪传》、［英］庄士敦著《紫禁城的黄昏》、何艺文著《孤忠傲骨一诗翁》等，以下按序分别列出有关陈宝琛的内容。

教育溥仪卧薪尝胆，遵时养晦，伺机东山再起，恢复大清王朝。为鼓励溥仪，他还将自己比作夏王朝的贤臣靡。一次，陈宝琛在教《御批通鉴辑览》时，讲到少康的八旬老臣靡到有鬲氏部落借外援中兴夏王朝的那一段时，意味深长地说：“臣就是皇上的臣靡。”

……溥仪在庄士敦的影响下学会了骑自行车，戴上了近视眼镜，尤其是剪掉了在陈宝琛等师傅们看作是对清朝坚贞不渝、“发肤受之于父母”的长辫子。看着溥仪和几位没了辫子的光头学生，几位师傅摇头晃脑，发呆发怔不止，陈宝琛更是将心中怒气撒向一直代溥仪受过的毓崇身上，讽刺说：“把你的辫子卖给外国女人，你还可以得不少银子呢!”

庄士敦以当时顺应时代潮流的眼光，也对陈宝琛给予了客观的评价，他说：“我曾经发现陈宝琛的一个弱点，那就是，在革命之后他未能就皇族事务的管理改革问题施加强劲的压力。其实，他知道内务府存着严重的问题，但他没有运用自己的地位所能具有的影响，去革除这些弊端。然而，他的所有这些失策都可以得到宽恕。他已当风烛残年，却纯粹是为了实践对于君主以及儒家信条的忠诚，牺牲了自己曾在故乡的青山秀水中度过的愉悦与安宁。"

据陈宝琛的外孙何艺文撰文回忆："清室对待外公，总算恩宠有加，据说外公每月的薪水有一千元，折银七百二十两，英国师傅庄士敦每月才六百元，其他几位'帝师'都不能相比。宣统给他的字画古玩，御笔联匾，更是多极。"何艺文回忆，在陈宝琛的"恩赏籍"中记载，仅陈宝琛七十寿辰时，溥仪除了按例赏赐各种联匾外，还加赏了佛龛、三镶如意一柄、福寿字一份、尺头四件、玉陈设两件、银子一千五百两。何艺文说，这些记载当然不能概全。除了赏赐，还有恩荣，如赏紫禁城骑马，赏穿带膝貂褂，赏戴花翎等等不一而足。反过来，陈宝琛也是竭效犬马之劳来报答溥仪小朝廷的知遇之恩。

王锺翰著《清史十六讲》（中华书局2009年版）对陈宝琛晚年的思想有公允的评价。

有人说溥仪于1931年2月既去东北（据《溥仪年谱》，1931年11月13日溥仪在营口登岸——引者注），为什么宝琛于同年12月（据《溥仪年谱》，1932年1月24日陈宝琛抵大连——引者注）亦赴旅顺肃王府，不顾郑孝胥辈阻拦，去见溥仪，叮嘱他要"静以观变，等待时机"？越二日，溥仪再召见宝琛告以日本板垣大佐来，提出将建立"满蒙共和国"，怂恿他出任"总统"。宝琛表示坚决反对，劝溥仪不可轻信郑孝胥的欺罔之言。又说："臣风烛残年，恐不能再来，即来，也恐未必能见，愿皇上保重！"宝琛离开旅顺之前，曾再三叮咛溥仪："若非复辟以

> 正统系，何以对待列祖列宗在天之灵?”从而可见，宝琛之去旅顺决不是对溥仪劝其出山而求得晋官加爵；恰恰相反，宝琛是去劝溥仪不要听郑孝胥辈的甜言蜜语，上日本帝国主义的圈套！这岂不是铁一般的事实吗?
>
> 最后一个问题是宝琛晚年常说“民族是不能得罪的”，哀叹自己“求为陆秀夫而不可得”。他为什么又以85岁之高龄老人，万里迢迢，于1932年9月（据《溥仪年谱》，10月10日至12月15日年逾八旬的陈宝琛开始了第一次前往长春的行程，住了七十天，他是专为晋谒旧主而来的——引者注）亲自远赴长春省问伪满洲国傀儡皇帝溥仪一次呢？很简单的回答是宝琛作为帝师旧情出访而不是什么政治活动问题。直至1935年2月1日宝琛卒（据《溥仪年谱》，陈宝琛卒于1935年3月5日——引者注），年八十有八。易箦时，才发现老人袒服内藏有当年去长春上呈给溥仪的密折底稿，中有“陛下以不赀之躯，为人所居为奇货，迫成不能进、不能退之局而惟其所欲为，始则甘言逼扶，谓事可立成。既悟其诳矣，而经旬累月，恣为欺蒙，则先之以谢某（似指伪满外交部总长谢介石——引者注）之尝试，而后使外人出面强之，似不可以”等语，属草残纸细字涂乙，仅可辨识。密折中所云，很显然是指溥仪被郑孝胥辈所劫持，成为日本帝国主义侵华战争的笼中之鸟，为宝琛所始终坚决反对的，是宝琛临终前作为对溥仪最后一次忠谏的努力。

是的，老师对自己精心呵护的学生不放心。

衷情于崇陵的梁鼎芬

1916年7月，紫禁城小朝廷内正在举荐毓庆宫授读新人选。因为这时陆润庠已死，徐坊病危。有人推荐《新元史》著者柯劭忞，载沣嫌他口音不清晰；绍英荐熙彦，陈宝琛和伊克坦以其“身事三姓，名节已亏”而挡驾；黎元洪推荐梁鼎芬，起初也遭到载沣和世续的婉谢。梁鼎芬依例奏请“皇上”“收回成命”，以示谦让。嗣后，由总管内务府大臣世续、绍英、耆龄副署，而在1916年9月29日颁发了一道谕旨：“梁鼎芬奏请收回成命一摺，梁鼎芬学问渊博，堪资启沃，著仍遵前旨，在毓庆宫行走，毋庸固辞。钦此。宣统八年九月初三日。”于是，梁鼎芬走马上任。

末代皇帝对梁鼎芬恩宠有加，在其正式成为帝师的前后不长时间里，又是赏在紫禁城骑马，又是赏在紫禁城内乘坐二人暖轿，又是赏穿带膝貂褂，等等。1916年10月19日赏赐梁鼎芬黄绢对联一副，联文溢美其“读书众壑归沧海，下笔微云起泰山”。

据《我的前半生》记载，帝师凡六名：陆润庠、伊克坦、陈宝琛、徐坊、朱益藩、梁鼎芬。从文学审美的角度讲，传主对梁鼎芬的刻画，仅次于陈宝琛，而其他四人只有历史痕迹，还谈不上是文学形象。这或许也说明了通过接触，溥仪对梁鼎芬印象深刻、感情深厚。

初次着笔，在《毓庆宫读书》这一节中，溥仪通过人物性格对比和传奇故事以及自己充满谐趣的模糊感受，勾勒出梁鼎芬。

朱益藩师傅教书的时候，不大说闲话，记得他总有些精神不振的样子，后来才知道他爱打牌，一打一个通夜，所以睡眠有点儿不足。他会看病，我生病有时是请他看脉的。梁鼎芬师傅很爱说话。他与陈师傅不同之处，是说到自己的地方比陈师傅要多些。有一个故事我就听他说过好几遍。他在光绪死后，曾发誓要在光绪陵前结庐守陵，以终晚年。故事就发生在他守陵的时候。有一天夜里，他在灯下读着史书，忽然院子里跳下一个彪形大汉，手持一把雪亮的匕首，闯进屋里。他面不改色地问道：“壮士何来？可是要取梁某的首级？”那位不速之客被他感动了，下不得手。他放下书，慨然引颈道：“我梁某能死于先帝陵前，于愿足矣！”那人终于放下匕首，双膝跪倒，自称是袁世凯授命行刺的，劝他从速离去，免生不测。他泰然谢绝劝告，表示决不怕死。这故事我听了颇受感动。我还看见过他在崇陵照的一张相片，穿着清朝朝服，身边有一株松苗。后来陈宝琛题过一首诗：“补天回日手何如？冠带临风自把锄，不见松青心不死，固应藏魄傍山庐。”他怎么把终老于陵旁的誓愿改为“不见松青心不死”，又怎么不等松青就跑进城来，我始终没弄明白。

被名缰利锁束缚的固执腐儒大抵如此。

梁鼎芬是给末代皇帝写起居注的，所以总是不放过机会发现皇上的优点。譬如丁巳复辟时，张勋进宫请安，溥仪想起他“不剪辫子”的特征，梁师傅忙夸道：“皇上记性真好，正是那个张勋。”这当然要写进起居注的。梁鼎芬也有实事求是的一面。譬如“宣统九年正月十六日”的纪事：“上常笞太监，近以小过前后笞十七名，臣陈宝琛等谏，不从。”细究这段纪事，既记录了皇上幼时的调皮恣肆，又反映出帝师们的尽职教业，哪边都没得罪。

第三章《紫禁城内外》第一节《袁世凯时代》叙述了梁鼎芬性情中人的夸张性格。

> 这年冬天，光绪和隆裕“奉安”，在梁格庄的灵棚里演出了一幕活剧。主演者是那位最善表情的梁鼎芬，那时他还未到宫中当我的师傅，配角是另一位自命孤臣的劳乃宣，是宣统三年的学部副大臣兼京师大学堂总监督，辛亥后曾躲到青岛，在德国人专为收藏这流人物而设的“尊孔文社”主持社事。在这出戏里被当作小丑来捉弄的是前清朝山东巡抚、袁政府里的国务员孙宝琦，这时他刚当上外交总长（孙宝琦的父亲孙诒经被遗老们视为同光时代的名臣之一）。那一天，这一批国务员由赵秉钧率领前来。在致祭前赵秉钧先脱下大礼服，换上清朝素袍褂，行了三跪九叩礼。孤臣孽子梁鼎芬一时大为兴奋，也不知怎么回事，在那些没穿清朝袍褂来的国务员之中，叫他一眼看中了孙宝琦。他直奔这位国务员面前，指着鼻子问：
>
> “你是谁？你是哪国人？”
>
> 孙宝琦给这位老朋友问得怔住了，旁边的人也都给弄得莫名其妙。梁鼎芬的手指头哆嗦着，指点着孙宝倚，嗓门越说越响：
>
> “你忘了你是孙诒经的儿子！你做过大清的官，你今

天穿着这身衣服，行这样的礼，来见先帝先后，你有廉耻吗？你——是个什么东西！”

“问得好！你是个什么东西?!”劳乃宣跟了过来。这一唱一帮，引过来一大群人，把这三个人围在中心。孙宝琦面无人色，低下头连忙说：

“不错，不错，我不是东西！我不是东西！”

后来梁师傅一谈起这幕活剧时，就描述得有声有色。这个故事和后来的“结庐守松”、“凛然退刺客”，可算是他一生中最得意的事迹。他和我讲了不知多少次，而且越讲情节越完整，越富于传奇性。

对老朋友的疯话全说正经事，使得不穿清朝服而拜先皇陵的人羞愧得无地自容。其实，无论大清还是民国，最终都葬身于白茫茫的大雪。

溥仪的师傅梁鼎芬

1920 年 1 月 3 日，梁鼎芬病逝。临终口授遗折，对溥仪寄以无限希望。末代皇帝收到其遗折后传下谕旨：“……加恩予谥文忠，晋赠太子少保衔，赏给陀罗经被，派贝勒载瀛带领侍从十员即日前往奠醊，赏银三千元治丧，由广储司给发应得恤典。”

王庆祥整理注释的《溥仪文存》在按语中有梁鼎芬小传，以下全文录之：梁鼎芬（1859—1920），字星海，号节庵，又称葵霜阁主。广东番禺人。出身官宦家庭。光绪六年（1880）考中进士，授职编修。因敢于上疏，弹劾深受慈禧太后宠信的北洋大臣李鸿章，被斥为“妄劾”，“交部严议，降五级调用”。梁遂辞官返乡，“伏处田里十有七年”。其间在两广总督张之洞幕下“主广雅院讲习”、“主钟山书院”等。光绪二十六年（1900），慈禧携光绪躲避八国联军逃亡西安，梁鼎芬“首倡呈进方物之议”，因救驾有功而重获起用，出任“直隶州知州”，又逐步升迁，成为仅次于总督、巡抚一级的地方长官（从溥仪给他的谕旨来看，其人最后的品级为三品京堂候补——引者注）。光绪三十二年（1906）入宫觐见皇上和太后，又当面弹劾慈禧晚期的宠臣庆亲王奕劻“通赇贿”，“请月给银三万两以养其廉”。同时还弹劾了直隶总督袁世凯，说他“权谋迈众，城府阻深，能陷人又能用人”。因而再度被激怒的慈禧下诏“诃责”，梁乃“引疾气退”，闭门读书。光绪三十四年（1908），皇帝和太后先后死去，梁鼎芬“奔赴哭临，越日即行”。至武昌革命党人举事，梁再入北京，奉派为广东宣慰使，其时南方正燃烧革命烈火，梁无法赴任，乃两度前往梁格庄清西陵，叩谒光绪皇帝的暂安之殿，在梓宫前“瞻仰泣涕”，为表达其景仰思念之情，还在寝殿外面露宿。然而，直到宣统退位，其候补身份，也未获实授。

根据这个小传，可以概括或推想出梁鼎芬的三个特点：第一，强项骨鲠，为官风格有一点儿近似岑春煊。第二，由于他结怨于奕劻、袁世凯，肯定是其被选中为帝师的重要原因。第三，考虑他一门心思全在崇陵、紫禁城这些巴掌大的地方，可以假设，天若假之以年，其人活到“九一八”事变后，他不可能与留日的郑孝胥、罗振玉之流为伍，当与陈宝琛等人相奥援，不识时务地希望溥仪再回到紫禁城做真正的皇帝。

这就是纯粹的封建遗老。

溥仪笔下的郑孝胥及其他文献拾零

郑孝胥（1860—1938），字苏勘，号太夷。福建省福州市人。其在历史上扮演了多重角色。1885年曾任李鸿章的幕僚，1891年后，任清政府驻日本东京领事，神户、大阪总领事（《我的前半生》说“郑到日本做中国使馆的书记官是一八九一年”），广交日本军政、朝野人士，这为其后他和日本人交往积累下人脉。

郑孝胥在清廷还担任过总理各国事务衙门章京、京汉铁路南段总办、上海江南制造局总办等多种职务。他倾向于维新变法，可称为有所抱负的政治改革家。1911年，他刚刚出任湖南布政使时，恰逢辛亥革命爆发，随即，清王朝灭亡，宣统皇帝溥仪退位。郑孝胥乃留居上海。他对辛亥革命极度仇恨，留着发辫，插着黄龙旗，以清朝遗老自居。在沪自建“海藏楼，吟诗作赋，挥毫泼墨，成为一代诗人和书法家”。

《我的前半生》第三章《紫禁城内外》第四节《不绝的希望》第一次出现郑孝胥的名字。

> 这是民国十一年春夏间的事。第二年，直系的首领曹锟用五千元买一张选票的办法，贿赂议员选他当上了总统。小朝廷对这位直系首领的恐惧刚刚消失，又对另一位声望日高的直系首领吴佩孚发生了兴趣。后来到我身边来的郑孝胥，此时向我献过策，说吴佩孚是个最有希望的军人，他素来以关羽自居，心存大清社稷，大可前去游说。这年吴佩孚在洛阳做五十整寿，在我同意之下，郑孝胥带了一份厚礼前去拜寿。但吴佩孚的态度若即若离，没有明白的表示。后来康有为又去游说他，也没得到肯定的答复。事实上，吴的得意时代也太短促了，就在他做寿的第二年，直奉两系之间发生战争，吴佩孚部下的冯玉祥“倒戈”，宣布和平，结果吴佩孚一败涂地，我也在紫禁城坐不住，被冯玉祥的国民军赶了出来。

《我的前半生（全本）》附录一收有国家档案馆所藏“康有为致吴佩孚函”和“吴佩孚复康有为函”的电脑排版件。吴氏对康氏说：“吾道既孤，曲高无和必矣；揆之天心人事，尚非悔祸之时，质之高明，当谅其苦衷也。”是的，郑孝胥作为溥仪的游说军师，注定完不成任务。因为，吴佩孚不是张勋。

在第三章《紫禁城内外》第九节《整顿内务府》中，溥仪又通过别人的嘴以及自己的了解，对郑孝胥的才学和人品进行了进一步的说明。

> 郑孝胥是陈宝琛的同乡，在清朝做过驻日本神户的领事，做过一任广西边务督办。陈宝琛和庄士敦两位师傅过

> 去都向我推崇过他，尤其是庄师傅的推崇最力，说郑孝胥是他在中国二十多年来最佩服的人，道德文章，全中国找不出第二位来，说到办事才干和魄力，没有比他更好的。陈师傅还告诉过我，郑孝胥曾多次拒绝民国总统的邀请，不肯做民国的官，不拿民国的钱。我从报纸上也看到过颂扬他的文字，说他十几年来以诗酒自娱，“持节不阿”，捧他为同光派诗人的后起之秀。他的书法我早看过，据说他鬻书笔润收入，日达千金。他既然放弃了功名利禄前来效力，可见是个难得的忠臣。

这段说明是有一些春秋笔法的。因为回忆写在事情发生的四十余年后，那么引述陈师傅的话，是讽刺他的愚忠与失察；引述庄师傅的话，是嘲笑一个洋人什么都不懂。用“两位师傅”这个词，本身就值得玩味。《我的前半生》不露声色地传达出传主的大彻大悟，两位师傅都不教学生好，从而导致末代皇帝后来一幕幕人生丑剧。

接下来，溥仪以涉世不深的青年人身份，讲述了民国十二年夏天，他和郑孝胥头一次见面时听郑“从盘古开天地一直谈到未来的大清中兴”，为其阔论“大为倾倒”的情景，并引用了郑孝胥得到皇上赏识后即兴所赋《纪恩诗》，其中有句：“进言何足异，知言乃圣明。自意转沟壑，岂知复冠缨”，刻画了郑孝胥千里马逢伯乐的感激涕零心情。终于，末代皇帝破格授这位汉大臣为总理内务府大臣，并且掌管印钥，为内务府大臣之首席。末了溥仪无奈地说：“如果认为俗而无学的内务府会败在郑孝胥的手里，那就把这有二百多年历史的宫廷管家衙门估计得太低了。尽管郑孝胥吹得天花乱坠，而且有我的支持和信赖，他的命运还是和李经迈的亲戚一样，也只干了三个月。”

该章第十一节《在北府里》，溥仪开始叙述郑孝胥的外交活动与内政活动：与东交民巷的竹本多吉大佐、中平常松大尉的联络，与张作霖、段祺瑞的联系。当时，末代皇帝刚刚失去老巢紫禁城，正为今后的去向发愁，郑孝胥忙忙碌碌，为君分忧。在该章第十二节《三岔口的抉择》中，溥仪讲述了何谓“三岔口”。

一九二四年十一月五日的这场旋风，把我一下子抛出了紫禁城，落到一个三岔口上。我面前摆着三条路：一条是新“条件”给我指出的，放弃帝王尊号，放弃原来的野心，做个仍然拥有大量财宝和田庄的“平民”；另一条，是争取“同情者”的支援，取消国民军的新条件，全部恢复袁世凯时代的旧条件，或者“复号还宫”，让我回到紫禁城，依然过着从前那样的生活；还有一条，是最曲折的道路，它通向海外，然后又指向紫禁城，不过那时的紫禁城必须是辛亥以前的紫禁城。这条路当时的说法则是“借外力谋恢复”。

郑孝胥属于“还有一条”的那一派，这一派的终局就是在历史上导致溥仪成为汉奸。

《我的前半生》第四章《在天津的活动》第六节《郑孝胥的理想》中，溥仪说一九二八年以后，“他（指郑）与我之间的关系，可以说到了荣禄与慈禧之间的那种程度”。众所周知，这部世界奇书的亮点很多，其中包括描写郑孝胥、陈宝琛、罗振玉等人的矛盾，写得跌宕起伏、有声有色，颇像小说结构性情节链的展开，甚至还具备戏剧性冲突的激烈性。当罗振玉被政敌郑孝胥打败后，且听末代皇帝言郑孝胥：

他比陈宝琛更随和我。那次我会见张作霖，事前他和陈宝琛都表示反对，事后，陈宝琛鼓着嘴不说话，他却说：“张作霖有此诚意表示，见之亦善。”他和胡嗣瑗都是善于争辩的，但是胡嗣瑗出口或成文，只用些老古典，而他却能用一些洋知识，如墨索里尼创了什么法西斯主义，日本怎么有个明治维新，英国《泰晤士报》上如何评论了中国局势，等等，这是胡嗣瑗望尘莫及的。陈宝琛是我认为最忠心的人，然而讲到我的未来，绝没有郑孝胥那种令我心醉的慷慨激昂，那种满腔热情，动辄声泪俱下。有一次他在给我讲《通鉴》时，话题忽然转到了我未来的"帝国"：

"帝国的版图，将超越圣祖仁皇帝一朝的规模，那时京都将有三座，一在北京，一在南京，一在帕米尔高原之上……"

他说话时是秃头摇晃，唾星四溅，终至四肢颤动，老泪横流。

有时，在同一件事上说的几句话，也让我觉出陈宝琛和郑孝胥的不同。在康有为赐谥问题上，他两人都是反对的，陈宝琛在反对之余，还表示以后少赐谥为妥，而他在发表反对意见之后，又添了这么一句："戊戌之狱，将来自然要拿到朝议上去定的。"好像我不久就可以回紫禁城似的。

郑孝胥

郑孝胥的巧鼓舌簧到了胡说八道的程度，他说："意大利必将成为西方一霸，大清帝国必将再兴于东方，两国分霸东西，其天意乎？"害得溥仪赠给墨索里尼一块"国士无双"的横幅，在世界三大法西斯巨头中，就算认识了两个（另一个是东条英机，《我的前半生》中亦有记录）。

《郑孝胥的理想》这一节还记载了郑孝胥著名的“三共论”。“大清亡于共和，共和将亡于共产，共产则必然亡于共管”。何谓“共管”？指的是列强共管，“门户开放，利益均沾”。而这被溥仪深深赞许。为了实现“共管”，郑孝胥到东京活动，来往于旧雨新交之中，很受日本高层的欢迎。但卖身“一强”的他依然想着向“列强”打开心扉，溥仪在书稿中嘲笑道：“这犹如给强盗做底线的仆人，打开了主人家的大门，放进了一帮强盗，当了一帮强盗的大管事，尤感不足，一定还要向所有各帮强盗发请帖，以广招徕。这自然就惹恼了已经进了门的强盗，一脚把他踢到一边。”

郑孝胥是溥仪白河偷渡的重要参与人。他向板垣征四郎吹牛：“皇上的事，我全可以包下来。”“皇上如同一张白纸，你们军部怎么画都行。”《我的前半生》第五章《潜往东北》第七节《会见板垣》忆及自己终于走上投敌之路，郑孝胥起到的推波助澜的关键作用。

……我在大和旅馆里专为板垣举行了一个宴会……我在宴会上的心情颇为复杂。我所以敢于拒绝“执政”的名义，多少是受了胡嗣瑗、陈曾寿这些人的影响，即认为日本人把东北弄成目前这种局面，非我出来就不能收拾，因此，只要我坚持一下，日本人就会让步。但是，在我拒绝了板垣之后，郑孝胥就提醒我，无论如何不能和日本军方伤感情，伤了感情一定没有好处，张作霖的下场就是殷鉴。我一听这话，又害怕起来……第二天早晨，板垣把郑孝胥、罗振玉、万绳栻和郑垂都叫到大和旅馆，让他们向我传达了他的“气候”：“军部的要求再不能有所更改。如果不接受，只能被看作是敌对态度，只有用对待敌人的手段做答复。这是军部最后的话。”

听到了这个回答，我怔住了。我的腿一软，跌坐在沙发上，半晌说不出话来……只听见郑孝胥说：“臣早说过，不可伤日本的感情……不过现在还来得及，臣已经在板垣面前极力担承，说皇上必能乾纲独断。”

郑孝胥就是这样，一方面迎合日本人，一方面抓住溥仪的弱点以售其奸，实际上是给日本人当帮凶一块儿胁迫末代皇帝。

在《我的前半生》第六章《伪满十四年》里，郑孝胥等人已经沦落到给关东军跑龙套的地步，笔者不录。关于对郑孝胥的研究有些意思，不妨闲谈一则。王文锋主编的《溥仪研究》（吉林大学出版社 2013 年版）收录赵聆实署名文章《溥仪的“黑衣宰相”郑孝胥》。这篇文章有绝妙的讽刺小段子，不妨录如下。

> 当上了“皇帝”的溥仪不敢忘了这是日本天皇的恩惠，他的特命国务总理大臣郑孝胥和财政部大臣熙洽为访日修聘特使，东渡日本谢恩。当郑孝胥在日本受到隆重的礼遇，听到如涛声般的欢呼声时，他真的有些陶醉了……而国人对他的谄媚之态、汉奸嘴脸却痛骂不已。4 月 1 日夜，赴宴归来的郑孝胥发现案头放着一个大纸袋，拆开展示，原来是有人寄赠给他的两副对联。其书酣畅有力，笔法不凡，郑孝胥看了连连称赞“好字，好字！”正欲再夸，忽然语塞，张口结舌，十分尴尬。熙洽凑上前一看两副对联内容，才明白了缘由。第一副对联为：认贼作父，率兽食人。横批是：海藏楼主。第二副对联为：一二三四五六七，孝悌忠信礼义廉。横批是：夜起庵人。郑孝胥气得声音颤抖：“这成何体统？真是岂有此理！”这对联中缺“八”少“耻”，岂不是明明咒骂我忘（王）八无耻吗？熙洽为其解嘲说：“这是恶作剧，区区小事，何必动心，不理睬它就是了。”“那如何处理为好？”郑孝胥看着熙洽说。熙洽手拿火柴回答：“付诸丙丁如何？化为乌有，眼不见，心不烦。”两副对联转瞬间化为灰烬，郑孝胥依然恨恨地自语：“唉，太不知好歹了，竟然有人如此无礼。”

郑孝胥对国计民生就没有做过什么好事吗？且看李立夫主编、王文锋执行主编的《溥仪研究·下卷》（天津人民出版社2012年版）曲振明署名文章《郑孝胥在天津的生活》里的一段记载。

> 为扩大清室的社会影响，郑孝胥还鼓励溥仪积极参与社会募捐活动。1930年陕西受灾，郑孝胥捐了三百元，并以清室名义草拟捐启登载在《大公报》上，以冀号召大家捐款。当时溥仪捐赠贵重皮衣百余件，多为乾隆、嘉庆、道光、咸丰皇帝所遗，光彩夺目，许多大臣想要留下几件作纪念，溥仪执意不许。这些衣物共装了三汽车，并送到戈登堂展示。1931年东南水灾，溥仪最初以所藏书画助赈，郑孝胥认为不如捐房产，在社会上有影响。当时清室在天津有三处房产：一为摄政王所居之英租界庆王府，二为永平里，三为日租界吉野街井上医院。最后将医院捐出。当时《大公报》刊登图片，命题为《天下谁能继者》，此举不凡，果然引起民众对清室小朝廷的注意。

溥仪的文职幕僚商衍瀛曾出任过天津红十字会名誉会长和东北红十字会负责人，热衷于社会募捐活动。罗振玉也曾主持过日本东京大地震的社会募捐活动。这些活动都被溥仪所赞许。郑孝胥接踵其事，既为小朝廷也为自己捞取名声。

罗振玉政治活动的记载及撮补

打开搜狗百科，是这样著录斯人的：

罗振玉（1866年8月8日—1940年5月14日），字式如、叔蕴、叔言，号雪堂，永丰乡人，晚号贞松老人、松翁。祖籍为浙江省虞县永丰乡，出生在江苏省淮安县。农学家、教育家、考古学家、金石学家、敦煌学家、目录学家、校勘学家、古文字学家，中国现代农学的开拓者，中国近代考古学的奠基人。对中国科学、文化、学术颇有贡献，参与开拓中国的现代农学、保存内阁大库明清档案、从事甲骨文字的研究与传播、整理敦煌文卷、开展汉晋木简的考究、倡导古明器研究。他一生著作达 189 种，校刊书籍 642 种。

搜狗百科的介绍，明显用罗振玉学术上的璀璨遮蔽了他政治生涯之不耻，尤其是省略了他充当汉奸的历史污点。溥仪所著《我的前半生》则不厌其烦地批判罗振玉的卖国行为，并表示了情感上的憎恶态度，不知雪堂先生如果泉壤得闻，是否还忠于这位觉悟已经大大提高的“皇上”。

罗振玉在《我的前半生》第三章《紫禁城内外》第九节《整顿内务府》中第一次出现。他是溥仪大婚后行使当家做主之权，选用的“十二三条辫子”之一，均为汉族股肱大臣。初出茅庐他就立了一功：在溥仪被赶出紫禁城后，向日本驻屯军司令部的竹本大佐求援，必要时将采取“断然措施”，保护末代皇帝。

罗振玉和溥仪的政治蜜月在天津时达到高潮。《我的前半生》第四章《在天津的活动》第一节《罗振玉的努力》叙述道：“我到天津来的目的原是为了出洋，结果却一连住了七年。这是我在各派遗老、各种主意之间摇摆的七年……”并重点介绍了以罗振玉为代表的把希望放在出洋以取得外国（主要是日本）援助的一派。

溥仪离开天津前往东北，是他一生中的重要转折点之一。日本人为何会选择溥仪就任伪满洲国皇帝呢？其实他早在紫禁城时期便与日本人有所联系，那时候的溥仪并没有准确地认识到，后来会是日本人帮助他实现复辟。而促成这一联系的便是 1923 年所发生的关东大地震。

据有关史料记载，关东大地震是指在 1923 年 9 月 1 日日本关东地区发生的 7.9 级强烈地震。地震灾区包括东京、神奈川、千叶、静冈、山梨等地，地震共造成 15 万人丧生，200 多万人无家可归，财产损失达 65 亿日元。原本溥仪与日本人并无交往，但是灾情发生后，他的老师劝说他，与其每年拿出四五万元来救济京城的贫困学子，毋宁再响亮点儿，让全世界都知道“宣统皇帝”的善心救灾。溥仪便派罗振玉等人与日本方面联系，并赠送给日本国价值 30

万美元的古玩字画珍宝用来救济日本灾民，成了这次援助赈灾首屈一指的大户。日本国会还专程派代表团来紫禁城致谢。从此日本公使便成了宫中的常客。溥仪便与日本人有着不同于其他洋人的亲密关系。

《我的前半生》第四章《在天津的活动》第五节《领事馆、司令部、黑龙会》说明罗振玉和日本军方的勾结，引用了罗的一段话："虽然日租界比较安全，但究竟是鱼龙混杂。据日本司令部说，革命党（这是一直保留在张园里的对于国民党和共产党的笼统称呼）的便衣（这是对于秘密工作者的称呼，而且按他们解释，都是带有武器的）混进来了不少，圣驾的安全，颇为可虑。依臣所见，仍以暂行东幸为宜，不妨先到旅顺。恭亲王在那边有了妥善筹备，日本军方也愿协助，担当护驾之责。"在这一节中，溥仪还披露了罗振玉和黑龙会的交往。"我对黑龙会的人物，曾有过接触。一九二五年冬季，我接见过黑龙会的重要人物佃信夫。事情的缘起，也是由于罗振玉的鼓吹。罗振玉对我说，日本朝野对于我这次被迫出宫和避难，都非常同情，日本许多权势人物，连军部在内，都在筹划赞助我复辟，现在派来了他们的代表佃信夫，要亲自和我谈一谈，他说这个机会决不可失，应当立即召见这位人物。"在这一章第三节《谢米诺夫和"小诸葛"》中，溥仪说："谢米诺夫是沙俄的一个将军，被苏联红军在远东击溃以后，率残部逃到中国满蒙边境一带打家劫舍，奸淫烧杀，无恶不作。"溥仪还说："谢米诺夫起先由升允和罗振玉向我推荐过，我由于陈宝琛的反对，没有见他。后来，郑孝胥经罗振玉的介绍，和谢会了面，认为谢是大可使用的'客卿'人才，给他'用客卿'的计划找到了第一个目标。"

《我的前半生》第五章《潜往东北》第一节《不静的"静园"》说："北伐后，国民党的势力伸到了北方，和我有交情的军阀纷纷垮台，被我寄托过希望的东三省，宣布'易帜'。张园上下因此一度感到一片悲观失望，一部分遗老门客作鸟兽散了，和我厮守的近臣们，除了郑孝胥和罗振玉等人之外，几乎再没有别人谈论什么复辟。"文中还说："九一八"事变刚过，罗振玉带着板垣征四郎派来的代表约见溥仪，牵线人是日本天皇驻屯军司令官香椎浩平中将。罗振玉给溥仪递上利用职权、开门揖盗的远支宗室熙洽的信件，信上讲，熙洽期待了二十年的机会，今天终于来到了，请溥仪勿失时机，立即到"祖宗发祥地"主持大计。罗振玉等我看完了信，除了重复了一遍信中的意思，又大讲了一番他自己的奔走和关东军的"仗义相助"。

看来，罗振玉作为政治活动家的一面是极其黑暗的。在中国进行间谍活动最早的特务组织黑龙会，双手沾满了中苏蒙三国人民鲜血的刽子手、第二次世界大战之后被苏联红军处以绞刑的谢米诺夫，都是他牵线推荐给溥仪的，遑论万恶的日本军国主义者。罗振玉岂止是末代皇帝的帮凶，还是幕后教唆操纵者。溥仪在《我的前半生》中有一个实事求是的结论："郑孝胥后来能认识到黑龙会和日本军部系统的力量，是应该把它归功于罗振玉的。"溥仪对郑、罗二人作了比较："郑结交日人比罗要早五年，但是罗振玉自从认识了日本方面的朋友，眼睛里就只有日本人，辛亥后，他把复辟希望全放到日本人的身上，而郑孝胥却在日本看见了'列强'，从那时起他就认为中国老百姓不用说，连做官的也都无能，没出息，中国这块地方理应让'列强'来开发、来经营。"溥仪经过中国共产党的改造之后，对这两位"帝师"的认识很是到位。论给日本人当汉奸的程度，从骨子里说，罗振玉更胜一筹。

《我的前半生》第五章《潜往东北》第五节《在封锁中》叙述溥仪白河偷渡成功后，"稀里糊涂"地到了营口汤岗子温泉的对翠阁温泉旅馆见人的情况："罗振玉给我请安后即刻告诉我，他正在和关东军商洽复辟建国的事……"罗振玉并非吹牛。尽管后来日本人不用他了，但他先行一步游说于东北与关东军密谋策划，是当之无愧的伪满洲国奠基人之一。

李立夫主编、王文锋执行主编，由天津人民出版社出版的《溥仪研究·上卷》"天津篇"收录了许多学者的论文，撮其要者可补《我的前半生》使之完璧。学者赵继敏说："早在'九一八'事变前，日本军国主义者在物色傀儡头目时，就注意到了溥仪。通过居住在旅顺的罗振玉暗中跟他联络……1931 年 9 月 25 日，板垣电召罗振玉到沈阳，向罗转达了关东军希望溥仪复辟的意图，并派罗到吉林与熙洽、到洮南与张海鹏商量来满洲的事宜。之后，1931 年 9 月 30 日，溥仪前往海光寺日本兵营会见上角利一。按关东军的安排，罗振玉和板垣的代表上角利一策动溥仪离津的工作。”这些叙述可与《我的前半生》的叙述相参证。学者刘建华在文章中则叙述了早些时候的情况：“1925 年 2 月 23 日，按照日本的安排，溥仪乘火车乔装潜往天津。2 月 24 日，日本驻天津总领事吉田茂电告日本外务大臣币原喜重郎：‘溥仪皇帝于昨二十三日晚八时在罗振玉父子陪同下，从北京到达天津。’……外务大臣币原于 4 月 1 日复电：‘必须设法使皇帝暂留日本租界，清室之希望希善意斟酌。’”学者张锋认为“郑孝胥和罗振玉是溥仪在离开紫禁城后先后交错依赖的两根拐杖”，并简要而细致地勾勒了罗振玉在“九一八”事变前的某些政治活动：

> 1919 年夏，罗振玉从日本返国，定居天津。从五十四岁至六十三岁这段时光，罗振玉作为一个享有高知名度的学者型“特殊寓公”隐居天津、活跃在溥仪身边。与其他学者相比，罗氏有很强的用世之心，且精于游说，在溥仪离开北府避隐日本使馆这件事上，他强调了自己的作用，赢得溥仪的好感。最终在罗振玉的精心策划下，溥仪完成了出走北京前的必要准备条件。
>
> 罗振玉告诉溥仪，他和池部已商量妥当，出洋的事应该到天津去做准备。第一步，先到天津买一所房子，于是溥仪派朱汝珍去天津日租界租下张园。第二步，在日本政府武装保护下出走天津。1925 年 2 月 23 日下午 7 时，溥仪向芳泽公使夫妇辞行。他们照完相，溥仪由池部和便衣日警们陪着，出日本公使馆后门，步行到北京前门车站。溥仪在火车上找到了罗振玉父子。日本驻天津总领事吉田茂和驻屯军的军官士兵们把溥仪接下车。至此，溥仪开始了在天津长达七年的“寓公生活”。

张锋的文章还展示了辽宁省博物馆所藏溥仪潜往东北之前写给奏事官吴天培的手谕。卷后题跋者皆为伪满洲国政要。其中有罗振玉跋：

罗振玉

> 此辛未十月朔，圣上赴营口时，濒行手敕随侍吴天培处分天津行在事宜者。是年秋，东北守土吏接怨邻国，兵事职起。臣振玉亟走赴吉林与参谋长熙洽及诸臣谋迎车驾，抚驭旧疆，以出三千万民众于水火，群谋佥问及诣行在，请命得旨，俞允逾月，津沽乱起，车驾莅营口，寻至辽东时，天培禀遵圣旨，恪勤供职，其劳绩甚有可称者。及壬申春，邦基肇建、天培拜奏事官，敬□□潢此敕以志恩遇。振玉当时亦在奔奏疏之列，□谨志卷末，以示秉兹。癸酉正月二十六日　罗振玉敬书。

吴天培者，乃溥仪核心亲信。《我的前半生》曾提到他："一九三五年年末，有一些人为图谋复辟清朝而奔波于关内关外，如康有为的徒弟任祖安，我从前的奏事官吴天培等，引起了关东军的注意。"从罗跋可以看出吴天培原是侍从，伪满洲国成立时晋升奏事官。他对伪满洲国并不满意，还想得寸进尺复辟大清国（溥仪何尝不这么想）。跋中所谓“东北守土吏接怨邻国”语，是对东北军将士奋起抗日的英雄业绩之大不敬。但此跋也具夫子自道的意味，不用史学家考述，罗振玉已经把 1931 年那个多事之秋自己的卖国行径坦白出来了。

“运去不逢青海马”的张勋

溥仪在《我的前半生》中对张勋的描摹刻画，以及环境、对话、肖像、心理的烘托，一点儿也不逊于陈宝琛、郑孝胥、罗振玉等人，具有文学形象的意义。第三章《紫禁城内外》第二节《丁巳复辟》是这样写的：

> 这天新授的“太保”陈宝琛和刚到紫禁城不久的“毓庆宫行走”梁鼎芬，两位师傅一齐走进了毓庆宫。不等落座，陈师傅先开了口：
>
> “今天皇上不用念书了。有个大臣来给皇上请安，一会儿奏事处太监会上来请示的。”
>
> “谁呀？”

“前两江总督兼摄江苏巡抚张勋。”

“张勋？是那个不剪辫子的定武军张勋吗?”

“正是，正是。”梁鼎芬点头赞许，“皇上记性真好，正是那个张勋。”梁师傅向来不错过颂扬的机会，为了这个目的，他正在写我的起居注。

其实我并没有什么好记性，只不过前不久才听师傅们说起这个张勋的故事。民国开元以来，他和他的军队一直保留着辫子。袁世凯在民国二年扑灭“二次革命”，就是以他的辫子兵攻陷南京而告成功的。辫子兵在南京大抢大烧，误伤了日本领事馆的人员，惹起日本人提出抗议，辫帅赶忙到日本领事面前赔礼道歉，答应赔偿一切损失，才算了事。隆裕死后，他通电吊唁称为“国丧”，还说了“凡我民国官吏莫非大清臣民”的话。袁世凯死后不久，报上登出了张勋的一封通电。这封通电表示了徐州的督军会议对袁死后政局的态度，头一条却是“尊重优待清室各条”。总之，我相信他是位忠臣，愿意看看他是个什么样儿。

……

我根据太监给我买的那些石印画报，去设想张勋的模样，到下轿的时候，他在我脑子里也没成型。我进养心殿不久，他就来了。他跪在我面前磕了头。

“臣张勋跪请圣安……”

我指指旁边一张椅子叫他坐下（这时宫里已不采取让大臣跪着说话的规矩了），他又磕了一个头谢恩，然后坐下来。我按着师傅的教导，问他徐、兖地方的军队情形，他说了些什么，我也没用心去听。我对这位“忠臣”的相貌多少有点儿失望。他穿着一身纱袍褂，黑红脸，眉毛很重，胖乎乎的。看他的短脖子就觉得不理想，如果他没胡子，倒像御膳房的一个太监。我注意到了他的辫子，的确有一根，是花白色的。

后来他的话转到我身上，不出陈师傅所料，果然恭维起来了。

他说："皇上真是天禀聪明！"

我说："我差得很远，我年轻，知道的事挺少。"

他说："本朝圣祖仁皇帝也是冲龄践祚，六岁登极呀！"

我连忙说："我怎么比得上祖宗，那是祖宗……"

《我的前半生》极尽笔墨塑造少年天子和老年臣子的各种特点，接下来叙写张勋第二次上朝请安，在陈宝琛的教导下，溥仪"昏昏然"地明白"我就又算是'大清帝国'的皇帝了"。

《丁巳复辟》这一节一直写到退位诏书颁布，复辟流产。它的紧凑、流畅、展示人物性格以及富于讽刺性的小说笔法，给读者留下了深刻印象。

其实，溥仪记忆有误。据群众出版社 2017 年版爱新觉罗·溥仪著、王庆祥整理注释的《溥仪文存》记载，末代皇帝于 1914 年 10 月 5 日头一次面见张勋，为他下了一道谕旨，经内务府大臣世续、景丰和绍英副署后正式公布："张勋著加恩在紫禁城内骑马。钦此。""赏紫禁城骑马"也叫赏朝马。军机处每年将一、二品大臣六十以上者，开单请旨，一般皆可获准，唯侍郎（正二品）以下的不一定全准，内廷官员往

1917 年（丁巳）复辟时的张勋（1854—1923）

往“特蒙恩礼”不复问年，亲王以下至贝子则皆可准许。准骑者由东华门入到箭亭下马，由西华门入内务府总管衙门前下马。这种赏赐也是封建朝廷给予臣下的一种巨大的荣誉。

群众出版社2017年出版的王庆祥编著《溥仪年谱》“1917年（丁巳）中华民国六年　溥仪十一岁”目下，记录了“丁巳复辟”全过程。把历史学的年谱与文学性的自传对照一下，或许能把张勋等人的活动看得更清楚。

> 6月16日　前清两江总督、南洋大臣张勋，秘密进宫，在养心殿觐见溥仪，溥仪颇为勉强地同意了他的复辟计划。自上年以来，张勋以定武上将军、长江巡阅使、安徽省督军名义，连续召开四次徐州会议，串联各省军阀，讨论复辟计划，并确定了盟主地位。这次觐见前七八天，张勋所部定武军四千余人，已经入京分驻天坛、先农坛两处，同时觐见溥仪的还有黄玉岭、陈德修、汤玉麟和傅民杰。
>
> 6月30日（五月十二日）　张勋、康有为等潜入清宫，与溥仪的几位师傅以及内务府大臣等秘密召开御前会议，决定立即发动复辟。
>
> 7月1日（五月十三日）　凌晨三时，溥仪在乾清宫升座，张勋、康有为率文武两班，朝服朝冠，三拜九叩。声称“共和政体不适吾民”，故而“谨代表二十二省军民真意”，“吁请复辟，以拯生灵”。然后宣读康有为事先草拟的“上谕”，宣布改中华民国十六年七月一日为宣统九年五月十三日，自是日起：临朝听政，收回大权，与民更始。表示遵循光绪皇帝谕旨“善法列国君主立宪政体”等九条“政纲”。
>
> 是日，溥仪派梁鼎芬前往总统府，劝黎元洪退位，遭到拒绝。陈宝琛奏请赐黎自尽，溥仪不允。黎遂抱着总统印玺跑入日本公使馆。

此后三天内溥仪连发二十道上谕，均为官员任命。（以下从略）

7月2日（五月十四日）　溥仪为奖励张勋及其所属部将，传谕特拨内帑十万元，交民政部、陆军部分发给“保卫京师、奠安邦社”“异常出力”的在京军警人员。

7月3日（五月十五日）　冯国璋在南京召开特别紧急会议，致电各省督军、省长，反对复辟。同时派军队一旅开往徐州，控制张勋老巢。

7月4日（五月十六日）　段祺瑞、梁启超在天津宣布讨逆。溥仪谕命各督抚分别推举三位老成公正、精通法理、谙悉国情之员，来京议宪法国会事宜。

7月7日（五月十九日）　讨逆军与张勋的定武军在廊坊开火，当日，紫禁城内也落下三枚炸弹，炸死乾清门前的一名轿夫。溥仪密遣梁鼎芬和耆龄前往日本公使馆谋退路。同时，经陈宝琛、王士珍、张勋商议，又拟了一道上谕给张作霖，授他为东三省总督，命其从速进京助王，但带信的张海鹏刚出城就被讨逆军截住了。

7月8日（五月廿日）　张勋奏请开缺，溥仪传谕：“准如所请，开去内阁议政大臣暨直隶总督兼北洋大臣各差缺，其驻京军队仍着严加约束，保持秩序。内阁政务即由王士珍等妥慎办理，并着傒徐世昌来京，会同筹商善后办理。钦此。”

7月9日（五月廿一日）　段祺瑞统率各路军队五万七千人，包围了北京各门。张勋明知寡不敌众，却拒绝交出军队，也没有避居他处。

是日，王士珍和商衍瀛入宫值班。王请溥仪降旨，照辛亥逊政办法，将大政归还民国，溥仪不允，并把拟好的《退位诏书》弃置一旁，不予发出。

7月11日（五月廿三日）　王士珍又奏请照庚子义和团事件前例，自行取消复辟上谕，溥仪亦不准。

7月12日（五月廿四日） 天微明，枪声密如雨下，至中午炮火打中张勋住宅，段祺瑞的讨逆军攻克北京，张勋携家眷避入荷兰公使馆。

20世纪初，这场“成也萧何，败也萧何”的“丁巳复辟”闹剧，以辫帅张勋落荒而逃收场。应该加以说明的是，孩童时期的溥仪，充其量不过是提线木偶而已，他背后的那一群封建遗老操纵一切。不懂“运去不逢青海马，力亏难拔蜀山蛇”的腐儒，尽管心疼被扔进历史垃圾堆的废清朝廷，也只能留下又一段苦涩、辛酸的回忆。由于张勋把复辟闹剧维持了十来天，使得逊帝贼心不死的面目暴露出来，很多人更激进地要求废除溥仪的尊号，之后也就为把他逐出紫禁城埋下伏笔。毋庸讳言，《我的前半生》“丁巳复辟”这一节写得很好，尤其是写讨逆军空袭皇宫那一段，当时有《绍英日记》、《群强报》、《益世报》、《复辟半月记》、《复辟纪实》等文献记载（参看赵继敏、王文锋主编《末代皇帝溥仪在长春》收录左远波署名文章《讨逆军空袭紫禁城始末》），但以《我的前半生》的记述最为生动有趣。“若非亲身经历且受到强烈震慑，很难将当年的场景回忆得如此细致入微”（左远波语）。它是四十余年后溥仪对历史沉淀的反思，颇具笑料谈资的意味。

1923年9月11日，张勋拖着一根长长的辫子，离开了人世。溥仪为他盖棺论定撰写了“谕祭文”，赞其“勤劳夙著，忠勇性成”，“时穷见节，劲草独标于疾风”。逐渐长大成人的末代皇帝，并没有把“复辟”二字埋掉，他拉拢着大大小小的“张勋”们，无视“运去”、“力亏”，直到落入日本人的魔掌。

“岳峙渊清”

——溥仪心中的康有为

笔者所写人物出现在《我的前半生》中之早，仅次于溥仪的父亲载沣者，便是康有为。第一章《我的家世》第二节《外祖父荣禄》说：“光绪被幽禁，谭嗣同等六位维新派人士被杀，康有为逃到日本，百日维新昙花一现。”其时，末代皇帝尚未出生。到丁巳复辟的时候，少年溥仪下的即位诏中授康有为任弼德院副院长。当时他见到辫帅张勋，亦与康有为谋面。接下来，康有为就成为国家的五名复辟犯之一，遭到政府的通缉。《我的前半生》说：“……过了半年，总统（指冯国璋——引者注）明令宣布免除对一切帝制犯（从洪宪到丁巳复辟）的追究，虽然把张勋除外，但实际上他已经自由自在地走出了荷兰使馆，住在新买的漂亮公馆里。第二年，徐世昌就任总统后不到两个星期，更明令对张勋免予追究，后来张勋被委为林垦督办，他还嫌官小不干呢。”丁巳复辟的元凶大憝尚且如此，康有为便更没事了。此际他的命运比“百日维新”时好得多。因为徐世昌这些人与康有为本来就是你中有我、我中有你的。

《我的前半生》第三章《紫禁城内外》第十节《紫禁城的末日》说：

> 康有为和他的徒弟徐勤、徐良两父子，打着“中华帝国宪政党”的招牌，在国内国外活动。他们的活动情况，继续地通过庄士敦传到宫中。徐勤写来奏折吹牛说，这个党在海外拥有十万党员和五家报纸。在我出宫前两年，徐良曾到广西找军阀林俊廷去活动复辟，他给庄士敦来信说，广西的三派军人首领陆荣廷、林俊廷和沈鸿英“三人皆与我党同宗旨，他日有事必可相助对待反对党也”。民国十三年春节后，康有为给庄士敦的信中说：“经年奔走，至除夕乃归，幸所至游说，皆能见听，亦由各方厌乱，人有同心。”据他说陕西、湖北、湖南、江苏、安徽、江西、贵州、云南全都说好了，或者到时一说就行。他最寄以希望的是吴佩孚，说“洛（指吴，吴当时在洛阳），忠于孟德（指曹锟），然闻已重病，如一有它，则传电可以旋转。”又说湖北萧耀南说过“一电可来”的话，到他生日，“可一赏之”。现在看来，康有为信中说了不少梦话，后来更成了没有实效的招摇行径。但当时我和庄士敦对他的话不仅没有怀疑，而且大为欢欣鼓舞，并按他的指点送寿礼、赏福寿字。我在他们指点之下，开始懂得为自己的“理想”去动用财富了。

康有为为溥仪复辟做过许多联络活动。1926年北洋军阀内讧，打得不可开交。几十年后，末代皇帝称其为“北洋军阀的回光返照时期”。第四章《在天津的活动》第一节《罗振玉的努力》说，康有为也致电吴佩孚、张作霖、张宗昌等人，呼吁恢复优待条件。康有为给吴佩孚写了一封长信，信中历数清朝的“功德”，并以“中华之为民国，以清朝让之，非民国自得之也”为理由，请吴佩孚乘机复辟。他对吴说，张作霖等人都没问题，外交方面也有同心，甚至“国民党人私下亦无不以复辟为然”，“全国士大夫无不疑民国而主复辟”，因此，“今但待决于明公矣”！

但是，末代皇帝到底怎么看待康有为的呢？其实这并不简单。且听该章第七节《“行在”生活》之说法。

一九二七年，康有为去世，他的弟子徐良求我赐以谥法。按我起初的想法，是要给他的。康在去世前一年，常到张园来看我，第一次见到我的时候，曾泪流满脸地给我磕头，向我叙述当年“德宗皇帝隆遇之恩”，后来他继续奔走各地，寻求复辟支持者，叫他的弟子向海外华侨广泛宣传“欲救中国非宣统君临天下，再造帝国不可”。他临死前不久，还向吴佩孚以及其他当权派

1926年，康有为（1858—1927，清末变法维新的代表人物）一度为溥仪复号还宫而奔走活动。

> 呼吁过复辟。我认为从这些举动上看来，给以谥法是很应当的。但是陈宝琛出来反对了。这时候在他看来，分辨忠奸不仅不能只看辫子，就连复辟的实际行动也不足为据。他说："康有为的宗旨不纯，曾有保中国不保大清之说。且当年忤逆孝钦太皇太后慈禧（据有关史料说，戊戌变法失败后，康有为流亡海外，慈禧太后成了他最痛恨的人，他在海外通过报纸妖魔化慈禧，说慈禧是一个淫荡的女人，过着放荡荒淫的生活——引者注），已不可赦！"胡嗣瑗等人完全附和陈宝琛，郑孝胥也说光绪当年是受了康有为之害。就这样，我又上了一次分辨"忠奸"的课，拒绝了赐谥给康有为。据说后来徐良为此还声言要和陈、郑等人"以老拳相见"哩。

可见溥仪的许多行为受师傅影响，在他的内心深处，还是认可康有为的。爱新觉罗·溥仪著、王庆祥整理注释《溥仪文存》（群众出版社 2017 年版）收录溥仪为康有为七十寿辰赐匾："岳峙渊清"。王氏述其本事云："1927 年 3 月 8 日康有为七十寿辰，溥特派徐良由津至沪，赏赐御笔'岳峙渊清'匾额一方、玉如意一柄，以表祝寿。据《召见簿》载，溥仪是在 2 月 23 日见徐良的，这时已传下给康氏'赐寿'的'谕旨'，显然是被康氏这几年的复辟活动感动了。徐良奉旨于 3 月 7 日到达上海康宅，康有为喜舞忭蹈，设案焚香，叩领寿物。由徐良宣读的'圣旨'，用语恳切，好似溥仪正娓娓而谈（谕旨曰：朕自京只身出津，无多长物可赐，欲撰联，又得出联，匆匆未成对语——引者注），勾起康氏一片封建主义的忠君之情，他感恩戴德，回首往事，展纸吮笔，上溯戊戌变法，历叙所承清帝恩遇及一生艰险状况，写下一千余字的谢恩折。"

康有为的文言政论文历数中外、宏通古今，颇具才情而文气旺盛。上述《我的前半生》所征引的只言片语，其原件全文曾存国家图书馆，《我的前半生（全本）》（即 1964 年公开出版本的前身，于 2007 年公开出版）"附录一"以"康有为致吴佩孚函"为题披露。在这封长信中，纵观天下大势，言及瑞士委员制、美国总统制、英国虚君共和制等各国政治，并借西洋和东洋媒体之口说：“中国大乱，非复辟不能救。”康南海一生的诉求和浩然公（溥仪的号）新中国成立之前的愿景如出一辙。

那么，君臣二人是在什么具体时间会面的呢？王庆祥编著《溥仪年谱》（群众出版社 2017 年版）1926 年目下有记载。

> 9 月 3 日　溥仪召见康有为和徐良。
>
> 9 月 6 日　溥仪单独召见康有为……
>
> 9 月 11 日（八月初五日）　溥仪召见康有为……
>
> 9 月 12 日（八月初六日）　本日起溥仪连续接见康有为，因为他又打出“复辟还宫”的旗号……
>
> 9 月 14 日　……同日，溥仪还召见了康有为……
>
> 9 月 25 日　溥仪召见康有为。次日又见。

在 1927 年目下则记载，2 月 14 日（正月十三，万寿节）溥仪接见 133 人，其中有康有为。

> 2 月 15 日　溥仪接见刘凤池、庄士敦、康有为、徐勤、徐良。康氏以及弟子同时觐见，他们还希望通过溥仪实现《大同书》所体现的政治理想。

康有为“百日维新昙花一现”，奠定了他一生最辉煌的政治成就；逃亡海外，在华侨中组织保皇党，主张君主立宪，反对民主革命，与以孙中山为首的同盟会相抗衡，思力已衰；民国以后，不改初衷，反对共和政治，一直谋划溥仪复位，糊涂到底；到了晚年，在封建遗老、北洋军阀以及形形色色的中外保皇人物共同演出的大剧中，他已经接近跑龙套的角色了。

太傅总统两朝奇葩徐世昌

谈到“北洋”这名词，它和“南洋”是相对称的。在清朝同治五年（1866），加两江总督（辖今江苏、安徽、江西，驻节南京）以五口通商事务，授为南洋通商大臣；而在同治九年（1870），又加直隶总督（辖今河北，兼巡抚，驻天津，冬季封河，移驻保定）以三口通商事务，授为北洋通商大臣。这是“南洋”和“北洋”名称的开始。张勋做过南洋大臣，袁世凯做过北洋大臣。众所周知，北洋新军是袁世凯最先进行操练的，袁世凯将清国的军队冠以“北洋”之名，而北洋军阀的二号人物就是“水晶狐狸”徐世昌。徐世昌一生的交往与成就是多方面的，本文只梳理其人与溥仪的关系。

在《我的前半生》第一章《我的家世》第

三节《慈禧太后的决定》和第四节《摄政王监国》中，分别用两个词汇给徐世昌定位。一为“袁世凯的心腹朋友徐世昌”，一为“袁世凯的‘军师’徐世昌”。末代皇帝与袁世凯并无交集。从《我的前半生》的描述来看，溥仪“糊里糊涂地做了三年皇帝”后，“有一天在养心殿的东暖阁里，隆裕太后坐在靠南窗的炕上，用手绢擦眼，面前地上的红毡子垫上跪着一个粗胖的老头子，满脸泪痕。我坐在太后的右边，非常纳闷，不明白两个大人为什么哭。这时殿里除了我们三个，别无他人，安静得很，胖老头儿很响地一边抽缩着鼻子，一边说话，说的什么我全不懂。后来我才知道，这个胖老头儿就是袁世凯。这是我看见袁世凯唯一的一次，也是袁世凯最后一次见太后。如果别人没有对我说错的话，那么正是在这次，袁世凯向隆裕太后直接提出了退位的问题。从这次召见之后，袁世凯就借口东华门遇险的事故，再不进宫了。”当时袁、徐的那些事儿，不在本文探讨范围，而溥仪与徐世昌的关系，则随着岁月的推移逐渐地拉开大幕。

徐世昌在辛亥革命之后是什么政治身份？第二章《我的童年》第四节《毓庆宫读书》则说，陈宝琛师傅非常鄙视徐世昌，“记得他给我转述过一位遗老编的对联：‘民犹是也，国犹是也，何分南北？总而言之，统而言之，不是东西。’他加上一个横批：‘旁观者清’”。“民国总统不是东西”的讽刺含义，若干年后才落实到徐世昌头上，让陈师傅心目中的大清圣朝永远做“旁观者”。

第三章《紫禁城内外》第一节《袁世凯时代》说：

> 完全恢复了旧日城中繁荣气象的，是隆裕的寿日和丧日那些天（这位太后的生日和死期相隔七天——引者注）……在太和殿举行了所谓国民哀悼大会，由参议长吴景濂主祭；军界也举行了所谓全国陆军哀悼大会，领衔的是袁的另一个心腹，上将军段祺瑞。在紫禁城内，在太监干号的举哀声中，清朝的玄色袍褂和民国的西式大礼服并肩进出。被赏穿孝服百日的亲贵们，这时脸上洋溢着得意

> 的神色。最让他们感到兴奋的是徐世昌也从青岛赶到，接受了清室赏戴的双眼花翎。这位清室太傅在颁布退位后，拖着辫子跑到德国人盘踞的青岛当了寓公，起了一个有双关含义的别号“东海”……

“玄色袍褂”和“西式礼服”这两个风马牛不相及的物件，堪称小说意象，它预示了徐世昌的奇葩身份。该节说“到民国三年……徐世昌既是清室太傅同时又是民国政府的国务卿”。丁巳复辟时，溥仪即位诏授徐世昌为弼德院院长，给副院长康有为做上司。《我的前半生》还说：“由自认‘临朝听政’的退位诏，一度为‘张勋盘踞，冲人莫可如何’的内务府声明，这是北洋系三位元老与紫禁城合作的结果。想出这个妙计的是徐世昌太傅，而执行的则是冯国璋总统和段祺瑞总理。”“紫禁城在这次复辟中的行为，被轻轻掩盖过去了。”徐太傅不愧是两栖坦克，水陆通吃。

《醇亲王载沣日记》对丁巳复辟失败后徐世昌与清廷皇族的勾结也有记载。

> 二十日。上门。张绍轩（勋）辞职，王士珍代之。不久，徐菊人（世昌）往见皇帝，告知外边情形……
>
> 廿八日。上门。差片代候徐太傅、段总理两处。
>
> 廿九日。初伏。差人赠于徐太傅洗尘肴馔。大雨。世相（续）来谈，据云已晤徐太傅，竭力维持关于优待条件。惟二十五日所宣布之件（指“退位诏”）须另缮改正，今日送交云。徐太傅差人来谒。申刻亲往访问徐太傅晤谈刻许。
>
> 初四日。徐太傅来答拜，晤谈甚详，并代段总理致意阻舆云。
>
> 十八日。亲往访徐太傅，晤谭甚详，尚无大碍。
>
> 廿一日。上门……收六弟自津寓今早所发来函，略同十八日所晤徐太傅之意，尚好尚好……

第三章《紫禁城内外》第三节《北洋元老》叙述了这次紫禁城涉险金蝉脱壳之前的情况。

复辟的酝酿，早发生在洪宪帝制失败的时候。当时，袁世凯的北洋系陷于四面楚歌，一度出任国务卿后又因反对袁世凯“僭越”称帝而引退的徐世昌，曾经用密电和张勋、倪嗣冲商议过，说“民党煎迫至此，不如以大政归还清室，项城仍居总理大臣之职，领握军权”。这个主意得到早有此心的张、倪二人的同意，但因后来没有得到各国公使方面的支持，所以未敢行动。袁死后，他们又继续活动，在徐州、南京先后召开了北洋系军人首脑会议。并在袁的舆榇移到彰德时，乘北洋系的首脑、督军们齐往致祭的机会，在徐世昌的主持下，做出了一致同意复辟的决议。

取得一致意见之后，复辟的活动便分成了两个中心。一个是徐州的张勋，另一个是天津的徐世昌。张勋由彰德回到徐州，把督军们邀集在一起开会（即所谓第二次徐州会议），决议先找外国人支持，首先是日本的支持。张通过天津的朱家宝（直隶省长）和天津日本驻屯军的一个少将发生了接触，得到赞助后，又通过日本少将的关系，和活动在满蒙的善耆、蒙古匪首巴布扎布，徐蚌的张、倪，天津的雷震春、朱家宝等联络上，共同约定，俟巴布扎布的军队打到张家口，雷震春即策动张家口方面响应，张、倪更借口防卫京师发兵北上，如此便一举而成复辟之“大业”。这个计划后来因为巴布扎布的军队被奉军抵住，以巴布扎布被部下刺杀而流于失败。徐世昌回到天津后，他派了陆宗舆东渡日本，试探日本政界的态度。日本当时的内阁与军部意见并不完全一致，内阁对天津驻屯军少将的活动，不表示兴趣。陆宗舆的失败，曾引起津沪两地遗老普遍的埋怨，怪徐世昌用人失当。陆宗舆不但外交无功，内交弄得也很糟。他东渡之前先到徐州访问了张勋，把徐世昌和日方协商的条件拿给张勋看，想先取得张的首肯。张对于徐答应日本方面的条件倒不觉得怎样，唯有徐世昌要日方谅解和支持他当议政王这一条，把张勋惹恼了。他对陆说："原来复辟只为成全徐某？难道我张某就不配做这个议政王吗？"从此张徐之间有了猜忌，两个复辟中心的活动开始分道扬镳。

徐世昌（1855—1939）

由此看来，徐世昌最大的野心是当清廷的汉族议政王，这在辛亥革命之前是不可能的，后来水涨船高了，有了实现的可能，终归破灭。因为，无论洪宪帝制，还是丁巳复辟，都逆历史潮流而动，当时的国情，已经临近以"五四运动"为标志的新民主主义革命的开始了。然而，徐世昌与其他封建遗老不同，给他民国大总统也照当不误。四十余年后，溥仪在《北洋元老》这一节中写了许多徐太傅同时兼民国总统时的市声官情，颇值得玩味。一为媒体的评论，认为丁巳复辟的失败，归结为张勋的"卤莽"，"使徐东海为之"，反对张勋的"北洋诸帅早已俯首称臣"。二为老北京人的说法，大致意思是讲徐世昌一当总统，旗人就活泛起来。溥仪在《我的前半生》的作者自注中还解释了当时出现的"跑祖宗"现象。三为徐世昌的自我表现："根据他的安排，皇室王公有的（毓朗）当上了议员，有的（载涛）被授为'将军'。他无论在人前人后都把前清称为'本朝'，把我称作'上边'。"或云："咱们这次出来，不过为幼主摄政而已。”溥仪当然的投桃报李。据《溥仪文存》记载，1920 年 10 月 24 日，末代皇帝为徐世昌贺寿亲撰御笔对联：“开窗鱼鸟含天趣，欹案诗书味道腴。”接下来的几年间，大凡过年过节过生日，两人之间互有馈赠，有关历史档案的准确记载，完全证明了他们的亲密关系。

溥仪以下不露声色的言论，堪称大义微言：“徐世昌上台一年后，他自己的情形就很不如意。自从北洋系分裂成直系皖系后，徐已不能凭其北洋元老资格驾驭各方，何况从他一上台，段祺瑞就和他摩擦，次年又发生震动全国的‘五四’学生运动，更使他们自顾不暇。徐太傅即使复辟心愿有多高，对清室的忠顺多么让陈师傅满意，他也是无能为力的了。”

徐世昌对溥仪还有一个重大贡献。据该章第五节《庄士敦》说：“这位苏格兰老夫子，是英国牛津大学的文学硕士。他到宫里教书是由老洋务派李经迈（李鸿章之子）的推荐，经徐世昌总统代向英国公使馆交涉，正式被清室聘来的。”应该说，庄士敦师傅对少年溥仪的成长起到了重要作用，同时，我们也可以领略徐太傅因材施教的战略眼光。

搜狗百科云，民国七年（1918），在选举民国总统之际，段祺瑞、冯国璋相持不下，一向两面讨好的徐世昌遂作为“理想人选”，得任总统。徐世昌居然还请示了早已退位的溥仪，“得其恩准”。《溥仪年谱》未著录此事。但该年谱记载了 1918 年 2 月 16 日毓庆宫开学时，溥仪曾赏赐他端砚一方、朱墨四笏。还记载了 1918 年 10 月 10 日之事：“民国政府在怀仁堂举行前任总统（时由冯国璋代理）届满，继任总统（徐世昌）就职仪式，溥仪特派贝勒载润前往祝贺。次日上午 10 时，溥仪又在养心殿接见了徐世昌派来答礼的使节黄开文。”

徐世昌 1939 年谢世，过了八十四岁的坎。对他的风烛残年之表现，国民政府曾下令褒扬：“……寇临华北，屡思威胁利诱，逞厥阴谋，独能不屈不挠，凛然自守，亮风高节，有识同钦。”不知当时身在伪满的“康德皇帝”如何认识这位徐太傅卜五老人。

聚焦王国维之死

溥仪与我们今天的人一样，对国学大师王国维佩服得五体投地。也正因为如此，《我的前半生》轻描淡写一些人的故去，唯独用浓墨重笔写王国维之死，观堂投湖事件重创末代皇帝的心灵。

王国维作为溥仪大婚后精心挑选的“十二三条辫子”之一在书中出现。据《溥仪年谱》，确切时间是1923年4月16日，因升允推荐被谕旨令为五品衔南书房行走。王国维很敬业，时不时地写奏章。第三章《紫禁城内外》第十三节《由“使馆区”到“租界”》提到日本使馆对离开紫禁城的末代皇帝“殷勤照料”，使得封建遗老们欢欣时说：“许多遗老对使馆主人怀着感激之情。他们从使馆的招待上看出了希望，至少得到了某种心理上的满足。王国维在奏折里说：‘日使……非徒以皇上往日之余尊，亦且视为中国将来之共主，凡在臣僚，谁不庆幸？’”

关于王国维之死，《我的前半生》是这样说的：

罗振玉并不经常到宫里来，他的姻亲王国维能替他“当值”，经常告诉他当他不在的时候，宫里发生的许多事情。王国维对他如此服服帖帖，最大的原因是这位老实人总觉得欠罗振玉的情，而罗振玉也自恃这一点，对王国维颇能指挥如意。我后来才知道，罗振玉的学者名气，多少也和他们这种特殊瓜葛有关。王国维求学时代十分清苦，受过罗振玉的帮助，王国维后来在日本的几年研究生活，是靠着和罗振玉在一起过的。王国维为了报答他这份恩情，最初的几部著作，就以罗振玉的名字付梓问世。罗振玉后来在日本出版、轰动一时的《殷墟书契》，其实也是窃据了王国维甲骨文的研究成果（《我的前半生（全本）》未具体指出罗振玉“窃据”的书名，而《我的前半生》则信之凿凿说出了《殷墟书契》这部书名——引者注）。罗、王二家后来做了亲家，按说王国维的债务更可以不提了，其实不然，罗振玉并不因此忘掉了他付出过的代价，而且因他的推荐（连罗振玉都是升允推荐的，不经过升允，恐怕光罗振玉一人之力也没用——引者注）得以接近“天颜”，也要算做欠他的情分，所以王国维处处都要听他的吩咐。我到了天津，王国维就任清华大学国文教授之后，不知是由于一件什么事情引起的头，罗振玉竟向他追起债来，后来不知又用了什么手段再三地去逼迫王国维，逼得这位又穷又要面子的王国维，在走投无路的情况下，于一九二七年六月二日跳进昆明湖自尽了。

王国维死后，社会上曾有一种关于国学大师殉清的传说，这其实是罗振玉做出的文章，而我在不知不觉中，成了这篇文章的合作者。过程是这样：罗振玉给张园送来了

> 一份密封的所谓王国维的“遗折”，我看了这篇充满了孤臣孽子情调的临终忠谏的文字，大受感动，和师傅们商议了一下，发了一道“上谕”说，王国维“孤忠耿耿，深堪恻悯……加恩谥予忠悫，派贝子溥伒即日前往奠缀，赏给陀罗经被并洋二千元……”罗振玉于是一面广邀中日名流、学者，在日租界日本花园里为“忠悫公”设灵公祭，宣传王国维的“完节”和“恩遇之隆，为振古所未有”，一面更在一篇祭文里宣称他相信自己将和死者“九泉相见，谅亦匪遥”。其实那个表现着“孤忠耿耿”的遗折，却是假的，它的翻造者正是要和死者“九泉相见”的罗振玉。

上述言论涉及罗、王关系。笔者在编辑《我的前半生（全本）》时看过一些图书档案，并撰写了《三位对〈我的前半生〉有贡献者》一文（收入中国文史出版社2016年版拙著《探寻丢失的历史——〈我的前半生〉出版史话》之中），文中有《刘蕙孙谈“罗、王关系”》一节，摘录如下，看看知情者怎么说。

> 刘蕙孙于1964年6月3日给溥仪去信，给同年3月版《我的前半生》提意见。溥仪把这封信转给群众出版社处理。
>
> 从信中的内容看，刘蕙孙是福建师范学院历史系研究中国古代史的教授，与罗振玉相熟，许多说法根据罗振玉本人对他讲……
>
> 对《我的前半生》云罗、王两家是儿女亲家，刘氏不存异议，但他跟溥仪讲：“是罗家女儿嫁给王家，不是王家女儿嫁给罗家，事实一相反，你说罗振玉以休退他女儿要挟王国维就失去论据了。”接下来，刘信叙述王国维以下谱系及其子女出于原配或继室，进而引出罗、王关系——罗振玉提议将侄女罗庄（华东师大周子美教授夫人，已

故——刘氏自注）与王国维长子潜明缔姻，遭到弟媳的拒绝。“罗负气使人做媒，言欲将幼女嫁与王长子潜明。”王国维觉得不般配（信中转述王国维的话：“齐大非偶。”），也有碍与罗振玉的师生名分，“但王妻艳罗财势，力主许姻。王极惧内，遂结婚”。罗振玉降辈后，他的小女儿和婆婆处不来，于是，王潜明往天津入赘罗家，再没有回到王国维身旁。

刘蕙孙云：“1924 年顷，王潜明从罗家移出，自组小家庭，不久患伤寒病死。海关（王潜明工作单位——引者注）循例与死者妻子抚恤金一千余元，款为王家领去。罗因向王言此款应归其女；王亦同意其说。”但王国维的妻子不同意将款交出，以死者丧葬费用为借口。罗振玉表示，儿子和女婿是一样的，王国维之子的丧葬费用由他来负担，但抚恤金应归女儿。“王无词以答，但其妻坚不给款。”“罗每见如索，言词上不免责其负义。”王国维是个“妻管严”，所有钱财都交媳妇管理，“王遂不敢见罗”，“遂出一死”。

检《我的前半生（全本）》“又以要休退王的女儿（罗的儿媳妇）为要挟”语，被 1964 年 11 月《我的前半生》第二次印刷本删削。但溥仪和群众出版社并未采纳刘蕙孙所述王国维死因。盖刘氏信函对罗振玉的人品多有回护，而《我的前半生》对罗振玉采取强烈的批判态度，故所用史料另有出处：“我在特赦之后，听到一个传说，因已无印象，故附记于此，聊备参考。据说，绍英曾托王国维替我卖一点儿字画，罗振玉知道了，从王手里要了去，说是他可以办。罗振玉卖完字画，把所得的款项（一千多元）作为王国维归还他的债款，全部扣下。王国维向他索要，他反而算起旧账，王国维还要补给他不足之数。王国维气愤已极，对绍英的催促无法答复，因此跳水自尽。据说王遗书上‘义无再辱’四字即指此而言。”

再看看对待伪造遗折问题，知情者怎么说。

群众出版社 2017 年版爱新觉罗·溥仪著、王庆祥整理注释《溥仪文存》收录《溥仪看过王国维的遗折而发出的上谕》，下有王庆祥的按语，摘录如下：

> 原来遗折是罗振玉命其第四子罗福葆仿王国维的笔迹写下的，他对此并不隐讳，其外孙刘蕙孙（《老残游记》作者刘鹗之孙）回忆说："1929 年我在旅顺，雪堂先生对我说起他和静安的友谊，最后说：'他最后觉得对我不起，欲以一死报知己。我也觉得那件事不免粗暴，对他不起（当指《我的前半生》所云债务之事——引者注）。但死者不能复生，只好为他弄个谥法。遗折是我替他做的。'"关于罗振玉代递遗折的目的，曾引起不少猜疑，然而这事在深悉内情的其嫡孙继祖师看来则毫不奇怪，他在《跋〈观堂书札〉》一文中写道："祖父和王先生效忠清朝的信念至死不渝，这一点是共同的，并不为家庭嫌隙而有所动摇。所以祖父一看到王先生临终遗嘱而痛感愧对死友，在王先生一死明志，并没有'希冀饰终恩泽'的动机，而祖父却迫不及待地代递遗折。溥仪说遗折写得很工整，不是王国维的手笔，这话倒是说对了。祖父对于王先生身后，特别是遗书的编纂刊行，不超过一年，遗书四集赫然在案，是尽了心的。"几年后，他又在回忆祖父的《庭闻忆略》中写道："祖父一接到投湖消息，又看到'五十之年，只欠一死，经此事变，义无再辱'十六字的遗嘱，才痛感只有不忘久要，而自己反不能捐弃小嫌，万分愧对。急急忙忙代作了一份遗折呈给溥仪，这份遗折虽未留稿，内容可以估计到，一定是希望溥仪毋忘在莒，近贤远佞。在祖父认为死者的心事他是明白的，代递遗折，尽后死之责，心安理得，所以丝毫没有想到会有人责备他'欺

君'。"溥仪看过遗折大受感动，遂与陈宝琛等师傅们商议，发出这道上谕，赐祭、赐谥。

溥仪说"义无再辱"指愤慨于罗振玉的无耻，罗继祖说"义无再辱"指对清廷"不忘久要"。我们已经无法去问观堂先生的在天之灵了。

翻案文章历代不绝。晚近至2020年第10期《学术研究》彭玉平署名文章《罗振玉伪造代奏王国维遗折考论》，对溥仪所云"逼债说"给予批驳，认为是"以讹传讹"。对假造代奏遗折事，似乎并无非议，但亦有自己的独到解释。可参看。笔者"聚焦王国维之死"，仅仅在于罗列各种说法，为解读其人之死事件呈现某些典型议论而已。

溥仪·牡丹图·朱汝珍

读过《我的前半生》的人一般不会留意一位名叫朱汝珍的遗老。在该书第二章《紫禁城内外》第九节《整顿内务府》和第十三节《由“使馆区”到“租界”》，曾两次提及其人。第一次是说在溥仪大婚后，“挑选了几个我认为最忠心的，最有才干的人，作为我的股肱之臣”，其中就有朱汝珍。第二次是说“我派南书房行走朱汝珍去天津日租界找房子，结果看中了张园”。

先说说张园。据有关史料记载，张园是张彪的住宅。张彪，1860年出生，山西人，他在弱冠之时追随张之洞，从标统做起，到最后做到陆军第八镇的统制。镇压武昌起义失败后，张彪去了日本。1912年，他来到了天津日租界，退隐津门开始投资实业。1915年，用赚来的钱在当时的宫岛街，建立了这栋具有西洋古典风格的豪宅。张彪虽是行伍出身，但经商颇有才能。开始时张园是供自家居住，后来便用来出租了。1924年年底，孙中山北上时曾在这里下榻。张彪为了迎接溥仪的到来，买了许多日常的生活用品和欧式家具。末代皇帝在张园住了一段时间后，觉得这里要比北京的紫禁城舒服得多。用他的话讲，没有紫禁城里我所不喜欢的东西，又保留了似乎必要的东西。在张园，溥仪再也不受宫里那套规矩的束缚了，也不再穿那套笨拙的龙袍，而是穿着普通的袍子马褂，或者西装，但这并不影响那些政客、遗老、武人们给他叩拜。这里虽然没有琉璃瓦，没有雕梁画栋，但备有抽水马桶和暖气设备的洋楼，显然要比养心殿舒服得多。尽管在张园的经济状况和紫禁城比起来要差得多，但溥仪很快就被眼前这座大商埠城市所吸引。

看来，朱汝珍不愧“股肱大臣”，难怪跟了溥仪时他衔至头品顶戴光禄大夫。爱新觉罗·溥仪著、王庆祥整理注释的《溥仪文存》（群众出版社2017年版）记载了末代皇帝赏赐朱汝珍的匾额文“摛翰承庥”，以示光大。

笔者曾在“溥仪及其时代研究论坛”的网络里，欣赏了北京艺术博物馆的馆藏。其中有王淑珍署名文章《溥仪〈牡丹图〉轴》，著录了朱汝珍题款的两幅图画：

> 溥仪《牡丹图》轴，设色纸本，画心纵108cm，横53cm。画面绘鹤翎红与鹅黄牡丹竞相怒放；没骨写意，风姿飒爽；设色精熟，富丽韶秀。上款行书题“壬戌孟冬中澣御笔”，钤“宣”（朱）“统”（白）。下款朱汝珍敬题：上林春晓日融融，照眼分明锦一丛；鲛股绘木浓艳色，鹅黄相映鹤翎红。钤“朱汝珍印”（白），另一方白文印不清。画面上钤“宣统御笔之宝”（朱）。所绘牡丹葱茏茂盛、生机盎然。
>
> 题款者朱汝珍（1870—1943）是光绪三十年（1904）榜眼，授翰林院编修。1911年辛亥革命后，他以“南书

房行走”留在溥仪的“小朝廷”13 年。在天津开设过印刷馆，后南归，寄寓香港。

从《牡丹图》上款壬戌十月中旬可知，此幅画的创作背景是溥仪 16 岁大婚之际。1922 年 11 月 30 日，溥仪迎娶 13 岁的文绣进宫，封为淑妃；次日，即 12 月 1 日，迎娶 16 岁的婉容进宫，封为皇后。《牡丹图》正创作于此期间。

还有另一幅溥仪《牡丹图》。

北京艺术馆另收藏一幅溥仪《牡丹图》轴，从上款书题到下款敬题，两幅作品同为朱汝珍同一时间所题；两幅《牡丹图》的绘画风格也如出一辙。北京艺术博物馆还收藏多幅类似御笔《牡丹图》，有的绘画时间较早，钤“慈禧太后之宝”印。由此推断，这些作品应为晚清如意馆画士代笔。

据文献记载，清朝历代皇帝书画常有代笔，这些作品用以赏赐王公贵胄、有功之臣，得之者引以荣宠。1912 年溥仪已经逊位，但仍居紫禁城，后三宫称皇道朕，原内务府造办处的如意馆作为“内廷供奉”列入逊清王室编制之中。因此，如意馆的画士，如屈兆麟、黄际明、刘隽生、栗桂芬、吴葆贞等没有离开这个“小朝廷”。据画士的后人讲：“溥仪大婚时，画士们忙了一阵子。”1924 年，复辟失败后（似指 1917 年的丁巳复辟——引者注），18 岁的溥仪被冯玉祥国民军逐出紫禁城，移居北京什刹海后醇王府，后又逃往日本驻华使馆。1925 年避居天津，1931 年“九一八”事变后，潜往东北。在此期间，宫廷画士们也陆续流落于北平的达官显贵之家，或回归原籍。晚清宫廷绘画因慈禧太后的倡导一度兴盛，光绪年间，在如意馆供职的画士四十余位；然而作为记录画士们作画活动的

《造办处各作成做活计清档》终于宣统三年（1911），因此，溥仪大婚之际的书画作品，无从查找代笔之人。作为博物馆的书画收藏，凡钤有帝后印章的宫廷画士代笔，均将其归为御笔之作。此类作品画作技法纯熟，亦反映了皇帝的审美趣向；它区别于宫廷绘画之处是，多了一些生机意趣，少了一些工整古媚。

朱汝珍在清朝就很有名气，20世纪初曾留学日本东京法政大学，参与创定《大清商律草案》、《大清民法草案》，著有法学著作《中外刑法比较》等。关于他的轶闻趣事也不少。下录“搜狗百科”一条较有故事性的。

朱汝珍本来应该是清代末科的状元，但是由于姓名和籍贯的缘故而与状元无缘——按照惯例，甲辰恩科的主考官在阅评完所有考生的试卷后，从参加殿试的273名考生的试卷中挑选出十份，并按名次排列好（其中朱汝珍第一，刘春霖第二），呈送给慈禧太后“钦定”。慈禧太后翻开主考官列为“头名”的试卷，见该卷虽然文辞畅顺华丽，但字体却为精笔楷书，因慈禧性喜疏淡清新字体，故看后不禁连连摇头。当她看到朱汝珍的籍贯为广东时，心中又陡然升起一股厌恶之感。广东是她痛恨的地方，是叛逆的代名词，那里出了太平天国首领洪秀全，维新派领袖康有为、梁启超，高举反清大旗的孙中山等。朱汝珍名中有“珍”字，又让老佛爷想起被其逼死、支撑光绪皇帝变法的珍妃，“朱”者“诛”也，“朱汝珍”这三个字一下就触动了慈禧那根敏感的神经。于是状元之门对这位满腹经纶的倒霉才子关上了。同时，慈禧看到榜眼刘春霖这个名字，他又是直隶（今河北省）肃定人，她认为此名有吉祥之兆，“春霖”字含春风化雨、甘霖普降之意，当年恰逢大旱，急盼一场春雨；加之肃定地处京畿一带，于是，

老佛爷大笔一圈，刘春霖由原来的第二名成了头名状元，
朱汝珍只好屈居榜眼了。

看来，溥仪用人不像慈禧太后那样莫名其妙的情绪化，他还是以忠诚取人的。于是乎产生了朱汝珍的两个特点：第一，不事民国。其人擅长诗文，尤以书法为佳，但书法落款从不写“民国”二字，他曾对人说：“决不吃民国饭。”经常为御笔国画题款的朱汝珍岂能不鄙弃民国呢？第二，不叛旧主，但也不当汉奸。其实，《我的前半生》第六章第五节《第三次做“皇帝”》中，溥仪曾提及“关内各地遗老”九名，在他登极“康德皇帝”时，“都寄来祝贺的表章”，其中就有朱汝珍。朱氏也确曾前往“新京”叩拜旧主，溥仪示意他再事“皇朝”，他以年老多病为由，旋即返回居住地香港。抗日期间，朱汝珍积极配合抗日团体开展募捐、义演等活动，并接济抗日战士。

为了纪念朱汝珍，他的家乡广东清远市政府在清城区横荷广清高速公路出口对面兴建了朱汝珍公园，并在公园内修建了朱汝珍铜像。

徘徊于忠贰之间的赵秉钧

赵秉钧何许人也？史家评其处世特征“生性慧黠，强悍而心细”。民间对他的姓名有一个戏解：赵是百家姓之第一姓，名乃秉钧者，为天子脚下第一人。总做皇帝梦的袁世凯担任中华民国大总统期间，赵秉钧曾任国务总理。要不是死得早，真有可能是洪宪皇帝麾下的首辅呢！

其实，赵秉钧是警察出身。

袁世凯小站练兵之时，开始起用赵秉钧。袁世凯继任李鸿章的直隶总督位后，上奏赵秉钧担任保定巡警局总督。赵与袁的日籍警察顾问三浦喜传一起，参照东西方国家现成的法律典范，拟定了警务章程，创设警务学堂，选募巡警 500 人，分布保定城内外，维持治安，成绩昭著。后赵秉钧又履职天津，筹建了中国最早的警务系统，创办天津侦探队及天津警察学堂。不久将天津、保定两所巡警学校合并，改称北洋巡警学堂，并在各县设立巡警传习所。袁世凯调任军机大臣后，赵秉钧参与创建清廷巡警部，升任右侍郎。按今天的话说，即公安部副部长，是《我的前半生》提及的另一位人物朱启钤（对其人另有专文叙述）的警察上司。《阴山学刊》2016 年第 2 期贺怀锴署名文章《赵秉钧与清末警察制度的早期现代化》，对赵秉钧有公允持平的评价：

> 清末民初是中国政治体制转型的关键时期，中国政治体制在此时期发生了质的飞跃。中国历朝在基层实行的保甲制度，在清末弊端百出，巡警制度代替保甲制度成为时代趋势。赵秉钧应时而起，首创巡警于直隶，后出任中央巡警部侍郎，统筹全国巡警建设事宜，使中国巡警体制从无到有，并进一步推动中国巡警教育和制度本体的完善，为以后中国警察制度的发展奠定了基础，赵秉钧开启了中国警察制度的早期现代化。

言归正传，何谓“徘徊于忠贰之间”，还是先听听末代皇帝的说法。

《我的前半生》第二章《我的童年》第一节《登极与退位》讲袁世凯听说孙中山在南京就任了临时大总统，不免着起急来。引用袁世凯的心腹赵秉钧的表述：

> 项城本具雄心，又善利用时机。但虽重兵在握，却力避曹孟德欺人之名，故一面挟北方势力与南方接洽，一方面挟南方势力以挟制北方。项城初以为南方易与，颇侧南方，及南方选举总统后，恍然南北终是两家，不愿南方势力增长，如国民大会成立，将终为其挟持，不能摆脱，乃决计专对清室着手，首先胁迫亲贵王公，进而胁迫清帝，又进而恫吓太后，并忖度其心理，诱饵之以优待条件，达

到自行颁布退位，以全权组织临时政府。

赵秉钧是与袁世凯狼狈为奸的政治谋略家、野心家，尤擅洞察上峰的缜密机心：袁世凯为摆脱背上曹操奸雄之恶名，便暗中掌控两种截然相反的政治势力，希冀从南北双方的矛盾摩擦中谋求自己圈子的利益最大化。一开始倒未必想当大总统取而代之，还是以冠冕堂皇的“君主立宪”为佳；但当形势发展不利时，便裸露其奸雄本色，对清廷怀柔兼济恫吓，迫使他们自行退位，亦使革命党人就范，以南北双方水到渠成地了断为自己统一局面正名。这就是赵秉钧所言袁世凯的“雄心”，知袁大总统者赵总理也。

在《登极与退位》这一节中，溥仪还描述了王公贵族们主张与南方革命势力作战的激烈愿望是如何被赵秉钧浇灭的：当隆裕太后希望诸将报国杀敌时，便问询作战事宜，载涛云：“奴才练过兵，没打过仗，不知道。”这时，国务大臣赵秉钧带来了袁世凯早准备好了的话：“这个事儿，叫大伙儿一讨论，有没有优待条件，可就说不准了。”着墨不多，只通过赵氏所言，就把他清王朝之贰臣、袁宫保之死党的嘴脸刻画出来，同时，也反衬出王公贵族们都是一些窝囊废，如此，大清国不亡真是没有道理。

在《我的前半生》第三章《紫禁城内外》第一节《袁世凯时代》又提及赵秉钧，似乎反映出他还有忠君的恻隐之心。隆裕太后寿日那天，“袁世凯派了秘书长梁士诒前来致贺，国书上赫然写着‘大中华民国大总统致书大清隆裕皇太后陛下’。梁士诒走后，国务总理赵秉钧率领了全体国务员，前来行礼”。光绪和隆裕“奉安”（指下葬）时，赵氏率众前来，在致祭前，“赵秉钧先脱下大礼服，换上清朝素袍褂，行了三跪九叩礼”。赵总理代表袁大总统表示出来的意思，虚假乎？真实乎？的确迷惑了不少前清遗老，这些老糊涂思忖：“袁世凯究竟是不是曹操？”

是的，不能说赵秉钧对清朝一点儿感情都没有。他去世前甩下“以葬身陵麓，近先帝为嘱”的话。他的家人把他埋葬在梁格庄兴隆山南麓的光绪陵附近，将兴隆寺搬迁，寺庙外作为他的家祠，现仍有遗址。笔者2018年秋天探视末代皇帝墓地时顺便去过。赵秉钧死后，先与光绪做伴，后又补上宣统为墓友。

《东方历史评论》有庄秋水署名文章《帝制中国的最后时光》，对赵秉钧在辛亥革命时期的表现亦有描述：

> 这天（指1912年2月12日——引者注），大清隆裕太后携六岁皇帝在养心殿举行最后一次朝见仪式，颁发逊位诏书。胡惟德、赵秉钧、梁士诒等一班国务大臣、内阁成员向皇太后和皇上行三鞠躬新礼。隆裕太后将三道退位诏书交给外务大臣胡惟德，颁行天下……这天下午，恽毓鼎前去拜访民政大臣赵秉钧。当赵对他诉说辞位情状，这位忠心耿耿的史官不禁垂泪，在日记中，他沉痛地说："自来亡国，无如是之速者。"朝见仪式充满悲情，赵秉钧告诉恽毓鼎，太后满面戚容，向大臣们倾诉作为失国太后的内心忧愤；三年来她深居宫中，并不曾干预政事，孰料一般亲贵"无一事不卖，无一缺不卖，卖来卖去，以致卖祖宗江山"。说到伤心处，隆裕不禁失声痛哭。

据庄秋水文章记载，早些时候的1912年1月19日的御前会议上，"胡惟德、赵秉钧、梁士诒诸人提出由袁世凯在天津另组临时政府……"面对风雨飘摇的清政权，隆裕胆战心惊，她哭着对赵秉钧等三人说："我母子二人性命，都在你三人手中，你们回去好好对袁世凯说，务要保全我们母子二人性命。"

赵秉钧是少数清皇退位过程的见证人，从这个过程中，亦能领略徘徊于忠贰之间的那种无奈的悲怆气氛，隐约传递出他对清廷的藕断丝连之情，以及心中对袁世凯和溥仪的取舍权衡。

如果把赵秉钧和岑春煊、朱启钤相比较，就会发现，岑既绝情于清廷，又与袁世凯为敌；朱虽绝情于清廷，但感念袁世凯的恩宠；赵则始终不废忠君的意念，但与袁世凯一道步入共和之轨。在大动荡、大变革的中国近代，莫漫言忠贰，跟得上时代潮流者就是好汉，尽管这些人的相当一部分不无甚至存在较重的投机成色。每个人的社会存在不同，社会意识自当有异，相似的社会意识又会派生出不同的政治选择，遑论人的感情并非死水，有旋涡、在波动……

对于赵秉钧的死，后人作传，妄加枝叶，亦有无凭胡猜者，其实他只是死于中风，即今所谓脑出血。人常说，五十五，出山虎。他在这个年龄寿终正寝了。岑春煊活到了“九一八”事变之后，有抗日义举；朱启钤和商衍瀛以及金梁（对其人另有专文叙述）活到了新中国成立之后，参加了新社会的工作；只有赵秉钧死在了袁世凯之前。天若假之以年，他会成为什么样的人物？

历史不能假设。

两位宜并肩论说的人物

——柯劭忞与赵尔巽

柯劭忞是在《我的前半生》第三章《紫禁城内外》第九节《整顿内务府》中出现的。他也是溥仪大婚之后“紫禁城里一共增加了十二三条辫子”之一。即“最忠心的、最有才干的”“股肱大臣”。据《溥仪文存》记载，溥仪曾颁发“柯劭忞、袁励准、朱汝珍均著办理交派事件”的手谕。该书还记载了整理注释者王庆祥的按语：“前清邮传部右侍郎陈毅等，以前典礼院大学士柯劭忞在室季女柯昌漪去冬割股疗母至孝感人等情奏请赐匾。溥仪准赏‘璇闺人瑞’，命朱益藩代写。”柯氏家族的能得“人瑞”美称，是皇上给的极大荣耀。须知，帝师之首陈宝琛八十岁生日时，溥仪也不过亲书“琼林人瑞”匾额赐之，“以示尊宠师儒之意”。

《我的前半生》第三章《紫禁城内外》第十一节《在北府里》叙述溥仪被赶出紫禁城后暂居醇亲王府时，征引《郑孝胥日记》："上云：今日已派柯劭忞、罗振玉商购裱褙胡同盛昱之屋，将为行在……"末代皇帝与其父载沣搞不拢，在四顾茫然尚未有今后打算的窘境中，通过柯劭忞等为他寻觅栖身之所，足见柯氏是能为君分忧的"琼林人瑞"。《我的前半生》第四章《在天津的活动》第一节《罗振玉的努力》叙述罗振玉进宫的情况时顺插一笔，"和他前后不多时间来的当时名学者，有他的姻亲王国维和以修元史闻名的柯劭忞"。话虽不多，却十分温暖，反映出溥仪对学问人和学术成就的景仰。

据搜狗百科云，柯劭忞（1848—1933），生于书香门第，字凤荪、凤笙，号蓼园，山东省胶州市大同村人。清光绪十二年（1886）会试中进士，遂入翰林院为庶吉士，不久任编修，开始从事学术研究和著述，为其岳丈吴汝纶订正了《尚书故》四册。20世纪初他一直担任外埠的各种学官，调回京城后任典礼院学士，赐紫禁城骑马，伴宣统皇帝读书。民国初年，为废帝溥仪侍讲，以前清遗老自居；北洋军阀政府请他主持一些学术机构，他除接受主持纂修《清史稿》的职务外，其他都不肯承担。民国三年（1914）袁世凯开设清史馆，循例组织学者编修前朝历史。赵尔巽为馆长，柯劭忞为总纂。1928年赵尔巽辞世，柯劭忞代理清史馆馆长职务。他参与编修《清史稿》十四年，负责总阅全稿，做了大量工作。

关于柯劭忞是帝师一事，《我的前半生》并未提及，但"以修元史闻名"，确实值得称赞。他利用明清时期有关元史研究的成果，又吸收了西方有关元史的资料和书籍，如法国人多桑著的《蒙古史》等书，对元史进行系统的研究，前后用了三十年时间，于1920年编撰成《新元史》。翌年，北洋军阀政府总统徐世昌命令把《新元史》列入正史，1922年刊行于世。这样，原来中央政府承认的官修史书"二十四史"就成了"二十五史"。《新元史》成书以后，日本东京帝国大学因此书授予柯劭忞名誉文学博士学位。

《我的前半生》第二章《我的童年》第四节《毓庆宫读书》引

用陈宝琛的“闲谈”提及赵尔巽：“每当提到给民国做官的那些旧臣，他总是愤愤然的。像徐世昌、赵尔巽这些人，他认为都应该列入贰臣传里。”第三章《紫禁城内外》第一节《袁世凯时代》则说：“到民国三年，就有人称这年为复辟年了。孤臣孽子感到兴奋的事情越来越多：袁世凯祀孔，采用三卿士大夫的官秩，设立清史馆，擢用前清旧臣。尤其令人眼花缭乱的，是前东三省总督赵尔巽被任为清史馆馆长。陈师傅等人视他为贰臣，他却自己宣称：‘我是清朝官，我编清朝史，我吃清朝饭，我做清朝事。’”最早的《我的前半生（灰皮本）》也有如下表述：

> 赵尔巽在死后（“死后”如何要“谥法”？但原稿就是这样说——引者注），就曾拼命托人请我给予他“谥法”。还有康有为在死后，也曾由于我身旁另一派学究们胡嗣瑗等认为康曾“得罪”过慈禧，死后不应“赐谥”，于是康的弟子徐良等，便声言要和阻挠赐谥的老头子以老拳相见。就连我的启蒙老师陈宝琛和那臭名扬溢的郑孝胥等，我都认为他们确是属于这一类的。

看来，末代皇帝对赵尔巽并不满意，是因为受陈宝琛等老朽的影响。但从引述赵本人对自己十二分满意的话，隐约透露出溥仪晚年撰书时的新认识——主修《清史稿》的赵尔巽对于被改造好了的并不留恋昔日江山的末代皇帝毕竟有反映历史、总结历史的功劳。

赵尔巽（1844—1927），字公镶，号次珊，清末汉军正蓝旗，奉天铁岭人。清代同治年间进士，授翰林院编修。其人官声甚大，历任多省按察使、布政使，还当过巡抚、尚书、盛京将军、南方一些地区的总督等衮职。宣统三年（1911）以东三省总督身份走完清朝宦海的最后一站。他的家族亦十分显赫——祖孙三代进士出身，兄弟四人有三人进士出身，他和兄弟赵尔丰先后出任封疆大吏。被誉为“一门三进士，弟兄两总督”。

1914年，赵尔巽应袁世凯之邀任清史馆馆长，主编《清史稿》。他聘请了柯劭忞、缪荃孙等 80 余名清代翰林院名流，工作人员 200 多人，组成纂修班子。当时正值军阀混战，国力衰微，经费极为紧张，特别是 1917 年后，费用几乎到毫无着落的地步。赵尔巽对亡清心怀眷恋之情，认为事关一代国史，“失今不修，后业益难著手”，再困难也“不敢诿卸”。一方面节约开支，敦促同仁加快进程，多尽义务；一方面以其资望向各军阀募捐，终于 1927 年编竣《清史稿》。赵氏在发刊词中称，“此稿乃大辂椎轮之先导，并非视为成书也。”这部《清史稿》的撰者不忘先朝隆恩，心中总树大清黄龙旗，所用之人除前文所言“人瑞”级人物柯劭忞，溥仪的铁杆心腹袁金铠“总理史稿发刊事宜”，满族股肱大臣金梁担任校对，这样的建馆宗旨和这样的人际关系，已经决定了《清史稿》对清朝歌功颂德的政治目的。

既然赵尔巽和柯劭忞是完成《清史稿》工程的“一把手”和“二把手”，那么，就可以把他们放在一篇文章中论说。

金梁的故事

溥仪在《我的前半生》第三章《紫禁城内外》第九节《整顿内务府》中，说到自己大婚过后，运用当家做主之权，挑选股肱大臣，除了给十几个汉人封了官，还用了两名旗人，其中就包括做过张学良老师的镶红旗蒙古副都统金梁，派为内务府大臣。这个金梁在“宣统十六年正月”给溥仪写了个条陈，说：“臣意今日要事，以密图恢复为第一……当先保护宫廷，已固根本；其次清理财产，以维财政。盖必有以自养，然后有以自保，能自养自保，然后可密图恢复……”金梁的这些图谋复辟的见解得到末代皇帝的赞同。但他上的条陈劝溥仪让醇亲王载沣退休，被老王爷痛骂一顿，碰了一鼻子灰。

该章第十二节《三岔口中的抉择》也涉及金

梁的政治活动。他在《遇变日记》里说："盖自段、张到京后，皆空言示好，实无办法。众为所欺，以为恢复即在目前，于是事实未见，而意见已生。有主张原订条件一字不能动者，有主必还宫复号者，有主改号逊帝者，有主岁费可减，必有外人保证者，有主移住颐和园者，有主在东城购屋者。实则主权在人，无异梦想，皆不知何所见而云然也。"溥仪认为金梁所言为"实情"。因为，段祺瑞是前清旧臣，张作霖什么时候见了末代皇帝都是以臣子的身份叩头的，面子不能不给，但谁也无法改变共和的潮流早已把清廷淹没的铁定事实。金梁还是主张溥仪出洋的一派，其观点为"盖必敝屣今日之假皇帝，始可希望将来之真皇帝"。遂被载沣斥为"疯子"，请他以后不要再登门。其实，金梁并不是坚决的"出洋派"，溥仪在《我的前半生》中说：

> 他的主张曾让我一时摸不着头脑。段祺瑞上台后，还原的呼声甚嚣尘上之际，他托人递折子给我，再不提"敝屣一切"和放弃优待条件、帝号的话，说如果能争回帝号，我亦不可放弃。他同时上书张作霖说："优待条件事关国信，效等约法，非可轻易修改。"他对别人解释说，他原并不是主张放弃帝号的，不过此事不宜由我去争而已。他的解释没有得到我父亲的谅解，也引不起我的兴趣，北府的大门也进不来了。

金梁是一位沽名钓誉的文人。《我的前半生》第三章《紫禁城内外》第十三节《由"使馆区"到"租界"》记载了一段很能表现人的思想性格的趣事：旧历元旦那天……正当第三班臣僚三跪九叩行礼如仪之际，突然在行列里发出一声干号，把人们都吓了一跳，接着，有一个用袖掩面的人推开左右，边号边走，夺门而出。当时我还以为是谁碰瞎了眼睛，众人也愕然不知所措。有人认出这是前内务府大臣金梁，他干号个什么，没有人知道。到第二天，《顺天时报》上刊出了他写的诗来，人们这才恍然大悟，原来昨天这一幕怪剧，是为了写一首诗而做的苦心准备。诗曰：

> 元旦朝故主，不觉哭出声；虑众或骇怪，急归掩面行。闭门恣痛哭，血泪自纵横。自晨至日午，伏地不能兴；家人惊欲死，环泣如送生。忽梦至天上，双忠（文忠、武忠）下相迎；携手且东指，仿佛见蓬瀛；波涛何汹涌，风日倏已平。悠悠如梦觉，夕阳昏复明，余生唯一息，叩枕徒哀鸣。

金梁的诗写得确实不错，但“皇上”都笑话他“碰瞎了眼睛的”装象。其先表演，后落实表演而赋诗，未免荒唐、滑稽。他歌颂的“双忠”，指文忠帝师梁鼎芬，武忠辫帅张勋。“叩枕徒哀鸣”，则表现出一切螳臂当车的复辟派的苦恼之清醒。

《我的前半生》第五章《潜往东北》第二节《日本人意见分歧》、第三节《夜见土肥原》，还记载了金梁参与了伪满洲国的建立，他说：“奉天一切完备，唯候乘舆临幸。”溥仪说：“土肥原走后，我接见了和土肥原一起来的金梁，他带来了以袁金铠为首的东北遗老们的消息，说他们可以号召东北军旧部归服……”足见金梁亦涉足汉奸泥淖了。

据有关史料记载，金梁（1878—1962），姓瓜尔佳氏，汉名关介之，字息侯，绰号“金丝猴”。满族正白旗人，因其祖世代驻防杭州八旗营，故为杭州正白旗籍。金梁少年聪颖，有神童之誉，青年时曾三上万言书，闻名海内。清光绪三十年（1904）进士。历任京师大学堂监督、警察厅左厅知事、民政部参议会议政务处委员等。光绪三十四年（1908）至奉天（沈阳），任奉天旗务总办兼内务府事务。清宣统二年（1910），调任新民府知府。民国初，他间接参与了宗社党的活动，为奉系军阀张作霖佐政，曾任张学良的国文老师。《我的前半生》说他“镶红旗蒙古副都统”的官，不是废清朝廷给的，而是 1923 年 2 月被民国政府任命的。可见“金丝猴”也是一位“身在曹营心在汉”的人物。至于光绪封他为内务府大臣，则是他命运之必然。《我的前半生》作者自注云：“在满清八旗中，镶黄、正黄、正白三个满军旗系皇帝亲自率领的所谓亲军，内务府人均出自这最亲信的三旗，自堂郎中以下所有司员，全不例外，堂郎中以上即内务府大臣，也有的是司员提上来的，也有的是从外调来的。总之，除个别大臣外，全被三旗包下来了。”金梁以正白旗身份，入列末代皇帝嫡系，这在重视祖宗家法的清廷理所当然。

李立夫主编、王文锋执行主编，由天津人民出版社出版的《溥仪研究·下卷》，收录沈广杰署名文章《金梁与溥仪》，以下通过这篇文章的某些表达以及其他一些文献材料了解一下《我的前半生》文本之外的金梁。

金梁与溥仪见面是在1920年的夏天，当时他由奉天到北京。为了拉近与溥仪的关系，他特意到醇亲王府谒见王爷载沣。早年金梁参加殿试时载沣对他就有“知遇之恩”，王爷较为看重金梁的才华，经其引荐才进入紫禁城觐见溥仪。金梁曾回忆说：“余自沈入觐，以王有旧知，历陈亲贵弄权，中外失望，直言而不少讳。王似有悟意，而不敢下断语，余知难矣。”他立即向溥仪上折，建议清理皇室财产，在奏折中说：“前数年，臣曾拟有清理办法，时方有事蒙边，不遑兼顾，嗣闻特旨派员办理，迄未着手；若再迟延，后将无及。此清理财产之大略也。”当时溥仪并不熟悉金梁，他每次入紫禁城必须有人引见。金梁擅作书法，常用草书笔法作大篆，他听说溥仪也喜爱书法，就委托宗社党人恭亲王溥伟代进呈自己的书法作品给溥仪，以邀“宸翰”赏赐。溥仪见金梁的书法草率别致，与众不同，将其称之为“叉把字”，以致有时溥仪不记金梁的姓名，便呼之“那个写叉把字的人”，足见末代皇帝对他的早期印象以及其人的曲逢之技。

上述史实说明，《我的前半生》所云“宣统十六年正月”金梁进折之前几年，他就曾为“清理皇室财产”之事找过溥仪。宠臣的发现，或许需要渐进的过程。此外，据沈广杰文章讲，金梁被封为内务府大臣后（金梁两次担任内务府大臣，第二次是与郑孝胥在一起)，还被赏赐头品顶戴。他值内务府大臣未到两个月，上奏折竟达二十余次，有时一日三上奏折，常将奏折置于衣袖中，以便于向溥仪密奏，并以奏折不被退回为幸事。

《我的前半生》所述金梁沽名钓誉之情状，英敛之《金少保甲子奏疏书后》记有一事可佐证：某日，溥仪作书法“一腔热血”，落款书“赐金少保”，金梁立即承之，感恩流涕，从此他以“少保”衔向社会公开自己的身份。关于金梁自称“少保”事，当时众人都认为实无其事。陈赣一在《睇向斋谈往》中说：“甲子前，废帝溥仪犹居故宫，朝觐往日，梁上封奏言复辟，频出入宫中，自称少保，实无其事，盖知府骤膺少保，清例所不许。”罗继祖《我的祖父罗振玉》亦云：“金梁，满洲瓜尔佳氏，驻防杭州，清末进士，做过新民知府。他是十足的政客，但手腕并不高明。民国后在东北没搞出名堂，便去找溥仪，经郑孝胥一推荐，做了郑的副手，也和郑一同下台。但他对人称溥仪赏他少保衔，人遂称为金少保……他写过一副自寿对联，下联记不得了，上联是‘古今三少保，宋岳明于空洒血’，竟以岳飞、于谦自比，真是大言不惭。”

然或许金梁确有“金少保”的美称。《我的前半生》第三章《紫禁城内外》第四节《不绝的希望》描述末代皇帝在御花园骑自行车玩儿，几乎撞上了一个管电灯的差役。这个“小的”立马下跪，要求万岁爷赏他一个爵位。少年溥仪想起给北京街上蹲桥头的乞丐起的诨名，就说：“行，封你一个‘镇桥侯’吧！哈哈……”金梁，金丝猴之谓也，可类比镇桥侯（猴），溥仪不管什么典章制度，逗他玩儿玩儿便是。在这里不必考订当真，以满足金梁好出风头的虚荣心为准。

1924 年直奉战争后，11 月 5 日溥仪被国民军驱逐出紫禁城。金梁得知立即与一些遗老们共议救助溥仪的策略，他拟草了《满蒙藏人宣言书》和《创办平民工厂学校及文化慈善等事业条例》，主张清室定期约集中外名流讨论创办办法，并赴醇王府向溥仪递承《清室宣言书》，末代皇帝阅后欣然。接下来，金梁赴日本使馆见溥仪，呈《拟请溥仪出洋疏》、《请追留郑孝胥疏》等折，真把废清当回事，效尽鞍前马后之劳。其情事详见金梁所著《遇变日记》。

金梁乃一旗人官僚、晚清遗老耳。从其思想上来看，对皇帝忠心耿耿，他只期求复辟旧制度下的清王朝，故在汉奸泥淖中所陷不深。1932 年年初，金梁闻知溥仪在长春建立伪满洲国后，在天津与末代皇帝暗通消息，让他对日本人有所警惕，总想着主子能回到北京，再登皇位。汉奸王揖唐与金梁同年，曾亲到金家拜访，动员他出山参加伪政权组织，并许以高官厚禄，遭到刻意复辟清室的金梁的拒绝。日本特务机关长土肥原也曾拉拢过他，金梁委婉地与其周旋，并设家宴招待之，但最终使会晤不欢而散。

新中国成立后，金梁得到了人民政府的安置。他积极努力地著述文史书籍，撰有《大北京》、《天坛志略》、《雍和宫志》、《北京宫殿志》等，编写《台湾史料》，整理《清史稿》，重订《清史补》，并将家藏《永乐大典》一册无偿捐献给国家。

1962 年 12 月 27 日，金梁感染“大头风”，经医治不愈，在北京逝世，终年 85 岁。

“唯从初念见其真”的商衍瀛

溥仪在《我的前半生》前几章中，塑造了一些封建遗老的人物形象，上乘者当属陈宝琛、郑孝胥、罗振玉等，商衍瀛则没有给读者留下多深印象。但在书稿杀青前，遵照中宣部、统战部、公安部所提修改意见，增设《新的一章》里，借鉴小说的白描和对话手法，给了商衍瀛重重的一笔：

> 我还会见了许多旧时代的老朋友。商衍瀛在卧榻上和我见了面。他是文史馆的馆员，因为老病，说话已不清楚。他见了我，面容似乎还有点儿拘谨的严肃，挣扎着要起来。我拉着他的手说：“你是老人而且有病，应该躺着休息。

我们是新社会的人，现在的关系才是最正常的关系，等你好了，一块儿为人民服务。”他脸上拘谨的神色消失了，向我点头微笑，说：“我跟着你走。”我说：“我跟着共产党走。”他说：“我也跟着共产党走。”

商衍瀛诗句“唯从初念见其真”是他一生的操守。大约丁巳复辟时商衍瀛就开始跟从溥仪了，为皇上办事是他的职业和乐趣。溥仪跟着共产党走，商衍瀛也就跟着共产党走。《我的前半生》的作者，似乎要通过这些描述，暗示天地之翻覆、时代之变迁。从忠君（包括要复辟）到为人民服务，这是多大的历史跨越！

《我的前半生》第三章《紫禁城内外》第九节《整顿内务府》中第一次出现商衍瀛的名字。他是溥仪大婚后看好的股肱大臣“十二三条辫子”之一。末代皇帝到了天津之后，有了“我欲借日本之力，必先得关东之心”的策略思想。即从奉系里寻找张作霖的旧头目们，为他复辟而用。《我的前半生》第四章《在天津的活动》第二节《我和奉系将领之间》写道：“有个叫商衍瀛的遗老，是广东驻防旗人，从前做过翰林，当时是东北红卍字会的名人，这时出来给我活动奉系的将领。因为张学良已明白表示了要与蒋介石合作，所以商衍瀛进行的活动特别诡秘。简要地说，这个最后的活动并没有结果……”从《我的前半生》的叙述来看，“九一八”事变发生后，由郑孝胥、罗振玉等人与日本人联系，由管家头目佟济熙与东北的遗老们联系，由商衍瀛与奉系将领联系，他们各自遵溥仪之命，办理“及时应为之事”。接下来，在末代皇帝用黄绢亲笔给日本陆相南次郎修书乞求“中日两国提携”的三个多星期后，《郑孝胥日记》记载了令溥仪欣喜的结果：

九月辛酉二十三日（十一月二日），诣行在。召对。上云：“商衍瀛来见，言奉天吉林皆望速幸；吉田来言，土肥原至津，与司令部密商，谓宜速往。”对曰：“土肥原为本庄之参谋，乃关东军之要人，果来迎幸，则不宜迟。”

明日以告领事官，夜召土肥原。

郑的这段日记由《我的前半生》征引，其中提及商衍瀛的功劳。大抵前文所述“活动并没有结果”是张作霖被炸之初的形势，而“九一八”事变发生后，奉系将领逐渐分化，一部分投降派与溥仪同流合污。商衍瀛充当了牵线人。群众出版社 2017 年版王庆祥编著《溥仪年谱》1931 年 11 月 2 日条云：“溥仪接见萧丙炎、郑孝胥、郑垂、夏瑞符、商衍瀛、何海生、吉田通译官、土肥原。溥仪与土肥原密谈，决定出关。同时，拒绝了蒋介石以恢复清室条件为前提的挽留。”（据《我的前半生》说，拒绝蒋介石的挽留是在溥仪“夜见土肥原”之后两三天。蒋介石派曾在清朝做过官的国民党监察院委员高有唐做说客的——引者注）详述溥仪同一天与所有人物的交往，可与《郑孝胥日记》互证。据《我的前半生》第五章《潜往东北》第五节《在封锁中》记载，溥仪在营口的汤岗子温泉疗养区的对翠阁温泉旅馆见到了罗振玉、佟济煦、商衍瀛三人，讲述了《郑孝胥日记》和《溥仪年谱》所言之后续。据《我的前半生》第六章《伪满十四年》第一节《傀儡戏开场》的一个脚注，商衍瀛在伪满洲国建国之初的官职是“执政府”秘书处秘书。

本文通过其他史料对《我的前半生》中的商衍瀛行迹给予补充。

首先，商衍瀛是如何与溥仪认识的，《我的前半生》没有交代清楚。1917 年张勋复辟时，商氏是张勋进宫敦请溥仪复位的随从官员之一，由此成为效忠清室旧臣中的重要成员。丁巳复辟失败后，商衍瀛仍留于清宫任南书房行走。这个清代翰林在内廷做机要工作的入值之所，历来为士子所荣耀。不过，为失去皇权的逊帝御用，他的差事只类似侍从。1918 年擢为奉天清室办事处会办，商氏留驻“陪都”照料清室三陵，代催庄田款项，为清室增加财政收入。1924 年溥仪被冯玉祥赶出紫禁城到天津，商衍瀛依然拥其左右。

其次，“从前做过翰林，当时是东北红卍字会的名人，这时出来给我活动奉系的将领"是怎么回事？商衍瀛是科场高手。光绪十六年（1890），他在广东童子试中以第一名成绩被录取，光绪二十年（1894）顺天乡试中举，光绪二十九年（1903）殿试得二甲第十八名，赐进士出身，朝考一等第七名，钦点翰林院庶吉士，入进士馆习法政，光绪三十二年（1906）进士馆毕业，授翰林院编修加侍讲衔。直皖、直奉大战时，华北兵灾匪患不断，商衍瀛出任天津红卍字会名誉会长，帮助设难民收容所，分批遣散还乡。1919 年陕西旱灾，关中地区颗粒无收者十之八九。为募款，商衍瀛随同国民政府赈灾委员会常委朱庆澜举办大规模募捐放赈运动。次年，商衍瀛又在天津募得房屋一所，售价五万元，会同朱庆澜往陕西办急赈，成为热心社会公益事业的知名人士。他还参加了慈善救济家崔献楼的陕甘义赈，在扶风县设立怀幼村收容灾童。这段赈灾经历并没有剪断商衍瀛与清室的脐带，他出任东北红卍字会负责人时，再次成为溥仪的随侍。至于商氏与奉系将领的关系，因客张勋幕而起，俩人私谊不浅，由于辫帅与张作霖的儿女亲家关系，商衍瀛被介绍到张作霖帐下，一来二去便认识了不少人。

"九一八"事变后，溥仪的机会来了，他在静园与日本特务头子土肥原贤二密谈，并于 1931 年 11 月 10 日晚从静园后门悄悄溜出，秘密离开天津到达东北。在离开静园的时候，留下手谕："兹派随侍吴天培管理楼中事物，并可以节制护军及园内当差人等，不得妄动！一切镇静如常，候旨行止。倘有不遵，可由尔一人告济熙严惩或送交日本警察署看押。其懔遵之！懔遵之！"吴天培从 1931 年至 1936 年间，先后约请十六位辅佐溥仪的遗老为该手谕题跋。其中商衍瀛跋云：

> 右为辛未十月朔日，上离津前派随侍吴天培守护静园，手敕是年秋八月初七日，奉天事变起，九月，天津扰乱，兵及日租界，去静园咫尺。臣衍瀛往来于热河、奉吉、洮辽间四谒行在，闻上温语从容镇定，知圣心自有主宰。嗣津警日亟，十月四日，臣衍瀛恭迎圣驾于营口。十

一日随扈驻旅顺，吴君天培旋由津来在旅宿卫三阅日。见吴遇事小心谨慎，虽处患难，进心不逾法度。壬申之春，上不忍心过拂民众之意，出领满洲政。吴拜奏事官，任护军队长，旧邦新命，日在忧勤惕厉中，其勤劳缜密，逾于在静园时。所望始终匪懈，以无负皇上知人之明也。今吴尊藏论敕装卷征题，臣衍瀛敬读一过，辞旨严毅，各专责成，凛凛如在兵戈离乱间。因记经过所知事实，书数语以归之。癸酉立秋商衍瀛敬书。

商衍瀛跋文用阴历对自己的行迹进行记录，丰富了《我的前半生》的内容。跋中“天津扰乱”等语，其来龙去脉详见《我的前半生》第五章。

在十六位封建遗老的跋文中，除商跋，罗振玉、郑孝胥、胡嗣瑗、陈曾寿等人的跋语，也有与《我的前半生》互补的史料价值。不像有些跋语，纯属敷衍应景文字。如袁金铠题跋：“言忠信，行笃教；外柔顺，内文明。乃处世之所宜，尤事君之要道。”又如冯恕题跋：“康德三年，岁次丙子立春后三日大兴冯恕拜手稽首敬观。”云云。这是因为，面对溥仪出任伪国一事，晚清遗老们固然脉分两支：支持派的代表是郑、罗、商，反对派则有胡、陈等人；但他们都是末代皇帝前往东北的亲身经历者，并不像某些人隔靴搔痒、隔岸观火，只好附庸风雅了。从另一方面讲，在《我的前半生》中，溥仪用颇具感情色彩的语境强烈批判郑孝胥和罗振玉，对商衍瀛则笔下留情，对胡、陈二人的描述也是笔下留情的。大抵在于商衍瀛等人封建遗老的色彩更重，尤其商氏所结交以中国血统的奉系将领为主。而郑、罗二人纯系卖身投靠的日本人的走狗。溥仪恨郑、罗，不恨商衍瀛。

商衍瀛在伪满洲国一直是文职幕僚，出的坏主意和干的坏事都不多。他的特长与末代皇帝的爱好相契合——封建迷信。在《我的前半生》第五章《潜往东北》第六节《所见与所思》中，溥仪对“关东军似乎连新国家的国体问题还没定下来”感到堵心：

> 我已经不像在汤岗子那样容易相信这些人了。但我又找不到任何别人商议事情。这还是我第一次离开我的师傅。在没师傅指点的情形下，我只好采取商衍瀛的办法，找神仙帮忙来解答问题。我拿出从天津带来的一本《未来预知术》，摇起了金钱神课。记得我摇出了一课“乾乾”卦，卦辞还算不坏。于是我就这样的在郑孝胥、罗振玉和诸葛亮的一致劝导下，捺着性子等待下去（《未来预知术》是香港出版的一本迷信书，伪称是诸葛亮的著作，可是其中的卦辞中有汉代以后的诗文典故——引者注）。

新中国成立后，商衍瀛在北京赋闲，初靠北京市民政局发放生活补助费维持生计。1956 年 10 月被聘任为中央文史研究馆馆员。周恩来总理在百忙之中亲自接见过商衍瀛，并派工作人员多次上门慰问。商氏根据太监信修明所述《珍妃之死》一文撰写了《珍妃其人》，后来刊登在全国政协文史资料研究委员会编辑的《文史资料选辑》。商衍瀛 1960 年 11 月 29 日在北京病逝。

笔者认为，溥仪在《新的一章》中提到“会见了许多旧时代的老朋友”时，唯独述说商衍瀛，是综合考虑的结果。譬如，他的弟弟商衍鎏是中央文史研究馆的领导，他的侄子商承祚是著名古文字学家，等等。

军阀编

"北洋之虎"——段祺瑞

段祺瑞在《我的前半生》中出现次数甚多，是一个不可或缺的历史人物，但并无文学形象的意义。作为袁世凯的心腹干将，他与窃国大盗的那些事儿，本文也不探讨。还是从第三章《紫禁城内外》第三节《北洋元老》说起。

> 不久，协约国拉段内阁（袁世凯死后，黎元洪继任总统，段祺瑞出任总理——引者注）参加已打了三年的欧战。徐世昌看出是一步好棋，认为以参战换得协约国的支持，大可巩固北洋系的地位，便怂恿段祺瑞去进行。段一心想武力统一全国，参战即可换得日本贷款，以充其内战经费，于是提交国会讨

论。但国会中多数反对参战，这时想夺取实权的黎元洪总统乃和国会联合起来反对段祺瑞。所谓府院之争逐步发展到白热化，结果，国务总理被免职，跑到天津。段到天津暗地策动北洋系的督军，向黎元洪的中央闹独立，要求解散国会，同时发兵威胁京师。张勋看到这是个好机会，加之在第四次徐州会议上又取得了各省督军和北洋系冯、段代表的一致支持，认为自己确实做了督军们的盟主和复辟的领袖，于是骗得黎元洪把他认做和事佬，请他到北京担任调解。当年的六月下旬，他率领军队北上，在天津先和北洋系的首领们接触后，再迫黎元洪以解散国会为条件，然后进京，七月一日就演出了复辟那一幕。

出任执政的段祺瑞

许多报纸分析张勋的失败，是由于独揽大权，犯了两大错误，造成了自己的孤立。一个错误是只给了徐世昌一个弼德院长的空衔头，这就注定了败局；另一个是他不该忽略了既有野心又拥有“研究系”谋士的段祺瑞。早在徐州开会时，冯、段都有代表附议过复辟计划，张勋后来入京过津见过段，段也没表示过任何不赞成的意思，因此他心里认为北洋系的元老徐、冯、段已无问题，只差一个王士珍态度不明。最后在北京他把王士珍也拉到了手，即认为任何问题都没有了。不料他刚发动了复辟，天津的段祺瑞就在马厂誓师讨逆，各地的督军们也变了卦，由拥护复辟一变而为“保卫共和”。这一场复辟结果成全了段祺瑞和冯国璋，一个重新当上了国务总理，一个当上了总统，而张勋则成了元凶大憝。

关于丁巳复辟时，段祺瑞突然反水，在马厂誓师讨逆一事，当代中国出版社 2018 年版蔡登山主编《北洋军阀（一）雄霸一方》收录李北涛署名文章《段祺瑞及其同时名人》，文章说："先是张勋曾在徐州，邀请各省督军会议。报纸已有登载，但不明其所议何为。张勋乃一旧式武人，因受清朝厚恩，欲尽愚忠，仍留发辫，其部下亦未剪辫，人称为辫子军。袁世凯时代，因其队伍精悍，特予优容。张亦对袁，慑于宫保时代之声威，不敢异动。平时常有拥戴清室主张复辟言论。此时召集督军会议，群已料其商议复辟之事。传闻各省督军，居然有亲到者、有派代表者，又闻徐世昌、冯国璋等，亦有代表在内。对于复辟，竟皆签字赞成。唯闻段祺瑞亦派徐树铮为代表，但徐见是谈复辟，托词未奉命令，暂时不签，张亦不以为意，以为全体已经通过，有此签字文件为凭。故一得黎电召即欣然入京，亦未多带军队，以迅雷不及掩耳手段，进行复辟。后来张勋失败，即以此签字文件为要挟，说如对我真过不去，我即将此宣布。所以张如此叛国大罪，而竟未予深究，终以不了了之。"那么，段祺瑞究竟在主张复辟的文件上签字没有？《我的前半生》谈及丁巳复辟失败后，张勋对翻云覆雨的段祺瑞之流发出警告："你们不要逼人太甚，把一切都推到我一个人身上，必要时我会把有关的信电和会议记录公布出来的。"为此，溥仪在正文下作了一个脚注：

据说张勋原来保存了一整箱子关于这方面的文件，可是后来竟不知被什么人偷去，并且运往法国去了。——作者

对民国初年这段重要史实继续认识的线索，由溥仪提供出来，方显出自传的可信度和亲切感。

综上所述，北洋元老这些人，有共同的因袭，皆为沐浴过皇恩

的前清旧臣；少数人如袁世凯彻底贰，张勋彻底忠，多数人则有一样的情怀——统统徘徊于忠贰之间。只不过徐世昌忠的色调稍浓，段祺瑞贰的成色较重，但他们无一不辜负末代皇帝的厚望，也无一不向故主示好。《我的前半生》写了溥仪被冯玉祥驱逐出紫禁城而龟缩于醇亲王府时，段祺瑞的表现。

> 正在这时候，罗振玉从天津回来了。他是在冯军接管内城守卫的时候乘坐京津国际列车到天津求援去的。他到了天津日本驻屯军司令部，司令部的金子参谋告诉他，鹿钟麟已进了宫，日本司令官叫他去找段祺瑞。这时段祺瑞也接到了北京竹本大佐转来郑孝胥的求援电报。段祺瑞发出了一封反对冯玉祥“逼宫”的通电。罗振玉看了那个电稿，明白了段祺瑞马上就要出山，觉得形势并不那么严重，不过他仍然要求日军司令部出面“保护”……我看到了段祺瑞指摘冯玉祥“逼宫”的通电，又听到了奉军将要和冯军火并的消息，这两件事给我带来了新的希望。与此同时，陈宝琛给我拿来了日本兵营转来的段祺瑞的密电，上面说：“皇室事余全力维持，并保全财产。”……北府里乐观地估计，这个和我过不去的摄政内阁（指黄郛的政府——引者注）的寿命快完了，代替他的自然是东交民巷（至少是日本人）所属意的段祺瑞。果然，第二天的消息证实了罗振玉的情报，冯玉祥不得不同意张作霖的决定，让段祺瑞出山。过了不多天，张、段都到北京来了……段祺瑞向郑孝胥表示了，可以考虑恢复优待条件……

“恢复优待条件”正是徐世昌、段祺瑞他们耿耿于怀的事情。早在丁巳复辟失败后，徐世昌便说：“果使幼君安住宫中，则优待一事，必可继续有效。昌在外已屡设法转商前途，仍当竭力维持，已尽数年来之心志。”并于 1917 年 7 月 17 日到段祺瑞宅中，共同议定优待条件保持不动，藉马厂誓师后大权在握、风头正劲的段祺瑞来实施。七年多过去了，段祺瑞不管这些年来国内废修优待条件的正义呼声此起彼伏，联手至少表面上忠君的张作霖，先给溥仪吃一粒定心丸。

段祺瑞也是心多思虑者。王庆祥编著的《溥仪年谱》1924 年 11 月 5 日条下记录了《我的前半生》所云“陈宝琛给我拿来了日本兵营转来的段祺瑞的密电”的更为详细的情况。

> 溥仪出宫以后当天半夜 11 时，陈宝琛接到段祺瑞自天津发来的电报。当时，段得到奉系军阀张作霖的支持，即将出任中华民国临时执政。他的电报此前也发给了冯玉祥，反对逼宫，认为此举违反清室优待条件，无以“昭大信于天下”。给陈的电报只多出一句话：“声请不可驻使馆。”原来溥仪当时确是国际社会在中国想打的一张牌，都不愿放弃在变幻莫测的时局中或许能由此人带来的利益，这就为溥仪托庇于外国驻华公使馆留下了一条路子。庄士敦主张移居英使馆，然后赴英留学；郑孝胥和罗振玉主张移居日使馆，借以前往日本留学。这正是段给陈的电报上多加一句话的背景。
>
> 当陈宝琛带着段祺瑞的电报来到醇王府时，郑孝胥已领着日本公使馆的人来实行他们的计划了。陈坚决反对，既不同意让外国人领养溥仪，也不愿意让溥仪放弃帝王尊号甘当平民，他打起的是“复号还宫”的旗帜，就是以段的态度和各国驻华公使馆的支持为依托，力争恢复皇帝尊号和原优待条件，返回紫禁城，再徐图复辟大清的“伟业”。他的想法得到载沣等王公大臣的赞同，于是溥仪在醇王府住下了。

尽管陈宝琛的“徐图复辟大清的‘伟业’”，与段祺瑞的“可以考虑恢复优待条件”相差十万八千里，但他们都不愿意末代皇帝仰仗洋人的鼻息生活，甚至在欧美之风和东洋雨的滋润下接受改造。毕竟他们在辛亥革命前都有正宗的顶戴花翎，民国成立后虽然不是一条路上跑的车，但也有两条路并在一起的时候。

段祺瑞（1864—1936），字芝泉，曾用名启端，晚年号“正道老人”，生于安徽合肥，所以又称“段合肥”。中华民国时期著名政治家，号称“北洋之虎”，皖系军阀首领，孙中山“护法运动”的主要讨伐对象。1916 年至 1920 年为北洋政府的实力掌权者；1924 年至 1926 年为中华民国临时执政；1936 年 11 月病故于上海。

《我的前半生》中第一次出现段祺瑞的名字时，为他作了一个脚注。注云，他是“日本帝国主义的忠实走狗”。又云“‘九一八’事变后又企图在日本帝国主义支持下组织华北汉奸政权，旋被抛弃”。但搜狗百科却说他“‘九一八’事变后，拒绝与日本人往来，颇有操守”。历来学人政客们对他褒贬不一。近年来有一种新观点：“五四时期颇似春秋战国时期，段祺瑞没有绝对权威，致力于武力统一。军阀混战，社会动荡，客观上放松了思想钳制，新文化运动得以蓬勃发展，中国马克思主义者也得以生存发展。”此观点是否似是而非？但它说明了重要历史人物活动的客观良性作用亦不能低估。

“逼宫”是鹿钟麟一生的亮点

笔者本想写写冯玉祥，但仔细查检《我的前半生》，尽管溥仪对他着墨甚多，很可惜，俩人从未谋面。只有“并不反对和军人们联络”的陈宝琛，“自己亲自出马慰劳过冯玉祥”。而鹿钟麟是见过溥仪的，且双方有交流。第三章《紫禁城内外》第十节《紫禁城的末日》在描写鹿钟麟按照冯玉祥的指令到紫禁城“逼宫”时说：

> 这时端康太妃刚刚去世不多天，宫里只剩下敬懿和荣惠两个太妃，这两位老太太说什么也不肯走。绍英拿这个作理由，去和鹿钟麟商量，结果允许延到下午三点。过了中午，经过交涉，父亲进了宫，朱、陈两师傅被放了进来，只

有庄士敦被挡在外面。

听说王爷进来了，我马上走出屋子去迎他，看见他走进了宫门口，我立即叫道：

“王爷，这怎么办哪?”

他听见我的叫声，像挨了定身法似的，粘在那里了，既不走近前来，也不回答我的问题，嘴唇哆嗦了好半天，才迸出一句没用的话：

“听，听旨意，听旨意……”

我又急又气，一扭身自己进了屋子。后来据太监告诉我，他听说我在修正条件上签了字，立刻把自己头上的花翎一把揪下来，连帽子一起摔在地上，嘴里嘟囔着说：“完了！完了！这个也甭要了！”

我回到屋里，过了不大工夫，绍英回来了，脸色比刚才更加难看，哆哆嗦嗦地说：“鹿钟麟催啦，说，说再限二十分钟，不然的话，不然的话……景山上就要开炮啦……”

其实鹿钟麟只带了二十名手枪队，可是他这句吓唬人的话非常生效。首先是我岳父荣源吓得跑到御花园，东钻西藏，找了个躲炮弹的地方，再也不肯出来。我看见王公大臣都吓成这副模样，只好赶快答应鹿的要求，决定先到我父亲的家里去。

这时国民军已给我准备好汽车，一共五辆，鹿钟麟坐头辆，我坐了第二辆，婉容和文绣、张壁、绍英等人依次上了后面的车。

车到北府门口，我下车的时候，鹿钟麟走了过来，这时我才和他见了面。鹿和我握了手，问我：

“溥仪先生，你今后是还打算做皇帝，还是要当个平民?”

“我愿意从今天起就当个平民。”

“好!”鹿钟麟笑了，说：“那么我就保护你。”又说：

“现在既是中华民国，同时又有个皇帝称号是不合理的，今后应该以公民的身份好好为国效力。”张壁还说：

“既是个公民，就有了选举权和被选举权，将来也可能被选做大总统呢！”

一听大总统三个字，我心里特别不自在。这时我早已懂得“韬光养晦”的意义了，便说：

“我本来早就想不要那个优待条件，这回把它废止了，正合我的意思，所以我完全赞成你们的话。当皇帝并不自由，现在我可得到自由了。”

这段话说完，周围的国民军士兵都鼓起掌来。

国民军将领鹿钟麟执行任务，入宫与清室谈判（右一右二内务府大臣宝熙和绍英，右三鹿钟麟）

在民国期间，鹿钟麟与溥仪仅有的这次会面，被《我的前半生》把每个人的性格都写得栩栩如生：醇亲王的优柔懦弱和自私，鹿钟麟的爽真坦荡，张璧的世故圆融，末代皇帝随机应变的虚伪……像这样的描写在书稿中俯拾皆是。

“逼宫”这件事情，是从1924年11月5日上午9时开始行动的。那么，它是如何策划出来的呢？吉林大学出版社2017年版王志强主编《末代皇帝溥仪在抚顺》收录张绍祖署名文章《溥仪与鹿钟麟》，非常细致地谈了这件事情的“来龙”，录如下：“1924年冯玉祥在第二次直奉混战中，发动了北京政变，囚禁了曹锟，打败了吴佩孚，由黄郛出组摄政内阁，代行大总统职权。黄接受了冯的建议，这才决定修改清室优待条件，驱逐溥仪出宫。当时冯玉祥一再和鹿说：‘在中华民国的领土里，甚至在首都的所在地，居然还存在着一个废清小朝廷，这不仅是中华民国的耻辱，也是中外政治阴谋家随时企图利用的孽根。现在稍明事理的人，无不以留辫子为可耻，留溥仪在故宫，就等于给中华民国还留着一辫子，这是多么令人羞耻的事啊！’”

文章还说：“随着北京政变，时局发生了变化。各方面根据冯玉祥根除帝制的一贯主张，议论纷纷，同时清室的一些遗老、王公、贵族，等等，更感惶惶不可终日，也断定溥仪在故宫里难再生存。自辛亥革命民国成立以来，故宫及景山附近驻有京师卫戍总部所属部队，约有一千二百余人，政变后，国民军总部为统一军权，曾于11月3日，将这支军队缴械，调驻北苑，听候改编。对此，清室尤感不安。次日午后，鹿接到报告，据说清室已与外界通电话，传说有不利于清室的举动，应早做准备等语。经过分析，认为事不宜迟，鹿立即面报冯玉祥，建议采取断然行动。冯表示同意后，鹿即联系黄郛，请决定紧急措施。黄即时召集了临时国务会议，决定派鹿主持这件事，名义上是派往洽商修改清室优待条件，实际上是驱逐溥仪出宫，同时派当时北京警察总监张璧协助，另聘社会名流李石曾、刘芳参加。当摄政内阁把各项准备工作安排就绪后，黄郛召鹿到国务院，面授机宜。黄满怀希望地对鹿说：‘这出戏全仗着你唱了。’鹿答道：‘我一定要唱好这出戏!’接着鹿又说：‘故宫里积有无数的奇珍异宝和金银，我执行这项任务，难免瓜田李下，招人非议。’虽然鹿自信故宫之宝价值连城，而鹿的人格却是无价之宝。黄笑着说：‘请勿过虑，你的一切我都了解，尽管放手去做，愿早传捷报。’鹿接受任务之后，考虑到这是一件多年想办而从没实现的大事，要唱好这出戏，必须开动脑筋，多研究方式、方法，决不能操切从事。当时北京的东交民巷是民国政府政权所不能达到的特殊地区，假如在宫里发生冲突，招致外交使团借机干涉，就会增加麻烦，故此他对当时客观情况，认真研究，考虑了相应对策。”

文章接着说：“当晚，鹿在警卫司令部，邀来张璧和李石曾商讨任务如何执行。张璧向鹿说：‘这个任务非比一般，需要带多少军警?’鹿朝他伸出两个指头，张问：‘两万吗?’鹿摇摇头，他又问：‘两千？两百?’鹿摇头说：‘用不着那么多的人，有军警各二十人就够了。’张璧说：‘在警察方面，我就这样布置。’鹿又说：‘在警察方面，不仅要安排好这二十人，还要做好应有警戒策应的准备。’张答：‘好！我就这样去办。’李石曾说：‘事体重大，必须以迅雷不及掩耳的手段，立即行动，迟则生变。’鹿说：‘完全正确，不过还要注意到威而不猛。’接着鹿又说：‘此事可分两个步骤，第一步是迫使溥仪接受修正清室优待条件，即刻迁出故宫；第二步是进行清室善后事项。遵照内阁指示，第一步由我负责主持，第二步内定由李石曾先生主持。我建议李先生今夜先组织一批接收人员，准备随时调用，免得临时措手。’李先生说：‘尽一夜时间，做好妥善准备。’最后他们决定：5日上午在警卫司令部集合，9时开始行动，迫使溥仪当日迁出故宫，纵有任何困难，不得丝毫让步。只要溥仪当日出宫，其他次要问题，可斟酌实情予以宽容。另外决定于溥仪迁出之后，接收人员随即进宫，开始工作。李石曾和张璧走后，鹿立刻召韩复榘前来当面商定布置：以警卫部队一部，潜伏神武门附近；另一部增强原驻景山附近的警卫任务，同时命令原在天安门一带及故宫附近的警卫部队，届时加强警戒并准备随时策应。此外，以警卫部队两个连，准备接替守卫故宫。另两个连准备派往守卫溥仪住所。所有上述任务，统限于当夜拂晓前部署完毕，不容稍有延误，并力求迅速和机密。”

在中国近代史上，“逼宫”驱溥事件非常著名。王庆祥在《皇帝的背叛——溥仪与“九一八”》的自序中说：“中国末代皇帝爱新觉罗·溥仪的一生有三大拐点，也可以说是三度转身，这正是他的传奇之处。作为清朝宣统皇帝的登极，是其一生中第一个拐点，第一度转身，由此走上人君的宝座；而‘九一八’事变的发生，则促成溥仪走上叛国之途，这是他一生中的第二个拐点，第二度转身，很沉重，因为它与东北沦陷紧密相连，与伟大的中国人民抗日战争紧密相连；1959 年的特赦，溥仪由战犯变成公民，成功实现了改造，这即是他经历的第三个拐点，第三度转身，铸就了溥仪一生的传奇。”“逼宫”驱溥事件即是末代皇帝第一个拐点的终点，又是他第二个拐点的起点。而冯玉祥、鹿钟麟等人则以反封建、反复辟的高姿态，成就了一生中的亮点。

诚然，对冯、鹿的行为，学术界亦有微词存在。据 2020 年 8 月满族文化网载《北京晨报》专访中国社会科学院近代史研究所研究员刘小萌云：“1924 年冯玉祥驱逐溥仪小朝廷出宫，意味着民国‘优待条例’被彻底撕毁。确如段祺瑞所指，撕毁具有法律效力并为国际社会所承认的优待条件，是失信天下的举动。何况，民国政府当初同意给予逊清皇室一定优待，是以后者同意和平交出最高统治权为交换条件的。对于冯玉祥驱逐行动的正当性与否，言人人殊，姑且勿论。但有一点是可以肯定的，即此举产生的直接后果，除了给逊清小朝廷造成灭顶之灾外，还给日本帝国主义利用中国内政纷扰扩大其侵略计划，提供了可乘之机。”

笔者以为，与《修订清室优待条件》快速出台不同，辛亥后“清室优待条件”的制行相当艰难。1911 年年末至次年 2 月，各省都督、清中央政府、革命党人、袁世凯以及相关部门、势力代表围绕条件的内容、用词等展开了反复磋商。在后来力主废除优待条件的呼声中，大多提及此乃辛亥革命不彻底之结果，视优待条件为祸源。1917年，张勋借府院之争背景入京，将复辟谋划转变为事实，使得废除或修正优待条件的舆论呼声形成高潮，加之溥仪大婚、赐谥封赏、出卖古物等行为产生的不良社会反响，以及一些有前清旧臣资本的民国政要对末代皇帝的过于尊崇甚至佐助，引起的民愤，都导致修订清室优待条件势在必行。这是事物客观发展的一个阶段，不宜用辛亥时清廷"让国"的老眼光来衡量20世纪20年代国情的变化。事实证明，有一个小皇帝在，共和就不安宁。请问，溥仪后来跑到东北当汉奸去了，这与他被驱逐出紫禁城有必然联系吗？只与"有一个小皇帝在"有必然联系。溥仪愈不想承受灭顶之灾，愈说明让他承受灭顶之灾是正确的。至于学术界对冯玉祥、鹿钟麟等人"公私交织"的指责，不在本文的探讨范围。难道这不是一种最具普遍意义的人世情态吗？

鹿钟麟（1884—1966），字瑞伯，河北定州北鹿庄人，中华民国国民革命军高级将领，冯玉祥手下的"五虎将"之一（其他四位是张之江、宋哲元、郑金声、刘郁芬）。在"北京政变"中，鹿钟麟率部先行入城，不费一枪一弹，仅三天就控制了北京全城。北伐后，曾任南京军事委员会委员、军政部次长及代理部长、河北省主席、兵役部部长等要职。1949年在天津迎来了解放，获得了安定的晚年，1955年任国防委员会委员。

新中国成立后，毛泽东主席接见过他。尤为神奇的是，溥仪特赦后与其相聚，俩人还在一起拍了照片。都是新中国的公民，"相逢一笑泯恩仇"。据有关史料记载，这次会面由全国政协文史资料研究委员会副主任委员申伯纯搭桥，时间在1961年10月13日，地点是全国政协礼堂第四会议室，摄影记者还在图片的文字说明中记下了鹿钟麟当时说的一句话："奇遇，奇遇，这真是奇遇！"

叩头将军张作霖

张作霖与溥仪颇有渊源。他是末代皇帝的一根救命稻草。《我的前半生》第三章《紫禁城内外》第二节《丁巳复辟》说："讨逆军逼近北京城，复辟已成绝望挣扎的时候，陈宝琛和王士珍、张勋商议出了一个最后办法，决定拟一道上谕给张作霖，授他为东三省总督，命他火速进京勤王。张作霖当时是奉天督军，对张勋给他一个奉天巡抚是很不满足的。陈师傅对张作霖这时寄托了很大的希望。这个上谕写好了，在用'御宝'时发生了问题，原来印盒的钥匙在我父亲手里。若派人去取就太费时间了，于是，陈师傅当机立断，叫人把印盒上的锁头索性砸开，取出了刻着'法天立道'的'宝'。"

张作霖果真进京勤王了吗？非也！在北京参

加复辟的奉军旅长张海鹏火速出关送信，岂料刚出京就被讨逆军截获，圣旨离张作霖还远着呢。

其实，即使圣旨如期送到，审时度势的张作霖也不会前来救驾的。聪明如他，怎会担着与全国人民为敌的风险为处于劣势的清廷张目？是的，一见风头不对，张作霖马上命令前往天津“观望风色的代表赵锡嘏，晋谒段总理”。段祺瑞听了大喜：“不料张雨亭，他还赞成民国。”就这样，张作霖摇身一变，又成了反对复辟的“进步人士”了。

以上张海鹏送信之事见于《我的前半生》，张、段合作情形则出自“满族文化网”。

溥仪大婚时，张作霖赠送了现款和许多别的礼物。溥仪从紫禁城被轰进北府，闻知段祺瑞、张作霖再次合作的消息，其高兴的心情从《郑孝胥日记》中反映出来。

> 己酉三十日（二十六日）……召见，草赐张作霖诏，罗振玉书之。诏云：“奉军入京，人心大定，威望所及，群邪敛迹。昨闻庄士敦述及厚意，备悉一切。予数年以来，困守宫中，囿于闻见，乘此时会，拟为出洋之行，惟筹备尚须时日，日内欲择暂驻之所，即行移出醇邸。俟料理粗定，先往盛京，恭谒陵寝。事竣之日，再谋游学海外，以补不足，所有详情，已属庄士敦面述。”……

所谓“奉军入京”，据商务印书馆 2012 年版丁中江著《北洋军阀史话》记载，1924 年 11 月 24 日张作霖到了北京，先一天奉系大将李景林率部到北京预为部署，李景林这次战功显赫，他首先进入天津，把降奉的直系大将王承斌号召旧部所成立的二十三师全部缴械，王逃到天津英租界避难，通电辞职。李景林到北京后，气焰甚高，将所部分驻城内外重要据点，接着郭松龄也带了一团精锐部队进驻北京城北的黄寺，控制着北城的两个城门，张学良则带了一个营进驻城内顺德王府，这个王府就是张作霖在北京下榻之所。

溥仪当时的想法，在《我的前半生》中有直接的记录。“我见过了胡适，庄士敦也回到我身边，向我转达了张作霖的关怀。我觉得胡适说得不错，出洋的问题不至于受到当局的阻拦。我和庄士敦计议如何出洋的事，张作霖又做了表示，欢迎我到东北去住。我想先到东北住一下也好，我到了东北，就随时可以出洋了。”

然而，局势的发展并不是溥仪能够左右的，末代皇帝去东北已是“九一八”事变以后，其时张作霖早就被日本人炸死了。他也从来没有什么出洋的机会，而是寓居津门合乎内在逻辑地一步一步走向叛国投敌的深渊。《我的前半生》第四章《在天津的活动》第二节《我和奉系将领之间》用文学笔法描绘了叩头将军经典的一幕。

……我到天津的这年六月，荣源有一天很高兴地向我说，张作霖派了他的亲信阎泽溥，给我送来了十万元，并且说张作霖希望在他的行馆里和我见一见。这件事叫陈宝琛知道了，立刻表示反对，认为皇上到民国将领家去见人，而且去的地方是租界外面，那是万万不可以的。我也觉得不能降这种身份和冒这个险，所以拒绝了。不料第二天的夜里，荣源突然把阎泽溥领了来，说张作霖正在他住的地方等着我，并且说中国地界内决无危险，张作霖自己不便于走进租界，所以还是请我去一趟。经过荣源再三宣传张作霖的忠心，加之我想起了不久前他对我表示过的关怀，我又早在宫里就听说过，除了张勋（二张还是儿女亲家）之外，张作霖是对于清朝最有感情的。因此，我没有再告诉别人，就坐上汽车出发了。

这是初夏的一个夜晚，我第一次出了日本租界，到了张作霖的“行馆”曹家花园。花园门口有个奇怪的仪仗队——穿灰衣的大兵，手持古代的刀枪剑戟和现代的步枪，从大门外一直排列到大门里。汽车经过这个行列，开进了园中。

我下了汽车，被人领着向一个灯火辉煌的大厅走去。

这时，迎面走来了一个身材矮小、便装打扮、留着小八字胡的人，我立刻认出这是张作霖。我迟疑着不知应用什么仪式对待他——这是我第一次外出会见民国的大人物，而荣源却没有事先指点给我。出乎意外的是，他毫不迟疑地走到我面前，趴在砖地上就向我磕了一个头，同时问："皇上好。"

"上将军好。"我就着劲，扶起他，一同走向客厅门。我心里很高兴，而且多少——虽然这已不像一个皇上的心理——有点儿感激他刚才那个举动，这把我从"降贵纡尊"中感到的不自在消除了。当然，我更高兴的是，这个举足轻重的人物看来是并不忘旧的。

客厅里摆的是硬木桌椅、西式沙发、玻璃屏风，非常讲究而又不伦不类。我们在一个圆桌边对面坐下，张作霖一支接一支地抽着纸烟，打开了话匣子。他一张嘴先痛骂冯玉祥"逼宫"，说冯玉祥那是为了拿宫中的宝物，而他是非常注意保护古代文化和财宝的，由于这个缘故，他不但把奉天的宫殿保护得很好，而且这次把北京的一套四库全书也要弄去，一体保护。他带着见怪的口气说，我不该在他带兵到了北京之后，还向日本使馆里跑，而他是有足够力量保护我的。他问我出来之后的生活，问我缺什么东西，尽管告诉他。

我说，张上将军对我的惦念，我完全知道，当时因为冯玉祥军队还在，实是不得已才进了日本使馆的。我又进一步说，奉天的宗庙陵寝和宫殿，我早已知道都保护得很好，张上将军的心意，我是明白的。

"皇上要是乐意，到咱奉天去，住在宫殿里，有我在，怎么都行。"

"张上将军真是太好了……"

但是这位张上将军却没有接着再说这类话，就把话题转到我的生活上去了："以后缺什么，就给我来信。"

我缺的什么？缺的是一个宝座，可是这天晚上我无法把它明说出来，这是显然的事。

《我的前半生》写叩头将军这一幕，把张作霖的粗俗、自负、附庸风雅刻画出来。对话剪裁得当，还有含而不多露的心理流露，历来被论家喜爱而征引，某些局部颇富电影镜头感。

据赵继敏、王文锋主编《末代皇帝溥仪在长春》（吉林大学出版社 2016 年版）收录的赵菊梅署名文章《简论张氏父子与溥仪迥然不同的交往》说，张作霖和溥仪之间直接的往来最初源于经济上的相互利用。清帝退位后，紫禁城的开销全靠国民政府《优待清廷条例》的拨款，但拨款常常不及时到位，加上小朝廷的开销实在太大，溥仪有时也靠偷偷盗卖文物国宝度日。张作霖知道溥仪的小朝廷日子过得紧巴，便帮助他在奉天代售皇产庄园和土地，双方采取五五分成的办法大量收益。《我的前半生》就曾叙述了“紫禁城收到奉天汇来的一笔代售皇产庄园的款子”之事。

正所谓没有不透风的墙，张作霖与溥仪的交往很快为嗅觉灵敏的报纸所知悉。一时间，“张作霖正在策划恢复帝制”的“谣传”弄得满城风雨。而对外界的传闻，敢作敢当的张作霖心里很坦然，“没做亏心事，不怕鬼叫门”，他不仅没有停止与溥仪的交往，反而顶着风潮托人转递向溥仪进献了两棵价值不菲的东北人参。

张作霖向溥仪进贡人参之时，正是直、皖两派矛盾重重、紧张备战之际，没多久，直皖战争爆发了。在此紧张时刻，张作霖竟然不忘派人入宫向溥仪通报军情，一再声明要“巩卫皇室”，给溥仪宽心。直奉打败皖系后，得知张作霖要入紫禁城内给“圣上请安”，整个紫禁城都为之震动，溥仪的近亲重臣们特意召开紧急会议，决定加大对张作霖的赏赐力度。可是末代皇帝愣是没把这位大帅盼来，人家回话：“事务繁忙，下次再见吧！”然而，末代皇帝在 1922 年至 1924 年之间，依然借各种名目不断给张作霖送礼，其礼品之贵重，据说在溥仪的送礼史上非常罕见。于是，终于等来了这次津门的叩头一见。

一转眼到了1926年，北京故宫博物院派人取回藏于景山寿皇殿的数十轴清朝皇帝和皇后画像，溥仪就此事向已是安国军总司令的张作霖状告故宫博物院抢劫大清列祖列宗的“圣容”。张作霖当即“严电”北京卫戍总司令于珍和北京警察总监陈兴亚“拿办”，继而又派兵护送“圣容”安全抵津，令溥仪十分感激。

奉系军阀首领张作霖

据丁中江说，在北洋军阀面临生死存亡关头的1926年11月10日，张作霖由奉入关，抵达天津。“长江以北最完整的北洋力量就是奉系，兵多、械精、饷足，只有奉张堪与革命军一战。”因此当张作霖抵津后顿成各方瞩目的大新闻。叩头将军于12月1日在天津蔡家花园就任安国军总司令。威风八面、日理万机的他，仍然不忘帮末代皇帝一个小忙，足见两人之间是很有感情的。

张作霖（1875—1928），字雨亭，生于奉天（今辽宁）海城小洼村，家境贫寒。移民海城驾掌寺以后，其父张有财因聚赌结仇被害，他则随母住镇安（黑山）县外祖父家就食。十四岁时读过一年私塾就辍学了，从十六岁起出入赌场，当过货郎，学过木匠和兽医，还在大车店做过用人，都不成事。1894年他十九岁时投到清军驻营口毅军宋庆标下当兵，因“精于骑射”，在马玉昆部赵得胜营中一度被提拔为哨长。不久该部移防关内，他则脱离清军与赵姓地主的女儿完婚。1896年因赌博欠债离家，在北镇加入董大虎“胡子”帮。他的六年绿林生涯，实际是给当地绅商当保镖。其间联络了张景惠、张作相和汤玉麟等匪股，成为二百多人的大帮头目，渐成军阀首领。

中国古代有多少多少路“烟尘”的说法，土匪出身、没有文化的张作霖就是在乱世中崛起的一路“烟尘”。溥仪与他的交往是经济利益和政治利益的互相借重，恐怕末代皇帝从来也不敢想张作霖会真心帮助他复辟，而张作霖“票”一把叩头的臣子瘾，实际是在抖威风，追求心理满足。叩头将军和封建遗老们完全不是一路人。

劝溥仪脱袍子的真朋友

——少帅张学良

溥仪是认识张学良的。不妨把《我的前半生》和《溥仪年谱》做一比照。第四章《在天津的活动》第二节《我和奉系将领之间》中，末代皇帝从自己仅存的一页日记谈起，说："从一九二六年到一九二八年，毕庶澄、张宗昌等人是张园的经常客人。除他们之外，我还接见过张学良、褚玉璞、徐源泉、李景林等奉系将领。"检王庆祥编著《溥仪年谱》1926年4月1日条："溥仪召见金子参谋和渡濑二郎。同日，接见张学良。"

末代皇帝对张学良是非常尊重的。仅举一个著例：《我的前半生》多处语涉爱新觉罗家庭成员的生活状貌，溥仪在给稿本阶段的《我的前半生》的清样上批校云：

> 这一段似乎改一改好吧？因为我想溥杰决不会因他的妻子和张学良亲近而赌气，并且用下面例子更可说明他不会赌气。如果他赌气，他怎么又听张学良的话把自己妻子送到张学良的姨太太公馆里去呢？所以我的意思可以把溥杰受刺激和赌气改正过来。还有说被称为“四大公子的两个花花公子”几个字删去（这一段希望改一改）。溥杰结婚后夫妇感情没有不好，尽管怡莹和别人亲近，甚至强劫我父亲的东西，溥杰是始终对她留恋不已，直到吉冈强迫他们离婚。

李文达执笔的《我的前半生》彻底采纳了溥仪的意见，在《东陵事件》这一节中，只保留了“张学良在张作霖死后，临回奉天之前对溥杰说：‘你要当军官，我送你进讲武堂（奉军的军官学校）。’于是他便和张学良的家眷乘船离了天津。”而这些话之前的“花腔”叙写皆被剔除干净。

在第五章《潜往东北》第一节《不静的“静园”》里，溥仪通过日本侵略者的嘴，再次提到张学良。

> “九一八”事变前的两个月，在日本东京“学习院”读书的溥杰正待回国度假，忽然接到鹿儿岛来的一封信。鹿儿岛驻军某联队的吉冈安直大队长，曾经是天津日军司令部的参谋，常到张园来讲说时局，与溥杰也认识，这时他向溥杰发出邀请，请溥杰到鹿儿岛做几天客，然后再回国。溥杰应邀到了鹿儿岛，受到了吉冈少佐夫妇的殷勤招待。到了告别的时候，吉冈单独对溥杰神秘而郑重地说：“你到了天津，可以告诉令兄：现在张学良闹得很不像话，满洲在最近也许就要发生点儿什么事情……请宣统皇帝多多保重，他不是没有希望的！”七月十日溥杰到了天津，把这个消息告诉了我。七月二十九日，日本华族水野胜邦

> 子爵前来访问，在郑孝胥和溥杰的陪侍下，我接见了他。在这次平常的礼貌的会见中，客人送了我一件不平常的礼物：一把日本扇子，上面题着一联诗句："天莫空勾践，时非无范蠡"。
>
> 原来溥杰回国之前，水野子爵亲自找过他，接洽送扇子的事，因此，溥杰明白了这两句诗的来历，并且立即写信报告了我。这是发生在日本南北朝内乱中的故事。受控制于镰仓幕府的后醍醐天皇，发动倒幕失败，被幕府捕获，流放隐岐。流放中，有个武士把这两句诗刻在樱树干上，暗示给他。后来，这位日本"勾践"果然在一群"范蠡"的辅佐下，推翻了幕府，回到了京都。以后即开始了"建武中兴"。水野说的故事到此为止，至于后醍醐天皇回京都不过三年，又被新的武士首领足利尊氏赶了出来，他就没再说。当然，那时我也不会有心思研究日本历史。重要的是，这是来自日本人的暗示。那时正当"山雨欲来风满楼"之际，东北局势日益紧张，我的"重登大宝"的美梦已连做了几天晚上。这时来了这样的暗示——无论它是出于单纯的私人关怀，还是出于某方的授意，对我说来，事实上都是起着行动信号的作用。

水野扇面上的这首诗，阴气沉郁——意在颠覆张学良在东北的地方政权。日本侵略者的嘴是经常唐突张学良及其军政大权的。《夜见土肥原》这一节写了土肥原"向我问候了健康，就转入正题，先解释日军行动，说是只对付张学良一个人，说什么张学良'把满洲闹得民不聊生，日本人的权益和生命财产得不到任何保证，这样日本才不得已而出兵'"。等等。是的，张学良在《我的前半生》中的出现，最终意味着他与溥仪的分道扬镳。前者永垂不朽，后者千秋殷鉴。

近年来，关于溥仪与张学良的交往，每每见于其他史料。两人的交往细节无从考察，但关系是较近的。因为张学良在晚年接受日本 NHK 电视台采访时说过："我跟他很熟。"还说：

> 我在天津的一个饭馆吃早饭，溥仪突然进来看见我。我劝他把袍子脱掉，把身边那些老臣辞掉，我说你这些老臣围着你就是在揩你的油，你能天天出来走走，我倒很佩服你。我劝他，你肯不肯到南开大学去读书，好好读书，你做一个平民，把你过去的东西都丢掉，你真正做个平民。如果南开你不愿意去，我劝你到外国去读书。你原来有皇帝的身份，虽然是平民，你比平民还是高，你要是真正好好做一个平民，将来选中国大总统有你的份。你如果今天还是皇帝老爷这一套，将来有一天会把你脑瓜子耍掉。

可惜逆耳忠言溥仪没有听。

"皇姑屯事件"后，张学良为张作霖发丧。溥仪闻讯命师傅陈宝琛和朱益藩给张学良写了一封慰问信，并送去"御笔"挽幛，以尽悼念之意。张学良收到后，于 1928 年 8 月 24 日以东三省保安总司令的身份复了一封亲笔签名信，以表致谢。信中充满客气之意："弢老、艾老先生阁下：接诵大函，辱承唁慰并赐挽幛，拜领隆施，不胜感激……"从这封信我们可以看出，即使张学良对溥仪的种种做法看不惯，但还是很尊重他的，因此对他的近臣也是尊重有加的。

《夜见土肥原》这一节还讲了一件事："刚才有个陌生人送来一份礼品，附着一张原东北保安司令部顾问赵欣伯的名片。来人放下了礼品，扬长而去。祁继忠按例检视了礼品，竟在水果筐子里发现了两颗炸弹。"书稿中没说是谁放的炸弹，但日本人向溥仪报告，炸弹是张学良的兵工厂制造的。赵继敏、王文锋主编《末代皇帝溥仪在长春》（吉林大学出版社 2016 年版）收录赵菊梅署名文章《简论张氏父子与溥仪迥然不同的交往》一文，文中说："张学良也派人于 11 月 6 日晚 6 时许往溥仪所居的张园（静园之误笔。

1929 年 7 月，溥仪便从日租界宫岛街的张园，迁到协昌里的“静园”，《我的前半生》有明确记载，而放炸弹之事发生在 1931 年晚秋——引者注）送了一筐水果，其中潜藏了两枚炸弹。张学良此举本来是想给溥仪以警示，让他清醒，不要中了日本人的诡计。但事与愿违，这一举动让溥仪顿失安全感，反而加速了他出关投敌的步伐。”

1932 年 7 月，张学良利用溥杰从日本回国度假的机会，再次向溥仪伸出援手。他给溥杰写了一封信，告诉溥杰：日本人歹毒异常、残暴无比，我们父子同他们打交道的时间长，领教够了。他们对中国人视同奴仆，随意宰割。你要警惕他们，并要劝诫你哥哥，让他同日本人脱掉干系，悬崖勒马……

可惜苦口良药溥仪没有吃。

抗日依然照汗青的马占山

《我的前半生》通过一个外号“小诸葛”的人物引出了马占山。这个“小诸葛”被邪门人物誉为“现代的诸葛亮，得此一人，胜于卧龙凤雏，复辟大业，已有九成把握”。其人吹牛爱财，巧鼓舌簧后便狮子大开口，跟溥仪要东西。书中说：“为了拉拢奉系的荣臻、马占山、张作相，他指明要各送十颗朝珠。”

马占山在第五章《潜往东北》第二节《日本人意见分歧》第二次出现。

> 我给了罗振玉和上角利一“暂不出行”的答复之后，度日如年地等着消息。在等待中，我连续发出“谕旨”，让两个刚从日本士官学校毕业的侄子宪

原、宪基到东北宣抚某些蒙古王公，赏赐首先投靠日本占领军的张海鹏、贵福等人以美玉。我根据日本武官森纠的请求，写信给正和张海鹏对抗的马占山和具有民族气节的另一些蒙古王公，劝他们投降。我封张海鹏为满蒙独立军司令官，马占山为北路总司令，贵福为西路总司令，赐宪原、宪基等以大佐军衔。我预备了大批写着各种官衔的空白封官“谕旨”，以备随时填上姓名……

溥仪为了早一点儿坐上“皇帝”宝座，当然要四处招兵买马，搜罗干将，其中自然包括尚未投降的奉系将领马占山。也许“小诸葛”的“十颗朝珠”早已送到，利益先行，官衔后来。何谓“暂不出行”？该节云“二次去东北的刘骧业来了信，说是探得了关东军司令官本庄的真正意思：现在东北三省尚未全部控制，俟‘三省团结稳固，当由内田（东北的日本‘满铁’总裁内田康哉——引者注）请上临幸沈阳’。既然决定命运的最高权威有了这样的表示，我只好遵命静候”。至于“劝他们投降”的信，大约写于1931年11月4日江桥抗战正式打响之后，11月10日之前——这一天末代皇帝在白河偷渡，秘密离津。当然，马占山是1931年10月20日在齐齐哈尔正式接管省军政大权的，溥仪当时的眼线多，消息灵通，可能在江桥抗战打响之前就知道了马占山不驯服了。

在该章第三节《夜见土肥原》里，溥仪介绍土肥原的简历时，捎了一笔马占山，“土肥原走到哪里，灾难就降临哪里。大约他的失败只有过一次，即在他拉拢之下叛国的马占山，后来反正抗日”。这一笔非常重要，是对马占山盖棺论定的政治鉴定。然这位奉系难能可贵的抗日将军是否先叛国后反正？近年来学术界占上风的意见是其人“诈降”，可以视为缓兵之计的谋略。因与本文主题偏离，不赘。

该章第六节《所见与所思》再一次写到马占山。

有一天，上角来问我，是不是认识马占山。我说在天津时，他到张园来过，算是认识吧。上角说，板垣希望我

> 能写一封信给马，劝他归顺。我说，我在天津已写过一封，如果需要，还可以再写。这第二封劝降书并没有用上，马占山就投降了。虽然我的信未发生作用，可是关东军请我写信这件事给了我一种安慰，我心里这样解释：这显然是日本人承认我的威信，承认这块江山必须由我统治才行。我是谁呢，不就是大清的皇帝吗？这样一想，我比较安心了些。

马占山“到张园来过”，检王庆祥编著《溥仪年谱》未见著录。但1926年5月27日条：“……刘凤池致函溥仪，言勾连胡玉珅、马占山和邹作华。”1926年9月12日条：“……刘凤池致信溥仪，告已收到溥仪赠款二千五百元，将往榆关联络马占山和梁忠甲。”刘凤池即“小诸葛”的本名。这些记载与《我的前半生》所语“送十颗朝珠”之类的事情相通。另据张恺新署名文章《抗日名将马占山与溥仪》（收录于赵继敏、王文锋主编：《末代皇帝溥仪在长春》，吉林大学出版社2016年版）转引马志伟著《马占山将军传》（中国文史出版社2005年版）：

> 马占山江桥抗战时期的参谋长谢珂回忆，马占山于1931年底去哈尔滨会见当时尚未投敌的张景惠，回到海伦后对谢珂说：“当年自己曾怀着好奇心，于直奉战争时随别人到天津张园拜见过溥仪。”谢珂这样回忆马占山讲述的首次晋见溥仪的情景：“当时给他溥仪叩了个头，彼此谈了些话，溥仪送给他一幅古画，一个古瓶，并记住了马占山。”

奉系将领从张作霖开始，见了末代皇帝都要叩头的，新派的张学良除外。言归正传，张园会面是第一次，以后呢？据上引张恺新文章说，溥仪是1932年3月6日上午与近臣郑孝胥、罗振玉等人在上角利一、工藤铁三郎、甘粕正彦等人的陪同下，从旅顺到大连沙河口车站乘坐火车离开大连，踏上日本方面设计好的去往长春之路。此前，在2月5日哈尔滨保卫战失败后，马占山于2月6日与已经投降的张景惠举行会谈，决定接受张景惠的劝说，响应“联省自治”号召。2月16日，马占山飞抵沈阳，当日晚于张景惠私邸召开所谓“联省自治”会议。2月17日，马占山由臧式毅、张景惠陪同赴关东军司令部会见本庄繁（笔者按，第六节《所见与所思》记载了2月19日，刚刚复会的“东北行政委员会”通过了一项决议，要在满洲建立一个“共和国”。所谓东北行政委员会是2月18日复会的，这个委员会的头目是张景惠、臧式毅、马占山、熙洽四人。他们发表了“独立宣言”，公开分裂中华民族。这就是上述“联省自治”会议的“成果”，它经过了关东军的批准）。2月24日，马占山正式在齐齐哈尔就任伪黑龙江省省长。3月7日，土肥原贤二邀马占山去长春迎接溥仪。3月8日下午3时，溥仪一行到达长春火车站，“在车内接受蒙古王公齐默特色木丕勒、凌升、马占山、金璧东伺候”。马占山此次在列车上见溥仪属礼节性迎接，别无交谈。紧接着，3月9日下午3时，马占山到前吉长道尹公署衙门参加了伪满洲国成立典礼，得以第三次见到溥仪。在当时报纸的报道中，马占山在“新国家执政就职典礼”的“列席人员”中名列张景惠、齐默特色木丕勒、凌升、熙洽之后，排在张海鹏、臧式毅之前（笔者按，《我的前半生》记录上述“列席人员”独独没有写马占山的名字，大抵因为撰写该书时，溥仪有了世界观上的变化，他认为不宜把抗日名将与那些汉奸牛鬼蛇神放在一起）。

两天之后，马占山又与溥仪有一次实质性的会面。

1938年8月，马占山邀好友尹秀峰到哈拉寨的东北挺进军总司令部工作，其间，尹秀峰请马占山及追随马占山参加东北抗战的东北挺进军部分军官进行回忆，并多方搜集各种文件、档案和报刊资料，编成《马占山将军抗战史料》一书（油印本），全书15万字，在其中的《四省四十日简述》中，记录了一段马占山和溥仪的对话，系马占山亲口回忆并由尹秀峰记录。

11日往见溥仪，见身旁未有日人，谈论如下：

将军：日人把你骗来做“满洲国”执政，简直是亡国的高力士。照昨天今天开会的情形，“满洲国”成立后，一切由日本人操纵，而成为关东军的“满洲国”，已将我们老家断送完了，先生对此做何感想？

溥仪：我赤手空拳，有什么办法。

将军：（略）

溥仪：（上略）。听郑孝胥说你要回去，你不要太急，我们老乡只有你一个人有血性，真爱国，我要有力，必帮助你完成你的人格。我很爱你，我今天见你如此英雄，我极欢喜（下略）。

将军12日回省。

与溥仪有君臣关系，担任过伪满洲国间岛省省长等要职的蔡运升曾说：“马占山将军生前与我详述了当年与溥仪密谈的情景。马占山在日本侵占东北初期，曾有与日军假妥协四十天的一段，彼时力战经年，弹尽粮绝，日军认为马是一位民族英雄，欲加笼络，许黑龙江自治，马将军将计就计，同意自治办法，暂作缓兵之计，并去长春一行，打算将溥仪劝出，免为敌人利用。当他向溥仪辞行时，溥仪一见，即知马借词脱险，决不能再回。马将军也向溥仪谈了自己的看法，溥仪听后说：‘我被他们绑票了，走不出去，老家生有你这个英雄，你去放手干吧，将来起兵时，他们如要我下任何命令破坏你，我宁碰死，绝不签字！’马将军说：‘溥仪先生到那时，必不自由，你想碰死也不可能。’说到此，溥仪双目流泪，两人忍痛告别，马将军回到黑龙江省，立刻通电全国兴兵起义，以后亦果无溥仪如何命令。”据史料记载，蔡运升在伪满洲国解散后赴北平投奔马占山，1949年接受中国共产党的委托，参与游说傅作义起义，新中国成立后担任中央文史馆馆员。他的说法又一次印证了末代皇帝思想复杂的一面；行为并非线性化，并非除了逆历史潮流而动就什么都不想。他跟普通人格一样，脑子里也是光怪陆离的万花筒。

1932 年 4 月 2 日，马占山离开齐齐哈尔到达拜泉，4 月 7 日到达黑河着手组织黑龙江省政府和抗日军队，主持成立了黑龙江省抗日救国军总司令部并亲任总司令。马占山反正举义在黑河期间，发表了多封通电向国内外表明自己的抗日决心，陈述自己不得已诈降的经过，同时积极向国联调查团揭露日本侵华的行径。1932 年 4 月 26 日，马占山发表了《马占山责溥仪电》，电文在 4 月 28 日天津《大公报》上全文发表。据《溥仪年谱》记载，1932 年 4 月 29 日，溥仪则致电祝贺日本天皇裕仁的诞生日天长节。马占山和溥仪各自按照自己的逻辑行事。前者如同本文标题“抗日依然照汗青”。后者在伪满十四年的表现，可用笔者“咏溥绝句二十首”《新京》一首来反映：

风云小丑沐猴冠，
五色旗飘日寇颁。
肚里明知心是苦，
也装老妓作强颜。

“最富刺激性的”孙殿英

《我的前半生》第四章《在天津的活动》有一个文字不多的小节《东陵事件》。尽管写的是事件，但肇事者叫孙殿英。溥仪与他并不认识，却因为他复辟、复仇的思想达到了一个新的顶峰。

> 东陵在河北省遵化县的马兰峪，是乾隆和西太后的陵寝。孙殿英是一个赌棍和贩毒犯出身的流氓军人，在张宗昌部当过师长、军长。一九二七年孙受蒋介石的改编，任四十一军军长。一九二八年，孙率部到蓟县、马兰峪一带，进行了有计划的盗墓。他预先贴出布告，说是要举行军事演习，封锁了附近的交

通，然后由他的工兵营营长颛孙子瑜带兵挖掘，用三个夜晚的时间，把乾隆和慈禧的殡葬财富，搜罗一空……

我听到东陵守护大臣报告了孙殿英盗掘东陵的消息，当时所受到的刺激，比我自己被驱逐出宫时还要严重。宗室和遗老们全激动起来了。陈宝琛、朱益藩、郑孝胥、罗振玉、胡嗣瑗、万绳栻、景文昶、袁励准、杨钟羲、铁良、袁大化、升允……不论是哪一派的，不论是已经消沉的和没有消沉的，纷纷赶到我这里，表示了对蒋介石军队的愤慨。各地遗老也纷纷寄来重修祖陵的费用。在这些人的建议和安排下，张园里摆上了乾隆、慈禧的灵位和香案祭席，就像办丧事一样，每天举行三次祭奠，遗老遗少们络绎不绝地来行礼叩拜，痛哭流涕。清室和遗老们分别向蒋介石和平津卫戍司令阎锡山以及各报馆发出通电，要求惩办孙殿英，要求当局赔修陵墓。张园的灵堂决定要摆到陵墓修复为止。

起初，蒋介石政府的反应还好，下令给阎锡山查办此事。孙殿英派到北平来的一个师长被阎锡山扣下了。随后不久，消息传来，说被扣的师长被释放，蒋介石决定不追究了。又传说孙殿英给蒋介石新婚的夫人送去了一批赃品，慈禧凤冠上的珠子成了宋美龄鞋子上的饰物。

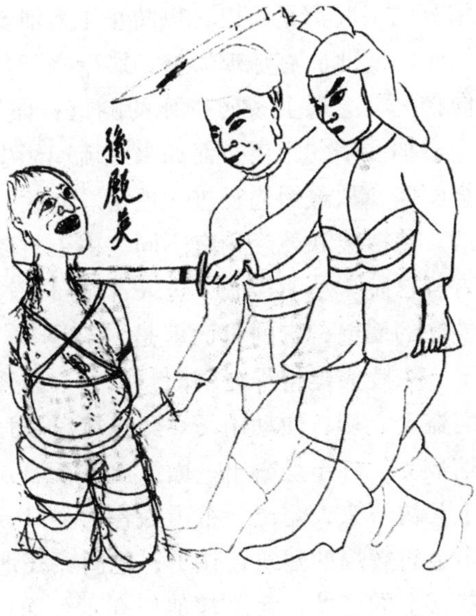

溥仪画的杀孙图

我心里燃起了无比的仇恨怒火，走到阴森森的灵堂前，当着满脸鼻涕眼泪的宗室人等，向着空中发了誓言：

“不报此仇，便不是爱新觉罗的子孙！”

我此时想起溥伟到天津和我第一次见面时说的：“有溥伟在，大清就一定不会亡！”我也发誓说：

“有我在，大清就不会亡！”

关于孙殿英东陵盗宝的具体情况，有关史料是这样叙述的：

1928年夏天，孙殿英在盗墓之前，先致函遵化县知事，以体谅地方疾苦、不忍就地筹粮为由，要求遵化县代雇骡马车三十多辆，以便从其他地方装运军粮。就这样，孙殿英便为转运盗墓财宝铺好了道路。

起初，孙殿英的部下并不知道地宫入口，而是遍地开挖，宝顶上、配殿外、明楼里都留下他们挖掘的痕迹。后来，盗墓队终于找到了地宫入口。原来，在高大的明楼后面，有一个“哑巴院”，传说招募的工匠都是哑巴，以防止工人泄露工程的机密。

哑巴院北面有琉璃影壁，影壁之下就是地道入口。如果从正面横向挖掘，会遇上条砖砌死的隧道；如果从宝顶上垂直往下开掘，则会增加多倍的距离；而如果从琉璃影壁下直接坠入，便能就近打通金刚墙，从最短途径进入地宫。能找到这个捷径的人，恐怕熟知内情。慈禧陵和乾隆稍有不同，由于封建等级制度的限制，慈禧陵没有哑巴院。从明楼底下进入古洞门，过道尽头则是一道内部浇铸了铁筋的墙壁，它的里面就是“金刚墙”。地宫的入口就在这金刚墙下。东陵修建得十分坚固，要完全刨开地砖不是件容易的事，匪兵们盗宝心切，便动用了炸药。在硝烟弥漫的残砖断石中，再向下深挖数丈，终于呈露出一面汉白玉石墙，它就是金刚墙。从墙中间拆下几块石头，露出一个黑森森的洞口。一进宫门，匪兵们便被地宫中金碧辉煌的建筑迷住了，他们疯狂地抢掠着，从脚下的金砖到天花板上的金龙，无不被他们夺走。而谭温江（孙殿英属下师长）此行的最大目标是要找到慈禧的地宫。入地宫的路径非常隐秘，匪兵们一时无法找到。一位曾在这里建陵的老人，说出了地宫的门路。地宫的入口找到了，但十分坚固，普通器械根本无法打开，最后，他们搬来炸药，这才打开入口。

孙殿英炸开慈禧太后的陵墓，得其尸，历经二十年而不腐。孙部从金椁内棺盗窃了大量稀世珍宝。但他仍不满足，再掘乾隆皇帝弘历的裕陵，他亲自进墓点视宝物，得珍珠、翡翠、玉石、象牙、雕刻、字画、书签、宝剑等无数。装了四五十箱，加封盖章后拉回军营。后来他回忆说：“乾隆的墓堂皇极了，棺材内乾隆的尸体已化，只留下头发辫子。陪葬宝物不少，其中最宝贵的是颈上的一串朝珠，一百零八颗中最大的两颗是朱红色，和一柄九龙宝剑，剑鞘面上嵌了九条龙，剑柄上嵌满了宝珠……”

对《我的前半生》中所说“慈禧凤冠上的珠子成了宋美龄鞋子上的饰物”，张治中在政审书稿时质疑“是不是确实可靠呢？虽是小事，也要严格鉴别为好”。经溥仪、李文达研究后，在《我的前半生》定本中未删削这些内容，而是把行贿和受贿定论改为“又传说孙殿英”如何如何。这些年的一些史料则说宋美龄所得为慈禧嘴里含的一颗夜明珠。还说受贿者有蒋介石、何应钦、戴笠、宋子文、孔祥熙、宋霭龄、阎锡山等人。

孙殿英的结局如何？群众出版社 2020 年版拙著《皇城根下的记忆》有拙文《关于殉葬和盗墓》，其云：

> 中国现代史上最出名的盗墓案件，是孙殿英的东陵盗宝。慈禧太后生前卖了地上的中国，死后遭到报应；而孙殿英旨在卖地下的中国，于是乎也臭名昭著。据说后来他被解放军俘虏，断了大烟抽，不知怎么就难受死了。

是这样的。

溥仪鄙视张景惠

溥仪瞧不起张景惠，从他对《我的前半生》的前身一稿本清样的批校中便可看出。一稿本清样说张景惠是卖布的出身（该表述出自李文达），溥仪在这张清样的行间把“布贩子”改为“卖过豆腐”。后来，在《我的前半生》杀青前的清样中，溥仪做过一个注释：“张景惠一直没有参加学习，而且装傻装聋，所以当时我没有想过他很‘抢先’。因此不必写他的名字。”这样溥仪就把张景惠抢先办什么事，改为“别人”抢先办什么事了。

张景惠的名字在《我的前半生》中频繁出现近三十次。第一次出现在第三章《紫禁城内外》第四节《不绝的希望》。溥仪刚刚产生成年人的意识：“直接决定小朝廷的安危和前途祸福的，还是那些拿枪杆子的军人。”他说：

> 起初，紫禁城收到了奉天汇来的一笔代售皇产庄园的款子，是由我父亲收转的。我父亲去函致谢，随后内务府选出两件古物，一件是《御制题咏董邦达淡月寒林图》画轴，另一件是一对乾隆款的瓷瓶，用我父亲的名义赠馈张作霖，并由一位三品专差唐铭盛直接送到奉天。张作霖派了他的把兄弟，当时奉军的副总司令，也就是后来当了伪满国务总理的张景惠，随唐铭盛一起回到北京，答谢了我的父亲。从此，醇王府代表小朝廷和奉军方面有了深一层的往来。在张勋复辟时，曾有三个奉军的将领（张海鹏、冯德麟、汤玉麟）亲身在北京参加了复辟，现在又有了张景惠、张宗昌被赐紫禁城骑马……

张景惠

张景惠是作为奉军领袖张作霖的代表结识溥仪的。张作霖对废清小朝廷的态度历来恭谨崇仰，这也就为张景惠后来附逆伪满埋下了伏笔。《我的前半生》第五章《潜往东北》第五节《在封锁中》，提到板垣征四郎不准备让溥仪重登皇位，只给他“满蒙共和国大总统”当，郑孝胥随机应变，表示只要封自己一个内阁首揆，他就有办法请末代皇帝接受元首的称号时，说：“这时抢这个首揆椅子的，却大有人在。不但有罗振玉，还有张景惠、臧式毅、熙洽等人。”并在该章第六节《所见与所思》中说：“……一九三二年二月十九日，忽然来了一个消息，刚刚复会的‘东北行政委员会’通过了一项决议，要在满洲建立一个‘共和国’。所谓东北行政委员会是二月十八日复会的，这个委员会由投降的原哈尔滨特区长官张景惠、辽宁（这时被改称奉天）省主席臧式毅、黑龙江省代理主席马占山和被这委员会追认的吉林省主席熙洽组成，张景惠为委员长。二月十九日，这个委员会在板垣导演下通过了那项决议，接着又发表了一个‘独立宣言’。这些消息传来之后，除了郑氏父子以外，我身边所有的人，包括罗振玉在内无不大起恐慌，人人愤慨。”伪满洲国的国体如何来定以及今后的发展，全由日本军国主义者说了算，末代皇帝当时“愤慨”，纯属年轻而不明就里。但这段记载却说明了张景惠想抢首揆位子的野心正在一步一步地逐渐实现。

《我的前半生》第六章《伪满十四年》第五节《第三次做“皇帝”》叙述溥仪第一次访日归来，因裕仁天皇对他的盛情款待而头脑发热，以为“天皇与我平等”时，遭到关东军打来的闷头一棍：

> 我回到长春不到一个月，关东军司令官南次郎在一次例行会见中，告诉我“郑孝胥总理倦勤思退”，需要让他养老，换一位总理大臣。关于日本不满意郑孝胥的事，我已略有所闻，正想找机会赶走他，现在南次郎提出这事，我立时不假思索地说，让郑退休，我完全同意，总理之职可由臧式毅继任。我以为听了我两次“日满亲善论”的南次郎一定会遵命的。谁知竟碰了钉子，他向我摇头说：“不，关东军已考虑妥了合适的人选，皇帝陛下不必操心，就让张景惠当总理大臣好了。”

这位张作霖的把兄弟，在日本人的扶植下终于成为伪满名义上的“二把手”了。那么他是怎样工作的呢？溥仪在该章第六节

《幻想的破灭》中说：

日本人喜欢什么？我自然地联想到一个与凌升命运完全不同的人，这就是张景惠。这实在是日本人有意给我们这伙人看的两个“榜样”。一福一祸，对比鲜明。张景惠之所以能得日本人的欢心，代替了郑孝胥，是有他一套功夫的。这位“胡子”出身的“总理大臣”的为人，和他得到日本人的赏识，可以从日本人传诵他的“警句”上知道。有一次总务厅长官在国务会议上讲“日满一心一德”的鬼道理，作为日本掠夺工矿原料行为的“道义”根据，临末了，请“总理大臣”说几句。张景惠说：“咱是不识字的大老粗，就说句粗话吧：日满两国是两只蚂螂（蜻蜓）拴在一根绳上。”这“两只蚂螂一根绳”便被日本人传诵一时，成为教训“满”籍官员的“警句”。日本在东北实行“拓殖移民”政策的时候，在“国务会议”上要通过法案，规定按地价四分之一或五分之一的代价强购东北农田，有些“大臣”如韩云阶等一则害怕造成“民变”，另则自己拥有大量土地，不愿吃亏，因此表示了反对。这时张景惠却出来说话了：“满洲国土地多得不得了，满洲人是老粗，没知识，让日本人来开荒教给新技术，两头都便宜。”提案就此通过了。“两头便宜”这句话于是又被日本人经常引用着。后来，“粮谷出荷”加紧推行，东北农民每季粮食被征购殆尽，有些“大臣”们因为征购价过低，直接损害到他们的利益，在“国务会议”上借口农民闹饥荒，吵着要求提高收购价格。日本人自然又是不干，张景惠于是对大家说：“日本皇军卖命，我们满洲出粮，不算什么。闹饥荒的勒一下裤腰带，就过去了。”“勒腰带”又成了日本人最爱说的一句话，当然，不是对他们自己说的。关东军司令官不断地对我称赞张景惠为“好宰相”，是“日满亲善身体力行者”。我当时很少想到这对我有什么意义，现在有了凌升的榜样，在两者对比之下，我便懂得了。

溥仪通过对张景惠三个“警句”的举例以及周边语境的铺叙，简洁、传神地把张景惠的巧谄，日本人的狡黠与作为主子的得意心态表现出来。这种著盐水中的平淡妙笔，其实隐含着对这位“总理大臣”的鄙夷。可以同对陈宝琛、郑孝胥、罗振玉等人的精彩、热闹的描绘比肩。还有些细部描写，譬如，溥仪在书中说，自己推掉了到日本慰问败象纷呈的皇军的任务，因为害怕遇到美国人的炸弹。当关东军找到伪总理大臣代表溥仪做慰问特使，他庆幸地说：“张景惠又轮上这个差使，去了日本一趟，他此去死活我自然就不管了。”便是明确表示了伪满皇帝对内阁首揆的嘲讽、憎恶态度。

张景惠是在怎样的政治背景下当上了内阁首揆的呢？车霁红撰文《伪满政权建立初期日满官吏之间的政治博弈》（收录于《第八届溥仪及其时代国际学术研讨会论文集（二）》）说：“伪满初期，伪政权的高官中大都是社会名流、前清遗老、原奉系军阀实力派人物，由于这些人的社会历史背景复杂，对伪满政权抱有不同的政治目的，在理解日本殖民统治东北的方策上也有不同认识，因此在日本赤裸裸插手伪满政府各项事务方面与关东军产生过冲突和矛盾。鉴于日本殖民统治刚刚建立，关东军急需满清遗老和地方实力派的协助，认为建国初期还有‘使用价值’。因此伪满初期关东军暂时容忍了他们的做法。然而，伪满政权拼凑起来并经过一段时间后，关东军认为有些人不可靠，不能对日本人百依百顺。于是，1935 年 5 月 21 日，日本借伪满实施帝制，对伪中央机构进行了一次较大的人事调整，这是伪满建国后日系与满系官吏之间的第一次较大的权力博弈。通过调整，那些死心塌地、唯命是从的汉奸受到重用和升迁……”

张景惠按照日本方面的意图扮演了一个极力配合的角色，这从担任过伪满国务总理首席秘书官的松本益雄的《回忆张景惠》中也可看出："张于1935年5月就任总理，一直到1945年8月满洲国垮台为止，共在任十余载。此间，无论是对政府或者关东军，都是抱着无抵抗的态度。每天10点上班下午4点下班，抓紧时间珍惜寸阴专念于打坐、写经。"正是因为他这种放弃原有的政治权势，极力配合日本人的态度，才使得其人能够区别于熙洽、臧式毅、张海鹏等伪满政治权贵，稳坐钓鱼台，占据着国务总理大臣这块实际上没有味道的肥肉。

张景惠是伪满覆灭的见证人。《我的前半生》第六章《伪满十四年》第十节《大崩溃》中写道："张景惠、武部六藏和那一群'大臣'、'参议'找我来了。原来还有一场戏要演，他们拿了那位汉学家的新手笔——我的'退位诏书'。我站在犹如一群丧家犬的大臣、参议面前，照着念了一遍。"在溥仪笔下，张景惠在伪满覆灭后的表演也是极具喜剧意味的，按照鲁迅先生的话："把人生无价值的东西撕毁给人看。"

> 我假如知道，我这时的身份早已降在张景惠那一批人之下，心情一定更糟。日本人在决定我去东京的同时，布置了张景惠和武部六藏回到长春，安排后事。他们到了长春，由张景惠出面，通过广播电台和重庆的蒋介石取得了联系，同时宣布成立"治安维持会"，准备迎接蒋介石的军队接收。他们打算在苏军到达之前，尽快变成"中华民国"的代表。但没有料到苏军来得如此神速，而共产党领导的抗联军队也排除了日军的抵抗，逼近了城市。苏军到了长春，苏联指挥官对他们说了一句："等候吩咐吧。"张景惠他们以为维持会被承认了，不禁对苏联又生了幻想，张景惠回家对他老婆说："行啦，这又捞着啦！"第二天，伪大臣们应邀到达了苏军司令部，等着苏军司令的委派，不料苏联军官宣布道："都到齐了，好，用飞机送你们到苏联去！"

关于张景惠这个话题，笔者补充两条《我的前半生》没有多说或没有说的。

第一，张景惠简要的身世。

张景惠，字叙五，1871年生于辽宁省台安县八角台一个农民家庭。其青年时代随父卖豆腐为生。中日甲午战争后，张景惠在八角台镇成立自卫团并自任团长，结识张作霖，二人一见如故，从此张景惠对张作霖言听计从。由此发迹，成为东北军元老。1928年年底，张学良任命他为哈尔滨特别区行政长官。伪满时期，在担任“总理大臣”之前，曾任伪满军政部大臣。他和溥仪一块儿从苏联被押解回国，在抚顺战犯管理所接受改造。1959年病故。

第二，“顶着”说。

“九一八”事变后，张景惠附逆。伪满政权初期，还担任过伪参议府议长。他一面“接受”蒋介石、张学良辗转传来让他“顶着”（伺机里应外合驱日反满）的“秘示”，一面又率领十万伪军，帮助日军打击原东北军和人民抗日武装，完成所谓“武力统一”东北四省的叛国之举。“顶着”了吗？他是奉系军阀堕落成为汉奸的罪魁祸首。

没当上“总理”的臧式毅

臧式毅也是东北汉奸“四巨头”之一。溥仪与他是蛤蟆看绿豆——对上眼了。不知这位老臧何德何能，《我的前半生》中几处说他想当伪满洲国“国务总理”，末代皇帝还真动了让他当“总理”的念头。第六章《伪满十四年》第三节《订立密约以后》说：

> 过了两天，胡嗣瑗兴致勃勃地告诉我，东京来了好消息。据林、蔡二人的来信说，东京元老派和军部中某些人都同情于我，不满意本庄对我的态度；表示愿意支持我的各项要求。胡嗣瑗说，由此看来，继任的司令官到任后，情形会有变化，我将按规定行使自己的职

权，治理自己的国家。但要治理好，非有个听话的总理不能办事。我听他说得有理，便决定把郑孝胥换掉。我和他研究了一下，觉得臧式毅比较合适，如果任命他为总理，他必定会感恩报德，听我指挥的。商量已定，便命胡嗣瑗与许宝蘅去找臧式毅谈话。

这次老臧没当成。因为郑孝胥恋阙，又会拍日本人马屁。该章第五节《第三次做“皇帝”》说：

我回到长春不到一个月，关东军司令官南次郎在一次例行会见中，告诉我“郑孝胥总理倦勤思退”，需要让他养老，换一位总理大臣。关于日本不满意郑孝胥的事，我已略有所闻，正想找机会赶走他，现在南次郎提出这事，我立时不假思索地说，让郑退休，我完全同意，总理之职可以由臧式毅继任。我以为听了我两次“日满亲善论”的南次郎一定会遵命的，谁知竟碰了钉子，他向我摇头说：“不，关东军已考虑妥了合适的人选，皇帝陛下不必操心，就让张景惠当总理大臣好了。”

这次老臧又没当成。因为张景惠在日本人面前更会来事儿。

《我的前半生（全本）》第六章《伪满十四年》第一节《同时上演的另一台戏——摘录一个参与者的记述》被《我的前半生》整体删削。在这一节中，有一些对臧式毅的描述，现摘录如下：

辽宁省政府主席臧式毅因为拒绝与日军合作，于九月二十二日被监禁后，虽然物质生活供应不缺，鸦片也得以大吸特吸，而身体不自由，精神太苦恼，感觉生命根本没有保障，因而决定叛国投敌，服从日寇的驱使。一九三二年一月中旬，本庄繁命令金田大尉把他接到沈阳旅馆内。

本庄对他说：“委屈你了，对不起。因为阁下在中国的地位很高，影响也很大。听说阁下谅解日本的立场，愿意与我们合作，太好了。”臧说：“过去我想到自己身负政府的委托，个人出处如不审慎考虑，恐难见谅与国人。多日以来，熟思的结果，感到中国中央政府和张学良副司令既都没有抗日的心理，区区如我，更不应有违背中日提携的精神。愿尽绵薄，讲求两国亲善之道，以便对中日合作事业有所贡献，也无损于互爱自己国家的精神。”本庄说：“对了，那好极了。阁下疲乏了，请回去休息休息，我们再谈吧。”

据《我的前半生（全本）》说，臧式毅经常在工作时涕泪交流，并非义愤或感冒，而是鸦片瘾发作起来。

《我的前半生（全本）》的记载，说明臧式毅最初还是有些气节的。但他是个“再作冯妇”式的人物，即因为环境的改变轻易放弃自己的追求与原则。1931 年 12 月 16 日，臧式毅发表通电，就任伪奉天省省长，声称不承认张学良在锦州设立的辽宁省政府，且命令撤退至锦州一带原张学良的部队要服从他的指挥。沦为汉奸的臧式毅积极参与策划成立伪满洲国的事项。1931 年年底，日本陆相南次郎到沈阳与臧式毅商谈筹建伪政权之事，提出两个方案，让其选择。一是利用张作相在东北建立特殊的政权；二是脱离南京政府，迎接溥仪来东北，建立满蒙独立国。臧式毅表示，他坚决听从吉林选择，采取和吉林一致的行动。当时吉林军政事宜由爱新觉罗后裔熙洽负责，他选择了第二种。臧式毅没有提出任何反对意见，甘心充当汉奸。在所谓“四巨头会议”上，他对关东军拟定的伪满建国计划，伪满的政体、国体表示赞同，并积极配合日本抓紧拼凑伪政权的活动。因此，得到关东军的赞赏，称他是“谱写满洲国史第一页的栋梁之材”、“杰出的政治家”。1932 年 4 月 21 日，李顿调查团来到沈阳，向臧式毅调查伪满洲国有关事宜。他称伪满洲国是所谓的“王道乐土的独立国家”。1934 年 12 月 22 日，臧式毅到日本拜见了日本裕仁天皇，并在日本各地发表演讲，毫无羞耻之心和民族尊严地讲“十分感谢贵国帮助建立满洲国，请求进一步援助，愿为日满亲善共同努力”。1935 年 5 月 21 日，想当“总理”未果的臧式毅被其日本主子“补偿”为伪满洲国官吏名义上的最高职位伪参议府议长（工资都高于其他各部大臣）。1941 年 10 月 28 日，臧式毅作为伪满全权代表飞往南京。他在南京同汪精卫、日本驻南京伪国民政府大使阿部信行正式签订了《日满华三国共同宣言》。这个宣言加强了日本统治下的傀儡政权的勾结，助长了日本侵略者分割中国的野心。

上述内容见于吉林大学出版社 2017 年版王志强主编《末代皇帝溥仪在抚顺》收录张贤达署名文章《伪满大臣们的断简残篇》。关于所述臧式毅附丽熙洽之事，说明臧式毅极明汉奸事理：日本人虚言张作相乃探口风，张作相当时根本不在吉林，吉林已是熙洽的天下；而熙洽与溥仪有血统关系，这种血统关系正是日本人属意的。当汉奸就要跟溥仪，这是日本政府和军部不能更易的战略决策！

臧士毅

军事科学院金一南教授有一个认识，放在臧式毅身上十分合适：“抗日期间中国出汉奸很多，为什么？一是弥漫于统治阶层的失败主义；二是弥漫于社会中的妄自菲薄，精神上跪倒在别人面前；三是自由主义思想侵蚀，只知个人，不知民族。”

臧式毅（1885—1956），奉天人。作为奉系将领，受到张学良的重用。曾任东三省保安总司令部中将参谋长。“九一八”事变后，他不遵母命，投降日寇，其母投缳自尽，以身殉国。臧式毅担任过伪满民政部部长兼奉天省省长、伪参议府议长等职，1945 年被苏联红军俘虏，押解至远东监狱，后被引渡回国，在抚顺战犯管理所接受改造，病死于此。

据搜狗百科说，在公开的函电中，最早出现“不抵抗主义”一词的就是辽宁省主席臧式毅和东北边防军司令长官公署参谋长荣臻的电报。他们于 9 月 19 日上午 8 时左右致电张学良，报告说：“日兵至昨晚十时，开始向我北大营驻军施行攻击，我军抱不抵抗主义，毫无反响。”又称：“职等现均主张坚持不与抵抗，以免地方糜烂。”

谢介石及其卖国外交

据吉林人民出版社2011年版沈燕著《伪满官吏》说，谢介石（1878—1954），字又安、一字幼安，台湾新竹人。“九一八”事变后，他与日本侵略者相勾结，于1931年9月28日当上了吉林省交涉署署长。伪满洲国成立后，于1932年3月9日，正式充任伪满“外交部”总长，他是台湾人在伪满洲国获得最高官衔者。

《我的前半生》说，谢介石是蒙古王公升允引荐给溥仪的，其人与罗振玉混过，在奉系将领手下当过秘书官，丁巳复辟时做过十二天不大的外务部官员。他不是王公贵族、北洋军阀、封建遗老，只是与日本人有一些交往，是否因为台湾曾是日本的殖民地而形成的地缘人脉（从《我的前半生》的描述来看，谢介石的日本语极其好）？

俟考。但末代皇帝喜欢他，仅举一例：1932年2月中旬，日本关东军为筹建伪满洲国，在奉天连续召开四次“建国会议”，2月28日，参加会议的一小撮汉奸们一致同意溥仪为“元首”，但在讨论伪国家元首和国体问题上却产生了重大分歧，作为清室后裔的熙洽让他的代表张燕卿、谢介石坚决主张实行君主帝制，清朝遗老罗振玉、郑孝胥也同意恢复帝制。而奉天军阀臧式毅、张景惠等则主张实行总统共和制。双方互不相让，争论激烈。请注意，上述举例并非溥仪亲身经历，故未出现于《我的前半生》，但“坚决主张”和“也同意”的政治立场是有区别的，溥仪事后知道，不可能没有感想。

《我的前半生》涉及谢介石的笔墨不多，如说他曾为军阀张宗昌捎过信，张要表示矢忠清室之志同时要钱，谢则带来了有关张的各种消息。有些信件还留了下来，溥仪在书中征引：“朕自闻滦河熠师，苦不得卿消息，昕夕忧悬。昨据朕派遣在大连之前外务部右丞谢介石专人奏陈”云云。《我的前半生》第四章《在天津的活动》第五节《领事馆、司令部、黑龙会》说：

> 这是我的英文翻译告诉我的。他和荣源是连襟，由于这种关系，也由于他和日军司令部翻译有事务上的交往，探听到一点儿内幕情况，后来透露了给我。原来，日军司令部专门设了一个特务机关，长期做张园的工作，和这个机关有关系的，至少有罗振玉、谢介石、荣源这几个人。我的英文翻译曾由这三个人带到这个特务机关的一处秘密地方，这地方对外的名称，叫作“三野公馆”。
>
> 他是在那天我接见了加藤之后被他们带去的。他的翻译工作做完之后，被罗、谢、荣三人截住，打听会谈情况。罗振玉等人听说加藤对我出行毫不热心，立刻鼓噪起来。从他们的议论中，英文翻译听出了司令部方面有人对罗振玉他们表示的态度完全不同，是说好了要把我送到旅顺去住的。为了向司令部方面的人汇报加藤的谈话，罗振

> 玉等三人把英文翻译带到“三野公馆”去找那人，结果没找见，而英文翻译却发现了这个秘密地方。以后他从荣源和别的方面探听出，这是个有鸦片烟、女人、金钱的地方。荣源是这里的常客，有一次他甚至侮辱过一个被叫作大熊的日本人的妻子，大熊把他告到司令部，也没有能动他。至于荣源等人和三野公馆有些什么具体活动，荣源却不肯透露。

上引溥仪所述，内容有点儿云雾缭绕。笔者稍加解释。第一，“英文翻译”何许人也，其人是溥仪的五姨丈察存耆。《我的前半生（灰皮本）》曾点了他的名。察存耆与书稿执笔人李文达是忘年交。他在李文达撰写《我的前半生》的过程中，“参加供应资料”很是投入。他撰有《回忆琐谈》，内容包括清末、民初、张园各个时期的掌故以及宫廷规矩习惯，与溥仪有关人物的故事，等等。他提供的资料可补溥仪经历、记忆之不足。因为察存耆在书稿中既不是批判对象，也不是评论对象，故末代皇帝保护他，有意不让他的姓名上前六章人物索引。第二，“三野公馆”是日军司令部在天津设的一个从事特务活动的窝点。对这个公馆的主人三野友吉，溥仪在书稿的另一处说：“正是这个人，通过他的‘公馆’，与张园的某些人建立了极亲密的来往，把张园里的情况摸得透熟，把张园里的荣源之流哄得非常听话，以致后来能通过他们，把谣言送到我耳朵里，弄得我几次想往旅顺跑。”第三，加藤是日本驻天津总领事，他对溥仪“出行毫不热心”，反映出日本政府和军方的矛盾：都要利用溥仪，但政府保守，军方激进。第四，谢介石并非一般人物，他与日本政府和军方都有牵线，怪不得后来当上了伪满“外交部”总长。

赵继敏、王文锋主编《末代皇帝溥仪在长春》（吉林大学出版社 2016 年版）收录石宪署名文章《一份特殊的〈答谢词〉——见证伪满洲国傀儡外交》，该文叙述了《我的前半生》未提及谢介石的外交活动。

“九一八”事变后，日本帝国主义为了给赤裸裸的侵略披上合法的外衣，急于谋求国际联盟和世界各国的认可，指使以溥仪为首的伪满官吏们积极“运筹帷幄”，出演了一幕幕外交丑剧，其中身为伪满洲国“外交总长”的谢介石可以说“功不可没”。

谢介石上任三天后，便向日、英、美、法、德、意、苏等17个国家的外交部长、外务大臣、国务卿和外交委员们发表了《对外独立声明》（从略）。这个冠冕堂皇的《对外独立声明》，把在日寇铁蹄下生灵涂炭的伪满洲国，描绘成了自由、幸福、和平的“独立国家”。

自从日本侵略者占领了东北，南京国民政府即诉诸国际联盟、控告日本的侵略行径，要求国际联盟根据《国联盟约》主持公理正义。1932年1月14日，国际联盟决定由英、美、法、德、意五国各派一名代表，组成了国联调查团，团长为英国人李顿。5月2日，以李顿为首的国联调查团，由奉天抵达伪满洲国的首都“新京”。调查团除会见“执政”溥仪、伪满“国务总理”郑孝胥等人外，谢介石作为“外交部长”，也接受了国联调查团的访问。当调查团成员问道：“满洲国是怎么样建立起来的?”谢介石同溥仪一样，均按照日本关东军事先定好的调子回答：“满洲国是自主的国家。”虽然，谢介石积极帮助日本掩盖其侵略罪行，希望通过调查团向国际联盟给出有利于日本的报告，但还是得到国联一个“在不损害中国主权与行政完整下，东北在国际共管下高度自治”的决议，伪满洲国仍然没有得到国际联盟的承认。

伪满洲国在得到日本主子承认后，作为日本仗义援助的答礼，溥仪派遣谢介石于1932年10月12日率特使团东渡日本。1935年4月，谢介石又随从末代皇帝再次东渡日本，向日本天皇裕仁答礼。并在早些时候，以“外交部大臣”的名义向全世界71个国家发表了实施帝制的通告，积极谋求与各国建立“外交”关系。

伪满洲国自1932年成立到1937年，世界上绝大多数国家对它不予承认。仅有日本和萨尔瓦多两国承认，最为奇葩的就是后者。据中国文史出版社2005年版文斐编《我所知道的伪政权》记载，曾经担任伪满洲国驻绥芬河和山海关的"外交办事处"处长宋其涵回忆说："1934 年萨尔瓦多承认'满洲国'，它的主要目的是出卖咖啡。"

1937 年，日、德、意三个法西斯国家签订了《防共协定》，成立了轴心国联盟，为了把伪满洲国牢牢地绑在法西斯战车上，意大利与德国相继承认了伪满洲国。1941 年开始，泰国等国开始与之建交。同年 4 月 13 日，苏联与日本签署《日苏互不侵犯协定》，对伪满洲国予以承认。无论当时苏联的动机如何，这项损害中国主权和领土完整的决议，成为了中苏关系史上永远抹不掉的污点。

根据 1943 年由伪满洲国政府出版的《满洲建国十年史》显示，当时世界上约有 80 个独立国家或政权，承认伪满洲国并与之建立"外交"关系的有 23 个国家。这些国家，除苏联外，共同演出了一幕相互勾结、相互承认的闹剧。

话题回到谢介石。石宪文章讲，吉林收藏家目贯于 2009 年在日本京都的拍卖会上征集来一件谢介石在 1932 年 10 月 25 日所撰《答谢词》。该词当为谢介石第一次代表伪满东渡日本时的产物。全文如下：

> 鄙人此次奉敝国执政之命，任答礼专使，前来贵国答谢。首先承认之厚惠，使命重大、惶惧万分。临行之时，敝国执政谆谆训谕，警谨将事，觐谒贵国天皇陛下，申谢援助建国慷慨承认之厚意，并传达于贵国朝野人士，奉命之下，惴惴焉，惟恐识陋、才庸、不克胜任，有负敝国执政付托之重兹者。
>
> 仰赖贵国天皇陛下恩威及敝国执政福佑，幸得完成使命，差堪自慰，惟对于贵国朝野人士，尚虞未能普致谢忱，深觉歉然而尤悚愧难安者。鄙人奉使前来，乃为答礼，而自入贵国国境以来，各地官民热烈欢迎。既抵东京，天皇陛下复以宾礼相待，优渥逾常，使身受者惶恐，感激无地自容，诚非言语所可名状。连日与贵国朝野人士

晋接晤谈，觉恳挚之情溢于言表，聆之感动。具见贵国对敝国期望之殷，援助之切。归国之后，仍当本诸来时传达使命之精神，将此邻邦兄弟国家，厚爱之诚意，回报敝国执政，并传达于敝国国民，务尽上辅下导之责。努力于吾人共同期望之民族协和王道政治，实现真正之共存共荣，确立世界永久和平之基础，庶几可以无愧此次之使命焉。今当临别，略陈数言，敬表感悃，尚希惠临诸君子鉴察，幸甚！幸甚！

满洲国特派答礼专使

外交总长　谢介石

大同元年十月二十五日

谢介石的《答谢词》作为尘封已久的罪证文物，几经辗转又从日本回到了中国，揭示了八十多年前中国东北那段不堪回首、创痛巨深的历史。

1935 年 6 月 19 日，伪满将“满洲帝国驻日公使馆”改称“驻日大使馆”，谢介石以伪满驻日特命全权“大使”的身份，携家眷赴日履新。但弱国无外交，更何况是在日寇统治之下的殖民地。谢介石的官衔只是个牌位，他身边的随员都是日本人，其一切活动，均奉命于日本人。任职期间，他除了一些礼貌性的拜会和应酬外，并无“正式”的“外交”要事可办。

热闹乎？凄凉乎？谢介石心知肚明。

张海鹏其人

姓名张海鹏者华夏甚夥，但如若不是近年来电视剧《江桥抗战》热播，恐怕很少有人能够记住这位张海鹏。且看搜狗百科对他的介绍：

> 张海鹏（1867—1951），字仙涛，奉天盖平人，中华民国时期军人，后转投为日本汉奸。原是奉系军阀张作霖的结拜兄弟，为奉系元老之一。
>
> 张作霖死后在张学良麾下任洮辽镇守使，驻守洮南，因向张学良谋求黑龙江省省长未成，而投靠日本并宣布就任伪边境保安司令。1931 年“九一八”事变爆发后，张海鹏在日军的唆使下，派兵向黑龙江省齐齐哈尔开进。10 月

16日，张海鹏被马占山手下徐宝珍部阻击，张海鹏部溃退。后来张海鹏拥护溥仪出山，溥仪在日军的支持下成立了伪满洲国。

1933年2月，日军进攻热河，发动热河战役。伪满洲国政府也发表《讨热声明》，任命张海鹏为前敌总司令，张海鹏和于芷山的伪军，由通辽攻开鲁。1936年张海鹏从伪满获得将军军衔，历任侍从武官长等职。1949年新中国成立后，张海鹏被捕，1951年以汉奸罪被处决。

这个生平简介没有提张海鹏在担任热河省省长期间曾令该省大量种植鸦片的坏事。而《我的前半生》中则几次表示了传主对日本人所推行的鸦片政策的深恶痛绝，可是并未涉及张海鹏，大抵是因为他任职时间较短。

《我的前半生》第三章《紫禁城内外》第二节《丁巳复辟》叙述讨逆军逼近北京城时，张勋煽动的复辟已成泡影，末代皇帝临时抱佛脚，通过陈宝琛等人起草皇上手谕，令盘踞在东北的张作霖火速来京勤王。携带"谕旨"向张作霖报信的人就是张海鹏，但他一出城就被讨逆军截住了，未完成溥仪交办的任务。这是张海鹏第一次在书中出现，溥仪在《我的前半生》中回忆说："在张勋复辟时，曾有三个奉军的将领（张海鹏、冯德麟、汤玉麟）亲身在北京参加了复辟……"可见，年轻的小皇帝对张海鹏等人印象深刻，是由淡淡的感恩情绪支配的，在天津静园的时候，溥仪按捺不住对"九一八"事变的狂喜，"连续发出'谕旨'，让两个刚从日本士官学校毕业的侄子宪原、宪基到东北宣抚某些蒙古王公，赏赐首先投靠日本占领军的张海鹏、贵福等人以美玉……"

张海鹏从丁巳跑腿传书，中经"九一八"事变抢先效力，终于赢得末代皇帝重登龙椅前的显荣。《我的前半生》第六章《伪满十四年》第一节《傀儡戏开场》叙述溥仪担任伪满洲国"执政"时的场面：

> 这所房子从前是道尹衙门，在长春算不上是最宽敞的地方，而且破旧不堪，据说因为时间过于仓促，只好暂时将就着。第二天，在匆匆忙收拾起的一间大厅里，举行了我的就职典礼。东北的日本“满铁”总裁内田康哉，关东军司令官本庄繁、关东军参谋长三宅光治、参谋板垣等重要人物都来了。参加典礼的“旧臣”除了郑、罗、胡、陈等人外，还有前盛京副都统三多，做过绍兴知府以杀害秋瑾出名的赵景祺，蒙古王公贵福和他的儿子凌升以及蒙古王公齐默特色木丕勒等。此外还有旧奉系人物张景惠、臧式毅、熙洽、张海鹏。在天津给我办过离婚案件的律师林廷琛、林棨。曾给张宗昌做过参谋的金卓这时也跑来做了我的侍从武官。

上述记载把参加就职典礼的人分为三个层次：首先是日本人，其次是清廷遗老，然后则为张作霖系统人物及其他。此际，张海鹏似乎并非侍从武官长，否则翌年怎么又成了热河战役前敌总司令及热河省省长？《我的前半生》第六章《伪满十四年》第五节《第三次做“皇帝”》叙述登极“康德”帝位时公布了张海鹏的职务。“我立在椅前，两旁站列着宫内府大臣宝熙、侍从武官长张海鹏、侍从武官石丸志都磨和金卓、侍卫处长工藤忠、侍卫官熙仓奂（熙洽之子）和润良（婉容之兄）等人……”

话说回来。伪满《盛京日报》1932 年 3 月 11 日一版头条更为详细地记载了溥仪担任伪满洲国“执政”时的场面：

> 执政府典礼筹备处，为建国典礼，十分隆重，对于各方贺祝者严为限制，本定为黄花标识，本日（九日）早晨，又改为金色捧珠大花，无此金花者，概免进内。筹备典礼各员于午前七时半开始办公，并迎接参列者；十一时二十分，由郑孝胥、罗振玉、商衍瀛、宝熙等先率旧臣陈增寿、胡嗣瑗、万绳栻、林棨、王季烈、三多、善宝、赵

景祺、毓善及蒙古齐王、凌公等进内叩执政。用膳后，所有建国元勋张景惠、臧式毅、马占山、熙洽、张海鹏等先后到府，外宾如满铁总裁、关东军司令官、总领事等均来祝贺，奉天民众代表、吉林建国促进会代表、黑龙江代表均已按时莅临，各新闻记者、通讯社特派员亦于午后三时前，先后入府，至三时由张燕卿、王大中导引各员入班。第一排为行政委员会委员，依次为现职文武官员，第三排为各地代表，最后为来宾席。届时乐奏，由张海鹏为前引官，执政御西式大礼服，有侍从武官金卓、艾迺（乃）若等四员扈随入场，由赞礼官唱赞，在场全体向元首三鞠躬，元首答一鞠躬，随由臧式毅、张景惠捧呈国玺，其玺有黄绫包裹，一为国玺，一为执政印，由臧张二委员依式捧进后，行三鞠躬礼，元首于宝座前答一鞠躬，按序第六次由行政委员会致辞，由宝熙代元首致答词，并述元首之宣言（已见昨报）。随即接见外宾，行一鞠躬一握手礼。外宾内田总裁至祝颂词，由罗振玉敬代元首致答词，礼毕。由前引文武官引导出场，行升旗礼。元首及文武官员外宾等，均至旗畔，奏乐升旗，并就此时摄影。由文武侍从及礼官等引导元首再入场，就席酌酒，大众皆起立举杯三呼满洲国万岁、元首万岁，随乐奏礼成之章。由前引张海鹏及文武随侍官护随元首出场，大众亦为班各退，闻明日印布宣言为散全国并宣布组阁之令。

在这个《盛京日报》的一版头条上，三次出现张海鹏的名字，并被誉为“开国”元勋，公布的职务是典礼场合特定的“前引官”，在隆重的仪式上尤显耀眼，足见其政治地位在伪满洲国之举足轻重。不仅如此，溥仪在伪满洲国拍摄的照片中也多处留有张海鹏的身影。

据李立夫主编、王文锋执行主编，由天津人民出版社出版的《溥仪研究·上卷》收录张立宪署名文章《关于伪满时期溥仪“巡幸”历史照片的研究》一文记载，长春伪满皇宫博物院从《满洲国画报》1936 年 6 月号上搜集来的一张说明文字为“皇帝陛下巡幸吉林（1934 年）”的照片，画面上呈现的是在某建筑的平台上，一张放着图纸的桌子前，伪吉林省省长熙洽手指前方，向溥仪汇报着什么，溥仪的右边还分别站着侍卫官工藤忠、侍从武官长张海鹏等。

该文还展示了一张从吉林省图书馆所藏的日文版《满洲国现势》——康德三年（1936）版的插页上翻拍下来的照片。画面呈现状貌是这样的：一家农户土围墙的大门上插着伪满洲国“国旗”，四名身着长袍的人面向走出门户的溥仪行九十度鞠躬礼。一名护卫背向大门的主路做鞠躬状，画面左侧一棵大柳树向南倾斜而立，领路的一名伪满文职官员，手持礼帽、身着礼服走在树下；身后是伪满皇帝溥仪，身着陆军大元帅通常礼服，左胸前配带大勋位兰花大绶章，左腰间斜挎日本战刀步出农家大门台阶；跟随在溥仪后面的是一位挎刀的军人刚刚步出农户大门。此人就是张海鹏。伪满皇宫博物院所编《伪满宫廷秘录》，对 1935 年 7 月 16 日溥仪“巡幸”吉林是这样记述的：“16 日上午 9 时，溥仪自皇宫出发，前往京吉国道。途中，听取吉林省长李铭书关于省内情况、国道局长直木伦太郎关于国道状况的奏报。接着就有关农事情况询问了实业部大臣丁鉴修及农务司长松鸟鉴。溥仪在双阳县还询问了农村生活情况等等。”“10 时 55 分，溥仪驱车到石碑岭，展望国都的建设。国都建设局长郑禹奏报了建设情况。最后，巡视柳条边城遗址。11 时 30 分还宫。”据张立宪考证，记录这次“巡幸”的照片中那个文职官员正是伪满实业大臣丁鉴修，而溥仪身后那位军官是侍从武官长张海鹏。

张立宪在文章中还考证了 1937 年 5 月 28 日溥仪巡幸“新京”净月潭的一张照片。认为照片人物除溥仪外，还有侍从武官长张海鹏、侍卫处长工藤忠、宫内府大臣熙洽、“帝室御用挂”吉冈安直。

张海鹏是个倒霉蛋。他年逾古稀后在伪满洲国退休，但并没有颐养天年的福分。如果他年轻一些，能够跟随溥仪去一趟苏联，再被押解回国，将在抚顺战犯管理所接受改造，人生或许还能稍有起色。然而，1951 年他作为生活在国内的反革命分子，在运动中被人民政府镇压了。《我的前半生》第八章《由疑惧到认罪》第七节《坦白从宽》叙述了这样一个情况：“一九三五年杀害了红军将领方志敏的刽子手，已经在湖南石门的深山中捕获了……”末代皇帝对这类消息感到恐惧，但他并不晓得张海鹏的下场。总而言之，统而言之，溥仪后来新生了，所以才有名著奇书《我的前半生》。

太监、侍从、童仆编

张谦和及其生活水平

太监又名宦官，俗称阉人，就是被阉割了生殖器的人。皇室用这种人在宫中为帝、后、妃服役，为的是不发生淫乱私通等丑事秽闻。

《我的前半生》写了几个实名太监，其中着墨最多且与溥仪认识的是张谦和。第二章《我的童年》第五节《太监》介绍了张谦和的品级。“宫中太监按系统说，大致可分为两大类，一类是太后、帝、后、妃身边的太监，一类是其他各处的太监。无论哪一类太监，都有严格的等级，大致可分为总管、首领、一般太监。太后和帝后身边都有总管、首领，妃宫只有首领。品级最高的是三品，但从李莲英起，开了赏戴二品顶戴的例，所以我用的大总管张谦和也得到了这个‘荣誉’。”

张谦和在溥仪身边究竟做了什么具体工作？《我的前半生》有散见之写。

当末代皇帝因急躁而发脾气的时候，“我的总管太监张谦和或者阮进寿就会做出这样的诊断和治疗：‘万岁爷心里有火，唱一唱败败火吧。’说着，就把我推进一间小屋里——多数是毓庆宫里面的那间放‘毛凳儿’的屋子，然后倒插上门。我被单独禁闭在里面，无论怎么叫骂，踢门，央求，哭喊，也没有人理我，直到我哭喊够了，用他们的话说是‘唱’完了，‘败了火’，才把我释放出来。这种奇怪的诊疗，并不是太监们的擅自专断，也不是隆裕太后的个人发明，而是皇族家庭的一种传统，我的弟弟妹妹们在王府里，都受过这样的待遇。”

张谦和经常给溥仪讲一些鬼话或神话，满足小孩子喜欢听故事的特点，从而使封建迷信扎根于幼小的心灵。

> 我八九岁时，有一次有点儿不舒服，张谦和拿来一颗紫红色的药丸让我吃。我问他这是什么药，他说：“奴才刚才睡觉，梦见一个白胡子老头儿，手里托着一丸药，说这是长生不老丹，特意来孝敬万岁爷的。”我听了他这话，不觉大喜，连自己不舒服也忘了，加之这时由神话故事又联想到二十四孝的故事，我便拿了这个长生不老丹到四位太妃那里，请她们也分尝一些。这四位母亲大概从张谦和那里先受到了暗示，全都乐哈哈的，称赞了我的孝心。过了一个时期，我偶然到御药房去找药，无意间发现了这里的紫金锭，和那颗长生不老丹一模一样，虽然我感到了一点儿失望，但是，信不信由你，这个白胡子神仙给我送药的故事，我仍不肯认做是编造的。

溥仪说：“张谦和也是我最早的游伴之一。和他一起做竞争性的游戏，胜利的永远是我。记得有一次过年的时候，敬懿太妃叫我去玩押宝，张谦和坐庄，我押哪一门，哪一门准赢，结果总是庄家的钱都叫我赢光了。他也不在乎，反正钱都是太妃的。”然而，张谦和的拍马屁，主要表现在“讲政治”方面。当皇上和太妃发生了矛盾，他坚定不移地站在皇上一边。

……太医院里一个叫范一梅的大夫被端康辞退，便成了爆发的导火线。范大夫是给端康治病的大夫之一，这事本与我不相干，可是这时我耳边又出现了不少鼓励性的议论。陈老师说：“身为太妃，专擅未免过甚。”总管太监张谦和本来是买军服和洋袜子的告发人，这时也变成了“帝党”，发出了同样的不平之论：“万岁爷这不又成了光绪了吗？再说太医院的事，也要万岁爷说了算哪！连奴才也看不过去。”听了这些话，我的激动立刻升到顶点，气冲冲地跑到永和宫，一见端康就嚷道：

“你凭什么辞掉范一梅？你太专擅了！我是不是皇帝？谁说了话算数？真是专擅已极！……”

第三章《紫禁城内外》第一节《袁世凯时代》开头一段描述，把张谦和由于特殊身份在溥仪身边起到的特殊教育作用，写得犹如电影画面那样精彩而富于听觉意境感。

紫禁城中的早晨，有时可以遇到一种奇异的现象，处于深宫但能听到远远的市声，有很清晰的小贩叫卖声，有木轮大车的隆隆声，有时还听到大兵的唱歌声。太监们把这现象叫作“响城”。离开紫禁城以后，我常常回忆起这个引起我不少奇怪想象的响城。响城给我印象最深的，是有几次听到中南海的军乐演奏。

“袁世凯吃饭了。”总管太监张谦和有一次告诉我，“袁世凯吃饭的时候还奏乐，简直是‘钟鸣鼎食’，比皇上还神气！”

张谦和的光嘴巴抿得扁扁的，脸上带着愤愤然的神气。我这时不过九岁上下，可是已经能够从他的声色中感到类似悲凉的滋味。军乐声把我引进到耻辱难忍的幻象中：袁世凯面前摆着比太后还要多的菜肴，有成群的人伺候他，给他奏乐，扇着扇子……

张谦和给予末代皇帝的特殊教育，使他产生了建立自己的乐队的念头。1924 年，溥仪发出“上谕”，组建宫中乐队，招收适龄少年入宫学习演奏。但是随着溥仪被逐出皇宫，乐队就自然解体了。“九一八”事变后，末代皇帝重打鼓、另开张，又组建了“宫内府乐队”，从 1936 年到 1943 年一共招收了四期共 52 名、15 岁以下的乐队小学员。培养出的各种器乐人才，后来成为新中国音乐事业的骨干。比较知名的如长春电影制片厂乐团副团长、指挥家尹升山等。这是张谦和与溥仪根本想不到的美好结果。

总管太监张谦和

张谦和这个品级的太监自己的生活水平如何呢？华文出版社 1990 年版孙喆甡编著《中国末代皇帝爱新觉罗·溥仪传》中有记载：“溥仪在位的宣统年间，那些地位较高的太监，身后总是跟着四五个小太监，分别拿着衣包、烟袋和水壶等物，随时随地伺候他们。有的小太监还牵着哈巴狗，供大太监玩赏。伺候溥仪的二总管阮进寿，自恃二品大员，官气十足，生活极为阔绰。他在家呼奴唤婢，出门乘坐专用马车，且养着好几匹快马，供他消遣玩乐。还有一个姓唐的掌案太监，曾用500块钱银圆买了一只西藏的大狗，并有一个太监专为他喂养。这只狗被喂得大小几乎像一头小驴，全身都是虎皮花纹，脑门上还有一个‘王’字。后来被溥仪看中要去了。”书中还说：“总管和首领太监都有单人厨房，有的和主子吃一个灶。他们吃的是山珍海味，穿的是绸缎狐裘，还有太监多人伺候他们，派头俨然和主子一样。隆裕太后的大总管张兰德就和太后吃一个灶，每餐和太后一样的菜饭，有小太监27人伺候。端康皇贵太妃的大首领太监刘承年，有太监12人专门给他泡茶、打饭、穿衣、收拾房屋。他自己还设有账房、茶房、膳房、客室等。当然，像这样有权有势的太监只是少数。据史料记载，光绪年间宫廷太监共有一千九百多人，其中总管太监16人。大多数太监则过着另一样生活。”

清季民初的皇宫呈现一派衰微破败景象，太监的生活随之变调。蔡炯昊在《读书》2020年第7期署名文章《作为“记忆之场”的民初紫禁城》中引用熟稔北京近代掌故的齐如山回忆说：……尤其是西北一带靠紫禁城墙的地方，因宫中不用，都是归太监的亲戚本家暂住，里边有小饭铺、小茶馆、鸦片烟馆、赌局，等等，都是全的，盖里边的太监，出来一次很远，多在此处来消遣。皇上看不到，内务府怕得罪太监，又不敢举发，遂腐败到如此。据清宫史记载，一次被皇上知道了，迁出去了两千多人，足见其处闲杂人等之多……

这哪里是皇宫太监的生活场所，分明低档之市井，藏垢之蒿莱。我想，了解情况的大总管张谦和肯定到过这里，但他与内务府官员一样，只不过不是“不敢”，而是不愿举发。

张谦和作为众太监的主子，在日复一日地“领唱”一份工作。溥仪在《我的前半生》中说：

> 每当夕阳西下，禁城进入了暮色苍茫之中，进宫办事的人全部走净了的时候，静悄悄的禁城中央——乾清宫那里便传来一种凄厉的呼声：“搭闩，下钱粮，灯火小——心——”（溥仪自注：“下钱粮”可能是“下千两”，意思

是“下锁”，宫中忌讳“锁”字，故以“下千两”代替；“下锁”，后又讹传为“下钱粮”。总之，已经没有人说得清了）随着后尾的余音，禁城各个角落里此起彼伏地响起了值班太监死阴活气的回声。这是康熙皇帝给太监们规定的例行公事，以保持警惕性。这种例行公事，把紫禁城里弄得充满了鬼气。这时我再不敢走出屋子，觉得故事里的鬼怪都聚到我的窗户外面来了。

这份“领唱”的差事，由大总管往下传，一呼百应，响彻黄昏，自然要惊动怕鬼的溥仪了。真是主子之上有主子，奴才之下有奴才。

大管家张文治与内阁学士张翼

溥仪家里面的人有两个姓张的，或被他提及，或与他及其家族有不解之缘。第一个是大管家张文治。

据群众出版社 2014 年出版由李文达作注的《醇亲王载沣日记》载，溥仪的爷爷醇贤亲王奕譞给张文治起了一个满名。该书卷二："散抄长纸日记"（起庚子闰八月讫辛丑五月）尝谓："十六日　桥、杉二人来府谢步。喀拉莽阿到府销假。张树林持信回府，派喀拉莽阿明日持信，送干果子赴山驰禀"云云。"喀拉莽阿"即指张文治。看来，入了王爷府，满汉是一家，那是一个汉人满化、满人汉化的教习所呢。

《我的前半生》第一章《我的家世》第四节《摄政王监国》写道：

> 醇王府的大管事张文治是最爱议论“王爷”的。有一回他说，在王府附近有一座小庙，供着一口井，传说那里住着一位“仙家”。“银锭桥案件”败露后，王爷有一次经过那个小庙，要拜一拜仙家，感谢对他的庇佑。他刚跪下去，忽然从供桌后面跳出个黄鼠狼来。这件事叫巡警知道了，报了上去，于是大臣们就传说王爷命大，连仙家都受不了他这一拜。张文治说完了故事就揭穿了底细，原来这是王爷叫庙里人准备好的。

在该章该节有一个脚注：“银锭桥在北京地安门附近，是载沣每天上朝必经之地。1910年汪精卫、黄复生为刺杀载沣秘密埋藏自制炸弹于桥下，因被军警识破，计划未遂。汪、黄被捕后，清廷慑于当时民气，未敢处以极刑，南北议和时即予释放，当时把这案件叫作银锭桥案件。”后来就开始流传汪精卫的名诗“慷慨过燕市，从容作楚囚；引刀成一块，不负少年头”。然据《醇亲王载沣日记》“东桥搜得异物”语，李文达注谓：“东桥即什刹海旁之甘水桥，过去误传为银锭桥。异物即汪等预埋之炸药。”倘笔者未猜错，《我的前半生》的这个脚注，也由李文达撰写。若干年后，《醇亲王载沣日记》才出版。李文达为谋刺案件发生地做出新的订考。

《我的前半生》多次叙述张文治在醇亲王府办差的情况。如醇亲王府巴结奉系军阀张作霖，在北京的奉天会馆与奉系将领们应酬，张文治是常客，并在这里和张景惠拜了把兄弟；又如，溥仪被赶出紫禁城后，醇亲王府曾派张文治找盟兄张作霖帮忙解决问题；等等。但张文治并不是溥仪的亲信，他只听命于载沣。故末代皇帝起了不再进载沣的家的念头后，载沣派张文治监视溥仪，发现情况不妙后，迅速溜回醇亲王府向主子报信。末代皇帝则千方百计地摆脱张文治对他的跟踪，终于成功地躲进日本驻北京“使馆区”，踏上了不归路。

从《我的前半生》的描述来看，张文治为江湖气、家奴气并重者。

上引《醇亲王载沣日记》又云："二十日　至庆王府请安，请示一切。滢贝勒府问候一切。桥、杉二人来函，谓'请明日不必官衣帽'等语。覆帖回答。张翼差人来看……""庆王"指慈禧太后封的铁帽子王奕劻，比载沣高一辈。对张翼李文达注："即张燕谋，字翼，原为醇亲王奕譞侍从，时为开平矿务局总办。"书稿误排，正确的表达是"张翼，字燕谋"。此人便为第二个姓张的。这两个张姓人因为都在老王爷家当过差，故容易混淆。

晚清传记文学作家贾英华于2001年在群众出版社出版了《末代皇帝最后一次婚姻解密》一书。书中描述溥仪被特赦后，载涛给他介绍对象，"这位女士的上辈儿与溥仪家族有着不解之缘"，其中写道：

> ……光绪年间，一次溥仪的爷爷老醇亲王坐着轿子出巡。那时，这位女士的爷爷是个农村的小孩儿，没见过这阵势，见自己挡住了轿子，正碰上轰人，一下子吓晕了过去。还有一种说法是，差役轰人时，打了他，所以昏了过去。
>
> 总之，老醇亲王见他相貌长得不错，就把他带进了府里当差。由于他年纪不大，人挺聪明，平时又会来事儿，很讨老王爷喜欢。
>
> 一天，老王爷发了善心，让他跟自己的儿子一起念书，谁知他比自己的儿子念得还好，就着力培养他。后来，还把他提拔到宫里当了一个大官。以后，他还买了一个金矿（又一说买的是煤矿——贾英华自注），由此，发了家……

"农村的小孩儿"即指张翼。然时间不可能是光绪年间，其时张翼已近而立，当为咸丰年间为妥。"跟自己的儿子一起念书"，倘不是小说家言，当属给王族子弟陪读性质。载沣、载洵、载涛？不会是光绪帝吧！因为张翼比老王爷这几个儿子年龄大得多，对学问的理解更好当属正常。奕譞去世后，他的五儿子载沣承袭了铁帽子王，其兄又是光绪帝，故照样重用张翼。据考，张翼在光绪年间成长为内阁学士、工部侍郎，曾随载沣出使德国，担任参赞大臣。

《末代皇帝最后一次婚姻解密》以文学性较强的笔法描述了张翼的孙女和溥仪的交往：

> 对于溥仪至今孑然一身，涛七爷和七婶都挺关心。当时就要张罗着溥仪介绍对象。溥仪说："不忙，不忙……"
>
> 没过多少日子，蛮讲旧礼儿的涛七爷和七婶就在政协的餐厅摆了一桌菜，招待溥仪，为他接风洗尘。
>
> 溥仪也不太懂客气，坐下便开怀大饮。其间，陪座的有一位女士姓×，大约40多岁，长得面目端正，对溥仪格外热情，一再给溥仪搛菜劝酒。后来才知道，这是涛七爷有意叫她来，为让溥仪相亲的，溥仪自然不知。他在狱里待了不少年，见了好酒好菜，胃口大开，一个劲儿地大喝大嚼不止。
>
> 临完，他一拍屁股走了，回到屋里倒头就睡。过了两天，七叔问他对这位女士印象如何，他当时喝得晕晕乎乎，早忘了个一干二净。涛七叔有意成全好事，对他倒也不在意。又约溥仪一起吃饭，仍特地叫上了这位女士。自然，这位女士打扮得花枝招展，穿着旗袍，脖子戴着项链，瞧上去，挺出众。
>
> 这次记取了上次的教训，他们没让溥仪多喝酒。吃过饭，七叔和七婶先撤了，有意剩下溥仪与这位女士两人，叮嘱溥仪邀她上楼跳舞。
>
> 溥仪虽然不太会跳，还是照七叔的意思办了。可是，等七叔把这层窗户纸捅破时，溥仪大出意料。尤其是听说这位女士的家世后，他断然拒绝了这桩婚事。

《末代皇帝最后一次婚姻解密》中这位没有点名的女士实名张茂滢，若干年后嫁给了溥仪的弟弟溥任。溥任第一个夫人金瑜庭是光绪朝文华殿大学士兼内务府大臣世续的孙女。她去世后，溥任续弦张茂滢。可以说，我国从古至今，由远亲近邻、宾朋世交乃至君臣血脉而构成的权且算作门当户对的婚姻，是秦晋之好的一大脉向。末代皇帝偏偏从此处逸出了，而张茂滢的结局则较圆满。

无独有偶。《末代皇帝最后一次婚姻解密》还提到了一位人称“王大姑娘”的女性，也想嫁给溥仪，同样遇到拒绝。据满族文化网上一篇介绍贝勒毓朗（笔者按，即《我的前半生》第三章《紫禁城内外》第三节《北洋元老》所说徐世昌就任大总统后，安排的皇室王公议员毓朗）的文章说，毓朗大女儿恒慧的女儿完颜立童记，汉名王敏彤，即“王大姑娘”。溥仪的五姨丈察存耆在1964年给李文达写了一封信，信中讲“王家的人”，一听到李大夫（指李淑贤）身体多病，即“欣欣然有喜色”。不知这位“王大姑娘”后来是否幸福。

顺便再说说。张翼还是一位颇有名气的收藏家。据张翼的儿子、张茂滢的父亲张叔诚讲，他家收藏的国宝——北宋范宽的《雪景寒林图》就是张翼从洗劫圆明园的英法联军手里买下来的。张翼生于道光二十六年（1846），英法联军火烧圆明园那年，他只有十四五岁，竟有如此眼光和文化意识，难怪得到老王爷奕譞的赏识。关于张翼行迹之更详，可参看网文《张翼，一个颇具传奇色彩的人物——近代天津十大收藏家》，不赘。

因护军事件而倒霉的佟济煦

佟济煦字楫先，1884年生于福州，满洲镶黄旗人。他的学问、资历都不够，清末中过秀才，在北京的贵胄学校教过书，只因郑孝胥是他的同乡，被推荐到逊清小朝廷有了不错的饭碗。虽然他还不算什么封建遗老，但是一位溥仪须臾不能离开的人物。

佟济煦会照相，懂出版，创建了最早影印内府藏本历代名人书画的出版机构。《我的前半生》第三章《紫禁城内外》第九节《整顿内务府》说："……佟济煦的珂罗版的宫中藏画集都卖了大价钱，轰动了中外……"捞了多少钱不清楚，但他作为内务府堂郎中协助郑孝胥整顿内务府，以后又在天津的张园和静园帮助溥仪打点日常庶务，家境应该是殷实的。

佟济煦是个当管家的料子。溥仪在天津张园发现“有些形迹可疑的人，伸头向园子里张望”，派便佟济煦“告知日警，加紧门禁，嘱咐护军留神门外闲人，并禁止晚间出入”。倘有哪个下人不听话，由佟济煦遵照溥仪的命令，给予处罚。由张园迁入静园以后，末代皇帝还叫“管家头目佟济煦，去东北看看遗老们那边的情形”，推荐他的郑孝胥这时正走红，对溥仪说：

“辗转相垂，至有今日。满洲势必首先光复，日本不迎圣驾，也不能收场。”他沉吟一下说，“不过，何时启驾，等佟济煦回来之后再定，更为妥帖。”

的确，郑孝胥的铁杆佟济煦俨然香饽饽，“他和沈阳的遗老袁金铠等人见了面，都认为时机已至，不必迟疑。”溥仪最终潜往东北，佟济煦是“立功者”之一。

醇亲王去“新京”探亲时，佟济煦已经担任宫内府警卫处处长兼护军总队长。前内务府大臣宝熙和他率领着一队护军，到火车站列队迎接。既是“管家头目”，就改不了“包打听”的习惯。1936年春天，“凌升事件”发生时，佟济煦把他打探的消息告诉溥仪，凌升“在最近一次省长联席会上发过牢骚，以致惹恼了日本人。据说他在这次会议上，抱怨日本关东军言行不一，说他在旅顺时曾亲耳听板垣说过，日本将承认‘满洲国’是个独立国，可是后来事实上处处受关东军干预，他在兴安省无权无职，一切都是日本人做主。开过这个会，他回到本省就被抓去了”。佟济煦还跟溥仪说过，关东军的“讨伐”胜利了消息不一定可靠，消灭的土匪也很难说是什么人。佟济煦还说，他有一个被抓去当劳工的亲戚，参加修筑过一件秘密工程，据这个亲戚讲，这项工程完工后，劳工几乎全部遭到杀害，只有他和少数人幸免于难，逃了出来。照他看来，报纸上有一次吹嘘消灭了多少“土匪”说的就是那批劳工。然而，使得佟济煦倒霉的是大同公园护军事件。

据爱新觉罗·溥佳撰《溥仪出宫的前前后后》一文（收入中

国文史出版社2017年版全国政协文史和学习委员会编《回忆溥仪》一书）说，护军总队队长由佟济煦兼任，下分三个队：第一队队长是吴天培，第二队队长是李国雄，还有第三队。佟戴少将肩章，吴、李戴中校肩章，与伪满军不一样，肩章是顺着肩的。护军共三百人，其中有三部分人：（一）由天津带来的原在静园的护卫，多是沧州人，都会武术；（二）从东北招的蒙古人，胳膊粗、力气大；（三）由军事学习训练班出来的八旗子弟……

《我的前半生》说：

> 所谓护军，是我自己出钱养的队伍，它不同于归“军政部”建制的“禁卫军”。我当初建立它，不单是为了保护自己，而是跟我当初送溥杰他们去日本学陆军的动机一样，想借此培养我自己的军事骨干，为建立自己所掌握的军队做准备。我这支三百人的队伍全部都是按照军官标准来训练的。负责管理护军的佟济煦早就告诉过我，关东军对这支队伍是不喜欢的。我对佟济煦的预感，过去一直未能理解，直到出了事情这才明白。六月二十八日那天，一部分护军到公园去游玩，因租借游艇，与几个穿便衣的日本人发生了口角。这时一群日本人一拥而上，不容分说，举手就打。他们被逼急了，便使出武术来抵抗。日本人见不能奈何他们，就放出狼狗来咬。他们踢死狼狗，冲出重围，逃回队里。他们没想到，这一来便闯下了祸。过了不大时间，宫内府外边便来了一些日本宪兵，叫佟济煦把今天去公园的护军全部交出来。佟济煦吓得要命，忙把那些护军交日本宪兵带走。日本宪兵逼他们承认有“反满抗日”活动，那些护军不肯承认，于是便遭到了各种酷刑虐待。到这时那些护军才明白过来，这一事件是关东军有意制造的：那些穿便衣的日本人原是关东军派去的，在双方斗殴中受伤者有两名关东军参谋，被踢死的狼狗即关东军的军犬。我听到护军们被捕，原以为是他们无意肇祸，忙

请吉冈安直代为向关东军说情。吉冈去了一趟，带回来关东军参谋长东条英机的三个条件，即：一、由管理护军的佟济煦向受伤的关东军参谋赔礼道歉；二、将肇事的护军驱逐出境；三、保证以后永不发生同类事件。我按照东条的条件一一照办之后，关东军接着又逼我把警卫处长佟济煦革职，由日本人长尾吉五郎接任，把警卫处所辖的护军编制缩小，长武器一律换上了短枪。

从前，我为了建立自己的实力，曾送过几批青年到日本去学陆军，不想这些人回来之后，连溥杰在内，都由军政部派了差，根本不受我的支配。现在，作为骨干培养的护军已完全掌握在日本人手里，我便不再做这类可笑的美梦了。

大同公园护军事件，不过是“要拔掉溥仪身上的一点儿翎毛”（孙喆甡语）的日本人蓄意挑起的打架斗殴。有关史料细化了它的过程。

1937年6月28日，这天是星期天，护军二十余人结伴到大同公园游玩。其中有四个人租了一条小船划船玩。他们离岸未远，便被一个管船的呼喊回来。管船的是个醉酒醺醺的朝鲜人，他瞪着眼睛喊道：“不许四人同船！”于是有一人下了船。小船再次划开还不到两分钟，又被呼喊回来：“三个人也不行！”船上只好又下来一个人。最后，船上只剩两个人，管船的朝鲜醉汉还是不许划。这明显是故意找碴儿。那几个护军看到河面上有三四个人同划一条船，便质问道：“喂，醉鬼，你醒醒，睁眼看看，那边船上坐三四个人都行，怎么我们的船坐两个人还不行？”那个朝鲜人不由分说骂骂咧咧起来。几个护军弃船上岸，想教训这家伙一番，但想到公园游人众多，动起手来影响不好，就走开了。他们刚走不远，迎面过来几个穿便衣的日本人，嘴里哇啦咕噜地叫骂着，向几名护军扑将过来。这几个护军都训练有素，没费多大力气，就将几名日本人放倒在地。这时，游园的人闻声围观上来，一起出来的护军也赶来了十多人，他们正待走开，只见从桥南头又跑来十几名日本宪兵，还牵着一只警犬。这些日本人一字排开，截住了护军们的去路。其中一个小队长模样的人走上来，指着为首的一名护军骂道：“八嘎亚路！你们的，打日本人的，统统地死拉死拉的有！你们的，什么的干活，名字的，什么的叫？”

为首的护军也不甘示弱，指着自己的军帽，晃着脑袋，学着日本人的腔调说：“你的什么的干活，我的中国人的干活。你的问名字吗？名字，这里边的有！”逼得围观的中国人们大笑起来。

日本宪兵恼羞成怒，放出了警犬。一护军飞起一脚，将刚刚扑上来的警犬踢死在地。宪兵小队长见状，狂叫起来，于是，全体宪兵和一些假扮游客的日本人一哄而上，与十几名护军打成一团。可不到一袋烟的工夫，这些日本人便都趴在地上起不来了，有的人龇牙咧嘴，捂着肚子直哼哼，以往那种骄横跋扈的狂态，丧失殆尽。护军们乘机一招手，大步离开公园而去。

佟济煦的兵丁好生了得！然中国功夫挡不住日本侵略者的铁蹄，佟家军只有倒霉的份儿了。

“内廷秘闻”的制造者祁继忠

祁继忠是一个很不起眼的小人物，从封建皇帝的角度讲，不过贴身奴仆而已。《我的前半生》书里没有给他留下多少笔墨，但他在书外可是一位胆大包天且惊世骇俗的大名人，以至多年之后，好事者们饭后茶余还是把他当绝妙谈资。

该书第四章《在天津的活动》第五节《领事馆、司令部、黑龙会》写他做提醒主子的工作：“……我岳父荣源向我报告说，外边的朋友告诉他，从英法租界里来了冯玉祥的便衣刺客，情况非常可虑。我的‘随侍’祁继忠又报告说，他发现大门附近，有些形迹可疑的人，伸头向园子里张望……”该书第五章《潜往东北》第三节《夜见土肥原》，把祁继忠写得一惊一乍。

在我离津前两天发生的一件事，不可不说。那天我正在唾星喷射之下听着进讲（进讲者当为郑孝胥。溥仪经常以富于特征的描写代替主语，来追求文字的生动性和调动读者对已熟知人物的想象——引者注）：

“勿失友邦之热心，勿拒国人之欢心……此乃英雄事业，决非书生文士所能理解……”

“不好了！”我的随侍祁继忠，忽然慌慌张张地跑了进来，“炸弹！两个炸弹！……”

我坐在沙发上，吓得连站也站不起来了。在混乱中，好容易才弄明白，刚才有个陌生人送来一份礼品，附着一张原东北保安总司令部顾问赵欣伯的名片。来人放下了礼品，扬长而去。祁继忠按例检视了礼品，竟在水果筐子里发现了两颗炸弹。

给“大人物”当随侍，不仅时常生活在惊悸之中，还必须脑子里主意多。该章第四节《白河偷渡》写道：“动身日期是十一月十日。按照计划，我必须在这天傍晚，瞒过所有的耳目，悄悄混出静园的大门。我为这件事很费了一番脑筋。我先是打算不走大门，索性把汽车从车房门开出去。我命令最亲近的随侍大李去看看能不能打开车房门，他说车房门久未使用，门外已经被广告招贴糊住了。后来还是祁继忠想出了办法，这就是把我藏进一辆跑车（即只有双座的一种敞篷车）的后车厢里，然后从随侍里面挑了一个勉强会开车的，充当临时司机。他自己坐在司机旁边，押着这辆‘空车’，把我载出了静园。”

但是，溥仪对祁继忠印象深刻，绝不仅仅因为他与“九五之尊”共度“狼狈”时刻。且看末代皇帝对他的人品撕心裂肺的“怒吼”。

关于祁继忠这个人，我却永远忘不了他。他是我从北京带到天津的男仆，宫里遣散太监后，他来到宫里，那时候还是个少年，很受我的宠信。在天津时代，他是我最喜欢的随侍之一，在伪满时，我送他到日本士官学校培养。可是后来，我发现了他竟是"内廷秽闻"中的人物，那时正巧听说他在日本和同学吵架，我就借了个破坏日满邦交的题目，请日本人把他开除出了学校。后来他经日本人介绍到华北当上伪军军官，以后又摇身一变成了华北伪军少将，解放后因反革命案被镇压。我离开天津去东北，他是随我同去的三个随侍之一，我的举动他无一不知。我到很晚才明白过来，日本人和郑孝胥对我当时的动静那么清楚，对我的心情掌握得那么准确及时，而演给我看的那出戏——虽然演员们演得相当笨拙——效果又是那么好，祁继忠实在是个很有关系的人。

当"小特务"毕竟还是小事一桩。对主人最大的背叛，莫过于搞主人的老婆。这就是"内廷秽闻"的含义。《我的前半生（灰皮本）》最早披露了这件事。溥仪在书稿中谈到婉容和文绣的关系以及文绣和自己离婚时说："此后，婉容固然是在当时，总算是得到了所谓'胜利'，而拔去了她所认为的'眼中钉'，但是我对婉容的感情，反而一天坏似一天，到了伪满的时期，婉容终于和我的家中用人，乱搞起恋爱来。"

"皇帝"对"皇后"的批评，不可谓不重。在《我的前半生（全本）》中，溥仪更为详细地讲了"皇后"私通问题，"她究竟是个人，有一般的正常需要。她是在一种非常奇特的心理下，一方面有正常需要，一方面又不肯或者不能丢开皇后的尊号，理直气壮地建立合理的生活，于是就发生了私通行为……"这些描述已经隐含溥仪"性无能"问题，但溥仪的侧重在反省自己政治上的错误："这种事情，无论如何不能由她负责任，至少不该全部都由她自己负责。事实上，当时我把全部责任都放在她身上，我根本没有责怪过自己，当然更谈不上责怪那个吃人的制度。"后来，在1964年3月版《我的前半生》中，上述内容浓缩成一句话："有了我所不能容忍的行为。"

无论溥仪怎么大度，内心深处也不会原谅“内廷秽闻”的制造者祁继忠，但他把婉容的名字遮蔽了。

《我的前半生》的执笔人李文达，在1990年于北京十月文艺出版社出版了长篇历史小说《圈龙溥仪》，其中有祁继忠（小说中化名“齐一忠”）制造的“内廷秽闻”的文学描写，以下剪裁予以录之。

……她（指婉容）悄悄把卧室的门拉开一个缝，看见在走道黯淡的灯光下，齐一忠坐在值班的一把椅子上……

“齐一忠！来！”

齐一忠被这一声轻轻的然而早就期待着的呼唤，引进了走道东头的充满香气的卧室。

婉容关好门，从晨衣口袋里拿出一样东西，提在手里，举到齐一忠面前，轻轻地说：

“你还要吗?”

在昏暗中，齐一忠看出是那只亮晶晶的金怀表……

齐一忠和以前是不一样了……

心中的理想也变了，过去只想当个小古玩铺的掌柜，为日后生活找个出路；现在呢，看着各个方面都不如自己的人，纷纷当上了比小掌柜赚钱更多的官儿。他跟山本这家伙到日本高丽妓院去玩，碰到的一个个挎洋刀的新官，有的连大字也不识几个。山本告诉他，皇上要提拔他们七名亲信随侍当军官。山本说，最终的权利还是在关东军手里，凭他跟军方的特殊关系，他会有更优越的机会。就看他的本事了。

本事，跟皇后搞上，算一条本事吗?

皇后是三心二意的。只要皇上一跟她好，就把我扔了。她是拿我当面首玩啊！女人是不是都这样?山本带他玩过妓馆以后，他也产生了“唯小人与女子为难养”的看法。

是不是这些想法，使胆子大起来的?还是前些天山本

溥仪养了不少狗，最喜爱的一只名佛格

这家伙说的话刺激了他呢？山本淫邪地说：“你小子不上，那几个值夜班的就抢到手了！说不定已经上手了呢！”

不行，我要她！

所以他露齿而笑，把金表接了过来。

婉容的身体也投了过来，现在的齐一忠已不是从前那个齐一忠了，这个齐一忠已是一个有经验的男人了……

笔者在李文达主编的群众出版社 1987 年版《人龙人——溥仪画传》上见过祁继忠的照片。这张照片原藏家是上海的朱其石先生。朱氏在照片下写了文字说明。

溥仪豢养之爱犬二照。溥仪喜欢养犬，这里有他豢养的爱犬照片两张。一张照片旁边还题上“清宣统帝御爱犬之影。此犬系警犬，由警犬专家钱锡霖所进，价值两千元。前患外耳炎，由本院治愈。济畜兽医院”等语。此当系在天津时所摄。

这张照片所摄为一只狗和高大魁梧的牵狗帅哥——祁继忠。

孙博元事件的来龙去脉

《我的前半生》第六章《伪满十四年》第九节《家门以内》讲述了孙博元事件。

在我这种统治下，境遇最惨的是一批童仆。这是从长春的一个所谓慈善团体要来的孤儿，大约有十几个，他们大都是父母被日本人杀害之后遗下来的。日本人怕这些后代记仇，便叫汉奸政权用慈善团体名义收养起来，并给他们改了姓名，进行奴化教育，用奴役劳动摧残他们。当他们听说被送到我这里来的时候，有的还抱过很大希望，认为生活一定比在慈善会里好些，事实上不但没有什么改善，反而更糟。他们在这里，吃的是最坏的高粱米，穿的是破烂不堪的衣服，每天要干十五六小时的活儿，晚上还要坐更守夜。冬天，因为又冷又饿，又累又困，有的在打扫工作中，不知不觉地伏在暖气上睡去，以致烤得皮焦肉烂。他们挨打更是经常的。干活儿睡觉要挨打，扫地不干净要挨打，说话大声要挨打。心里不高兴的随侍，还常拿他们出气。为了处罚他们，负责管理他们的随侍，特地设了禁闭室。这些孤儿在种种折磨下，长到十七八岁，还矮小得像十来岁的孩子。

有一个叫孙博元的童仆，就是被生生折磨死的。这孩子在伪宫里实在受不了，他幻想着外面世界也许好些，屡次想找机会逃走。第一次逃走被发觉抓回来，挨了一顿毒打。第二次又逃走，他以为通暖气管的地道通到外面，便钻了进去，可是在里面转来转去，转了两天两夜也没找到出口。他又渴又饿，不得不出来找水喝，因此被人发现又抓住了。我听到了随侍的报告，便命令："让他先吃点儿东西，然后再管教他！"可是这时他早被随侍们管教得奄奄一息了。我听说他快死了，吓得要命，怕他死了变成冤鬼前来索命，便命令把医生叫来抢救，可是已经来不及了。这孩子终于在我的"家规"下，丧失了幼小的生命！

对于孙博元事件，华文出版社1990年版孙喆甡编著《中国末代皇帝爱新觉罗·溥仪传》也有记载，不妨与《我的前半生》对照着看。

1940年以后，溥仪见由京、津带来的太监们都已经年老体衰，不中用了，他听从侍从张海鹏建议，从"新京博慈院"要来十多名12岁上下的孤儿进宫服役，并指派原护军二队蒙族士兵多连元为班长，把这些孩子组成了个"宫廷勤务班"，包揽宫廷内所有的杂役活儿。孤儿们进宫后，溥仪以"博"字给他们起名，如孙博元、周博富等。

一天，童侍孙博元在打扫勤民楼正殿时，出于好玩他学着“皇上”的姿态，板起面孔，背着双手，踱着方步，大摇大摆地走上铺有凤毯的台阶，一转身坐在了“宝座”之上。司房总管严桐江和班长多连元知道这件事后，便将勤务班的孩子们召集来，当着大家的面，用板打、鞭笞、跪铁链等酷刑惩治孙博元。生性倔强的小博元，忍着苦痛，表示抗拒，这更引起严、多二人的不满，他们把他关入一个木制囚笼中。人关到里面后，头露在外面，脖子卡在笼口上，站不起来又蹲不下，只一会儿的工夫，就会腰酸背痛、头昏脑涨、死去活来。一个十几岁的孩子，怎能经受得这样的折磨！

博元被放出囚笼后，就打定主意要逃出这个人间地狱。一天夜晚，他钻进地下暖气管道想由此逃出宫外。他在迂回曲折的管道里，爬了两个昼夜，忽然发现一个出口，便钻了出来。不料，他不仅没有爬出宫外，反而来到了高墙之内的祭祀府院里。祭祀府的差役发现他后，立即报告了内廷司房。严桐江听说失踪了两天的孙博元找到了，又把这事报告了溥仪。

据严桐江后来回忆说：接他的报告后，溥仪命将孙博元带到同德殿的勤务班打扫用具室。当时，正赶上溥仪传膳，严桐江就去给溥仪尝膳了。饭后，他向溥仪请示如何处理孙博元。溥仪说，如果他真不愿意在宫里干了，就送回博济慈善会去。

严桐江回到同德殿，看到两个宫廷学生毓岷和敏恩正在打孙博元。严叫孙博元过来，他不过来。严桐江便动手打了他两下。后来，孙博元一屁股坐到地上，气色很不好看。严向溥仪报告，溥仪即命侍医黄子正快去抢救。经诊断，认定是心脏麻痹，抢救无效而死。

事后，笃信佛教的溥仪大发雷霆，把责任全部推到动手打人的身上。他下令对有关人员处以罚款，作为给孙博元诵经的费用，让毓岖等人每天在佛坛前磕头念经，超度孙的亡灵，此外，他们每天还要用竹板打自己的手心十几下，一连数月，以示忏悔。

《我的前半生》于1964年3月正式面世后，有一些读者致函群众出版社，批评这本书宣扬皇帝的显贵，是“阶段斗争的激烈表现”。较为典型的是伪满时期溥仪的直接受害者、长春市政工程处职工孙博盛的批评。这位当年溥仪的“童仆”，表示对这本书的出版“抱着愤慨的心情”，并提出由群众出版社做出检讨，否则要向中央写信告状。此事后来不了了之。群众出版社妥善保管着这些信件，没有告诉溥仪，以免给他平添紧张和不安。其实，孙博盛认为溥仪“隐瞒”的罪行，在《我的前半生（全本）》里写到了。该书第六章第九节的标题醒目：《在羊的面前是狼》，文中有“我不但是一只狼，而且是一只带念珠的狼”之类的文学意味较浓的表述。但后来公开出版的《我的前半生》，对这一节的标题进行了朴素化处理——《家门以内》，文中譬喻性语言多被删削。孙博盛所提“设了木笼”等细节，在《全本》中记述甚详：“……除了打手心、打耳光和用板子打屁股，又有了‘灌凉水’、‘跪铁链’、‘过电’、‘站木笼’之类的刑罚……”公开出版时，皆被剪裁，有关内容只保留了一部分第三人称的检举材料。这位遭受过伪满皇帝残酷迫害的读者，如果有机会阅读比《我的前半生》晚公开出版四十余年的《我的前半生（全本）》，或许能够满意一些。

时间又过了两年，孙博盛终于和溥仪“过招”了。

“文化大革命”初期，溥仪的肾病加重，口不离药，经常住院。但他也和其他人一样，关心国家大事，对那时的一些反常情况想理解又不理解，甚至产生恐惧心理。他的历史经历又决定了他的恐惧以负罪心理为依托，久久不能释怀。1966年9月15日，孙博盛以长春市工程处文化革命战斗队队员的身份，致信溥仪，批评《我的前半生》的错误。溥仪于第二天复信，表示“书中内容确有不少美化旧事物，是不少有毒的，起坏作用的，应当打倒的”；还表示，作为危害中国人民的罪人，“不应当领稿费”。以此为开端，一直到翌年2月6日，孙博盛向溥仪致信八封，严词斥责《我的前半生》，溥仪以及李淑贤给孙博盛回信九封，表示低头认罪。真是难为溥仪了。实事求是地讲，孙博盛讨伐群众出版社，是找对了单位；而兴师于溥仪，则认错了人（为什么这么说，可参看中国文史出版社2016年版拙著《探寻丢失的历史——〈我的前半生〉出版史话》）。

虽然，更熟悉《我的前半生》的并不是溥仪，但他还是向孙博盛承担了责任。溥仪是一个很聪明的人，在1966年9月15日当天，他迅速给李文达打电话求救，据《爱新觉罗·溥仪日记》载，群众出版社一姓张的人员，代李文达回话，说他工作忙。实际情况是，社方干部张宗德把溥仪的求救推掉了，因为，造反组织掌了权，社已不社，李文达作为“走资派”早就被打倒而失去自由了。十分清楚当时的政治形势的溥仪，又于10月21日与王兰升电话联系，告诉孙博盛给他写批判信一事。这应该是试探性的行为，还是想找李文达，也知道了《我的前半生》责任编辑王兰升没有出事。10月24日，溥仪给孙博盛复信，表示《我的前半生》以后不应当出版，“但是，这不是我个人能决定的，因此我已向群众出版社同志提出了我的意见”……信中还极准确地揭示了《我的前半生》的主旨：“宣扬党和毛主席改造政策的伟大。”似乎试图扭转孙博盛的思路。

然而孙博盛的来信催逼得越来越紧，对《我的前半生》的上纲上线越来越高，痛苦而又无奈的溥仪，于12月2日再次给王兰升打电话向群众出版社求援。他说：“我不是依靠李文达个人，而是依靠组织……自限于水平，再检查，检查不出什么来……”他还表示，“政协领导对于书的来源不接头”。溥仪就差说这本书不是他执笔写的了。王兰升不能跟溥仪说实话，只好讲李文达出差了，而别人不知道书的内容。44年后，王兰升告诉我，当时这样讲，是请示过造反组织的。

溥仪在伪满洲国时期的童仆，倘活到今天都是九十岁以上的老人了。这些“不忘阶级苦、牢记血泪仇”的阶级兄弟，会与溥仪的在天之灵“相逢一笑泯恩仇”吗？

母子编

童蒙养正的组织者隆裕

提及叶赫那拉氏隆裕太后，同时必须说到袁世凯。《我的前半生》第二章《我的童年》第一节《登极与退位》说：

> 有一天在养心殿的东暖阁里，隆裕太后坐在靠南窗的炕上，用手绢擦眼，面前地上的红毡子垫上跪着一个粗胖的老头子，满脸泪痕。我坐在太后的右边，非常纳闷，不明白两个大人为什么哭。这时殿里除了我们三个，别无他人，安静得很，胖老头儿很响地一边抽缩着鼻子，一边说话，说的什么我全不懂。后来我才知道，这个胖老头儿就是袁世凯。这是我看见袁世凯唯一的一

次，也是袁世凯最后一次见太后。

溥仪当时不知道“胖老头儿”就是他的江山的终结者。这个“胖老头儿”后来名声如雷贯耳，甚至令清廷余孽恐惧，但末代皇帝与他素无交流。隆裕就不一样了，清朝祖制规定：“皇子呼母后为皇额娘，妃嫔不能当也。”所以溥仪只称隆裕太后为皇额娘。隆裕是哺育、呵护“皇上”的妈妈啊！

隆裕，原名叶赫那拉·静芬，生于1868年2月3日，满族镶黄旗人，都统桂祥之长女，慈禧太后的侄女。1888年11月8日，隆裕21岁的时候，由于慈禧的威逼，她嫁给了比她小三岁的表弟光绪皇帝做皇后，并于1889年2月25日光绪大婚时，进宫受到正式册封。1908年11月，光绪皇帝去世，慈禧深知她的侄女并非能够左右政局的人，临死前改垂帘制为摄政制，把大权交给了载沣，指立隆裕为皇太后，封号“隆裕”，还遗命载沣“遇有重大事件”必须随时面请“皇太后懿旨”，于是隆裕也就成了可以和摄政王同时左右政局的大人物，这一切，仅仅因为她是慈禧的侄女。到了辛亥革命时，隆裕太后成为大时代之中的点睛之笔，也让她获得了死后哀荣。如果说1912年的风云人物是孙中山和袁世凯，那么，一纸退位诏书，使得隆裕太后成为该年最受关注的女性。经典话语是“予亦何忍因一姓之尊荣，拂兆民之好恶。”

“一姓之尊荣”也须母亲费心。第二章《我的童年》第四节《毓庆宫读书》开头有两句极其重要的话：“我六岁那年，隆裕太后为我选好了教书的师傅，钦天监为我选好了开学的吉日良辰。宣统三年旧历七月十八日辰刻，我开始读书了。”

隆裕是如何安排溥仪受教育的呢？1911年9月10日，她给载沣下了道懿旨，派陆润庠、陈宝琛在毓庆宫授皇帝读。仅1912年9月22日，就恩赏陆润庠、陈宝琛、伊克坦三位师傅在紫禁城内乘二人暖轿和乘二人肩舆等“殊荣”。1913年2月5日，溥仪奉隆裕懿旨给陈宝琛、伊克坦著赏戴花翎。真是给足了老师的尊宠。

据赵继敏、王文锋主编《末代皇帝在紫禁城》收录崔岢岚署名文章《隆裕太后和溥仪》记载：

……溥仪的帝师都是由隆裕皇太后物色进宫的。其中有当过清末状元的大学士陆润庠、翰林内阁大学士兼礼部侍郎陈宝琛等。他们通过《十三经》、《大学衍义》、《大清开国方略》等封建教材向刚刚接受启蒙教育的溥仪成套地灌输封建帝王思想。后来在溥仪放纵任性、顽皮刁滑经常捉弄帝师时，还是隆裕太后找出规劝和警戒溥仪的办法，将溥杰、溥佳、毓崇送进毓庆宫作为溥仪的伴读学生。从此帝师们便可用训斥伴读学生的方式来约束溥仪了。这种方法果然奏效，溥仪在毓庆宫内变得规矩多了。……

有一次，隆裕到毓庆宫那边看溥仪读书情况如何，结果发现溥仪已经给老师放了假，自己正趴在毓庆宫前的大树下看蚂蚁玩呢。因为一到夏天，那棵大树下就经常会有蚂蚁，也许是溥仪比较小的缘故吧，好奇心战胜了所有的一切。隆裕在旁边就一直没出声地看着溥仪，溥仪竟然在那里趴了有一个时辰，到了午饭时间也没起来。隆裕自从发现溥仪读书非常不用心之后，几乎每天晚上都要让溥仪念书给自己听，一来，这样能让溥仪记住一些内容；二来，只有这样溥仪才会有读书的时间……

溥仪爱听故事，隆裕就搜肠刮肚地想各种各样的故事讲给溥仪听。时间长了，隆裕的故事也讲得差不多了。溥仪不喜欢听重样儿的故事，所以有时候在溥仪晚上睡觉前，隆裕自己没想起什么故事来，就让身边的太监讲给自己听，然后自己再讲给溥仪。有一次，老太监张谦和给溥仪讲了一个《聊斋》中的故事，溥仪听得津津有味，于是隆裕就到处挖掘关于中国古代神话人物的故事讲给溥仪听。看着溥仪一天天长大，隆裕非常开心，但她的身体也越来越不能应付给溥仪讲故事的要求了。于是，隆裕就让老太监张谦和讲给溥仪听，但谁也没想到，这普通的老太

隆裕皇太后，溥仪名分上的
“母后”（1868—1913）

监几乎把宫里所有的物件都讲成了故事，甚至一棵老松树，也成了他口中的故事。隆裕非常高兴，因为这个把张谦和提升为首领太监，并且把教授溥仪的任务交给了张谦和……

溥仪晚年回忆，此时的紫禁城中充满了压抑的气氛，每天清晨，他给隆裕太后请安，经常看到太后在擦眼泪；太监也是个个唉声叹气；来到书房，师傅愁眉苦脸，讲起课来有气无力……那时，溥仪已开始记事儿了，他懂得了仇恨，他恨孙中山、袁世凯，恨中华民国，这都是隆裕太后影响、师傅教育、太监熏陶的结果。

这就叫作“挨金似金，挨玉似玉，挨着木匠会拉锯”。

此外，隆裕的“童蒙养正”也有苛损的一面，在第三节《母子之间》中，溥仪回忆童年时期的吃饭时说：“事实上我小时候并不能‘进得香’。我从小就有胃病，得病的原因也许正和‘母爱’有关。我六岁时有一次栗子吃多了，撑着了，有一个多月的时间隆裕太后只许我吃糊米粥，尽管我天天嚷肚子饿，也没有人管。我记得有一天游中南海，太后叫人拿来干馒头，让我喂鱼玩。我一时情不自禁，就把馒头塞到自己嘴里去了。我这副饿相不但没有让隆裕悔悟过来，反而让她布置了更严厉的戒备。他们越戒备，便越刺激了我抢吃抢喝的欲望。有一天，各王府给太后送来贡品，停在西长街，被我看见了。我凭着一种本能，直奔其中的一个食盒，打开盖子一看，食盒里满满的酱肘子，我抓起一只就咬，跟随的太监大惊失色，连忙来抢。我虽然拼命抵抗，终于因为人小力弱，好香的一只肘子，刚到嘴又被抢跑了。”

毕竟不是亲妈。

溥仪的乳母王焦氏

面对《我的前半生》十章八十三节，据图书档案记载，历史学者侯外庐说，最精彩感人的文字在第二章《我的童年》第六节《我的乳母》。侯外庐所读为《我的前半生》成书之前的政审《二稿本》。这个本子引用了一段颇具文采的李鸿章关于一场大水灾的奏折，被《我的前半生》删削，除此，前后衔接的两个本子的内容基本一样。

《我的前半生（灰皮本）》第一章《我的出生和当上清朝末代皇帝的经过》，有两处涉及溥仪的乳母。一处在叙述醇王府子女“势力圈子”时，介绍“奶妈”称作“嫫”，她的地位仅次于唤为“精奇”的“看妈”。据《现代汉语词典》

解释，“嫫”为传说中的丑妇。故《我的前半生》将乳母称作“嬷嬷”，取奶妈之意。从《我的前半生（全本）》随文走的图片来看，真实的这位乳母，端庄美丽、气度绝俗，与丑妇当有天壤之别。一处则为溥仪专述乳母“王二嫫”。其文字远逊《我的前半生》的表述，且把乳母的亲生女儿误记成亲生儿子了。这两处叙述分散在书稿的不同位置，并未给读者留下深刻印象。而《我的前半生》是集中描绘溥仪和乳母的关系，写出了娓娓道来、饱含感情的细腻文字。

《我的乳母》这一节，运用倒叙手法，在节的后半部分揭示了乳母的身世：本姓焦，逃荒的穷苦家庭；十六岁时半卖半嫁地给了一个王姓的差役当媳妇；丈夫死了，生活陷入绝境，以“体貌端正和奶汁稠厚”当选溥仪乳母，“二两月银，把一个人变成了一头奶牛”。当乳母第三年，亲生女儿因营养不足死了……这一节最为称道的是细节和对话：

> 有一次，有个会玩木偶戏的太监，给我表演了一场木偶戏。我看得很开心，决心赏他一块鸡蛋糕吃。这时我的恶作剧的兴趣又来了，决定捉弄他一下。我把练功夫的铁砂袋撕开，掏出一些铁砂子，藏在蛋糕里。我的乳母看见了，就问我：“老爷子，那里头放砂子可叫人怎么吃呀？”“我要看看他咬蛋糕是什么模样。”“那不崩了牙吗？崩了牙就吃不了东西。人不吃东西可不行呵！”我想，这话也对，可是我不能取乐了，我说：“我要看他崩牙的模样，就看这一回吧！”乳母说：“那就换上绿豆，咬绿豆也挺逗乐的。”于是那位玩木偶的太监才免了一次灾难。

溥仪深情而理性地说：

> 我是在乳母的怀里长大的，我吃她的奶一直到九岁，

九年来，我像孩子离不开母亲那样离不开她。我九岁那年，太妃们背着我把她赶出去了。那时我宁愿不要宫里的那四个母亲也要我的“嬷嬷”，但任我怎么哭闹，太妃也没有给我把她找回来。现在看来，乳母走后，在我身边就再没有一个通“人性”的人。如果九岁以前我还能从乳母的教养中懂得点儿“人性”的话，这点儿“人性”在九岁以后也逐渐丧失尽了。

溥仪的乳母王焦氏（1888—1945）

这些表述“为末代皇帝纵横捭阖在各色政治方程式之间的人生平添一缕温暖”。（马春景在《文学评论》2018年第4期撰文《“复”和“杂”的写作——溥仪〈我的前半生〉的成书历程》语）

如果说，末代皇帝的自传囿于体裁和题材的局限，无法详细展开母子情深的笔触，那么，李文达所著长篇小说《少年天子》和《圈龙溥仪》则把两个人的关系抒写得淋漓尽致。

20世纪70年代后期，李文达曾起意撰写“溥仪的后半生”，与《我的前半生》形成姊妹篇。为此，他于《啄木鸟》1983年第一期发表纪实长文《一个人，一项伟大的工程》，描绘末代皇帝的后半生。文中说：“确实有人在写关于溥仪后半生的书。参加写书的人就有他的妻子李淑贤同志。不久前，群众出版社（《啄木鸟》的东家）几位编辑同事在她的家里，听她用低沉的声调叙述着，她谈的正是溥仪的后半生。”然而，由于中、意、英合拍电影《末代皇帝》的事，李淑贤与李文达分道扬镳了，她对他发展到视若寇仇。李文达只好放弃了写作的想法。当时有一位名叫贾英华的文学青年，具备得天独厚的创作条件：他既较早与李淑贤相熟，得到了她的口述，又是李文达的忘年交，能从这位《我的前半生》的执笔人嘴里了解溥仪。于是，写末代皇帝后半生的任务就落在了他的头上。然而，李文达也无法闲着。他面对80年代以来《我的前半生》权利纠纷舆论的蜂起，经几番转圜，仍然无法摆脱人们认为他只是这部书稿的编辑的错觉，只好在郁闷和困惑中发愤，蚌病成珠，通过小说创作“笔补造化，代为传神”：分别于1988年和1990年在北京十月文艺出版社出版了《少年天子》和《圈龙溥仪》两部长篇著作，凡84万余字。这两部图书一改《我的前半生》第一人称的自传写法，而采用第三人称进行小说创作，其内容起止时间与《我的前半生》相同，写来既真实有据，又虚构得体，纵横捭阖，气象万千，在中国文学史上第一次用小说体裁塑造了末代皇帝的艺术形象。

据笔者统计，《少年天子》、《圈龙溥仪》着墨“嬷嬷”达二十三处。以下援引两处加以说明。

> “老爷子（“老爷子”是溥仪自小开始，乳母对他一贯的称呼——引者注），身上不舒服吗？”
>
> 溥仪拿过她手里的盖杯，放回到桌上，把她扶到床边坐下。
>
> “二嬷，”他握住二嬷的双手，颤声低低地说，“婉容她有身孕了！”
>
> 二嬷愣了一下，忽然脸上大放光明。她站起身，两膝下屈，大声说着：
>
> “给皇上道喜啊，到底有了……”
>
> “不对！不对！”溥仪着急地拉她起来，“不是……我的呀！”
>
> 王二嬷两眼发直，重重地跌坐在床上。

“不对！”她忽然看着溥仪，坚定地说，“不对！皇上别冤枉人！我看就是皇上的！别瞎猜疑了！”

“不，不，”溥仪喘气急促起来，“你听我说，听我说，我……我不行呀！”他又拉起二嬷的双手摇晃着。“是太监把我害了，我不行呀！”

他蹲了下来，把脸埋在二嬷手里，痛哭起来。

皇后与人私通在宫闱秘事中，当属大逆不道的极度家丑。溥仪不可能向日本主子或伪满的“三公九卿”倾诉，他只能找“不似亲娘，胜似亲娘”的乳母商量处治办法。当末代皇帝起了杀机，拟赐婉容三尺白绫时，“嬷嬷”索性跪下对溥仪说：“老爷子连耗子都不忍心杀，娘娘总是个人吧……”并以伪满“登极的大喜日子”为由，搪塞溥仪，总算把风波平息下来。

据说婉容在流亡中，因毒瘾发作，在癫狂中病故。对婉容的死他虽感到内疚，但不如二嬷的死对他的打击更沉重。二嬷死于通化，是在日俘暴动中中了流弹。王爷在1951年卖掉王府迁到一所新买的小院里，因病去世。去世前将家产分给了子女们，但不包括溥仪。听说他还发表声明与溥仪脱离一切关系。对王爷和家族们的这一举动他毫无怨言，但由此更怀念二嬷了。别人都把他看成多余的精神负担，二嬷永远不认为他是多余的。他童年时的心境又复苏了，任何别人都可以没有，唯独少不了二嬷。只有二嬷才是他的亲人。天底下，只有母亲对儿女是无私的，二嬷就是他的母亲。

然而，这个无私的母亲也不存在了。今后我跟谁一起生活？我没有个家呀！

上引对家族成员状貌的简要叙写和溥仪的心理活动，产生于最高检察院工作团来到抚顺战犯管理所对战犯进行调查，溥仪等人检举和认罪之后。当时所里批准他们可以与家属通信，末代皇帝已经知道“死不死”的问题解决了，只要好好改造，迟早会获得新生。就母子情深的笔触而言，它是对《我的前半生》的丰富和深化，也可以看作是《我的乳母》这一节的最后完成。

有关研究溥仪与乳母关系的论文并不多见。据笔者所知，长春伪满皇宫博物院的研究馆员陈宏写过两篇。一篇是李立夫主编、王文锋执行主编由天津人民出版社出版的《溥仪研究·下卷》收录的《溥仪与他的八位“母亲”——兼谈“母亲”对溥仪的影响》。在这篇论文中，论者把王焦氏看作溥仪的第八位母亲。一篇是王志强主编由吉林大学出版社出版的《溥仪研究 2》收录的《溥仪与他的乳母王连寿——兼谈乳母对溥仪的影响》。

可参看。

民国编

溥仪最不愿意打交道的是汪精卫

按理说，汪精卫与溥仪是中国的头号和二号汉奸，都听命于日本帝国主义者，俩人的关系应该火热。可是由于曾经发生过的杀父之仇，他们之间鸡犬相闻，来往很少。《我的前半生》第二章《我的童年》第一节《登极与退位》提到过汪精卫的名字，那是因为兆铭在辛亥革命时期谋刺摄政王的“英雄壮举”，无论是什么史书也会点缀一番的。还有一次汪精卫的名字出现在第五章《潜往东北》第七节《会见板垣》：“他（指板垣征四郎）于一九三四年任关东军副参谋长，一九三七年‘七七’事变后是师团长，一九三八年做了陆军大臣，一九三九年任中国派遣军的参谋长，以后做过朝鲜司令官、驻新加坡的第七方面军司令官。在华北内蒙树立伪政权，进攻中国内地，树立汪精卫伪政权、发动哈桑湖对苏联进攻等等重大事件中，他都是重要角色。”请注意，这段话分明是给板垣征四郎做简历，捎上一笔汪精卫罢了。

《我的前半生》第六章《伪满十四年》省略了溥仪和汪精卫会面的故事，以下通过其他史料补上。

先说说会面之前的一些背景。

在日本当局的策划下，伪满洲国“外务局长”韦焕章专程来到南京，于1940年11月8日与日汪“议约委员”一起草拟了日满华共同宣言。11月30日，伪满洲国“参议长”臧式毅亦来南京，与汪精卫及日本大使阿部信行正式签订三国共同宣言。《共同宣言》只有简单的三项内容：“（1）中华民国、日本国及满洲国互相尊重其主权及领土。（2）中华民国、日本国及满洲国，讲求各项必要之一切手段，俾三国间以互惠为基调之一般提携，尤其是善邻友好、共同防共、经济提携得收实效。（3）中华民国、日本国及满洲国，根据本宣言之旨趣，速行缔结协定。”1940年12月23日，汪精卫派遣以“外交部长”徐良为“特使”，“军政部长”鲍文樾为“副使”的“访满修好答礼使节团”，去“新京”（长春）表示与伪满洲国“修好”，共同建设“大东亚新秩序”。是日，徐良“觐见”溥仪（《我的前半生》两次提及徐良。其人是康有为的“徒弟”，早年常进出于清逊帝溥仪的皇宫。——引者注），向溥仪递交“国书”及汪致溥仪的亲笔信。1941年2月22日，汪伪政府特任驻伪满洲国“大使”廉隅抵达“新京”，宣布“驻满使馆”于当日开始，原设之“通商代表公署”亦于当日结束工作。不久，又在奉天（沈阳）和哈尔滨各开设了一个“总领事馆”。1942年3月1日，汪精卫发表了《满洲帝国建国十周年纪念日》的广播讲话。鼓吹日本发动太平洋战争，对英美开战后，“中国声明与日本共甘苦，满洲也声明与日本协力，这是东亚轴心向着世界第一次发扬共同精神”，“保卫东亚”是中日满三国的共同责任，“日本已尽其最大之努力，完成保卫东亚之任务。满洲国在此十年以内，厚蓄国力，扩充民力，必能对此神圣之任务，有所贡献。中国……亦必认定目标，申明责任，勇往直前，以求共同精神之完全贯彻”。

笔者因给《我的前半生》多个版本做责任编辑的缘故，见过图书档案中收存的篆刻家朱其石于 1961 年邮给群众出版社的《伪满史料简目》。其中著录“请柬之六”。

> 1942 年南京汪记国民政府主席汉奸汪精卫于 5 月 9 日赴长春访问。“国务总理大臣”设宴欢迎之请柬。该请柬内容如下：“敬启者谨订于五月九日正午在大和旅馆举开中华民国国民政府汪主席阁下欢迎午餐会。特请立端陪宴，届时务希贲临为荷。专启即候时祉。国务总理大臣张景惠。服装协和会礼装或其他礼服。勋章记章全部佩戴。”

上述文字，堪称请柬解题之完璧。1942 年 5 月 4 日，汪精卫乘坐“海鹣”号专机离开南京去“满洲国”访问。随行的有汪伪“宣传部部长”林柏生、“外交部部长”褚民谊、“参谋本部部长”杨揆一等共计十五人。这一行人于当日抵大连，然后在大连、旅顺参观访问。5 月 7 日，汪精卫乘坐“满洲国”宫内府特别准备的专列从大连出发，于是日下午 5 时半抵达“新京”。这次汪伪组织代表团抵满，是奉日本驻华中国派遣军总司令指示，以庆祝“满洲国”成立十周年为名的访问。汪精卫宣称：“友邦日本对英美宣战后，中国政府声明与日本同甘同苦，满洲帝国政府也声明与日本同心协力，这是东亚轴心向全世界发扬的共同精神。”他还祝贺“满洲帝国皇帝陛下福体康宁，满洲帝国国运昌隆，反共轴心作战完成最后胜利”。汪精卫此次访问，绝非出于汪、满双方任何一方的政治或经济上的需要，溥仪对汪精卫来伪满洲国，也是“当时虽然很伤脑筋，但为了给主子面子，踌躇再三，还是于 5 月 8 日上午在勤民殿召见了他，并赐宴招待”。曹振威署名文章《冤家变同党——汪精卫与溥仪的奇特关系》（收录于李立夫主编、王文锋执行主编：《溥仪研究·下卷》，天津人民出版社 2012 年版）归纳出汪、溥关系三部曲：“唱革命调：视溥仪为仇敌；走投敌路：认溥仪为同道；

奉日本令：访溥仪结死党。”朱其石所述则为第三部曲高潮的次日举行的较大规模的招待会。

有一位名叫周逸峰的亲历者，当年曾在汪伪政权的“外交部”工作，他在20世纪80年代撰文回忆了1942年5月8日那天与末代皇帝见面的情况和第二天晚上关东军司令官梅津美治郎设宴招待的情况。“11时3刻，由宫内府大臣（此时的宫内府大臣为爱新觉罗·熙洽——引者注）招待至赐宴餐所，按名签就座，正中虚设龙椅。12时正，扩音机放奏伪满国歌，全体宾主俯首肃立。在伪满国歌声中，遥闻皮靴托托之声，自远而近，溥仪带同随从进门。他旁若无人地独自先在龙椅坐下，背后立有翻译二人，全体随着坐下，徐良坐在溥仪并排右手，皇室御用挂吉冈安直坐在溥仪的左手（这是溥仪的监视人）。我们五人与溥仪面对而坐，同席共二十四人。溥仪坐下后，只顾自饮自吃，并不举杯招待。徐良虽系溥仪之师（徐良是康有为的学生，因这层关系，早些时候，就与溥仪混得较熟，这在《我的前半生》中有记载，他并不是帝师——引者注），但仍称他为皇上。徐先开口说：‘汪主席向皇上问好。’溥仪说：‘汪主席好。’接着，溥仪按照外交礼节，向我们随行五人各问一句。我还记得，他问我：‘到过满洲吗？’我答：‘第一次。’在严肃的气氛中，赐宴开始。日本式两菜四汤尚未上齐，溥仪就先行退席，全体人员立即俯首起立相送。溥仪一走，席上空气顿呈活跃，席终我们径回宾馆休息。最后一天晚上，我们一行又出席了关东军司令官梅津的招待会。这种豪华的场面，比溥仪的赐宴真有霄壤之别。当我们六人由特高课长导入富丽堂皇的餐厅时，被邀出席的当地日满重要文武官员五六十人已环立厅内。我们六人依次排立于厅内门口。六时正，梅津身穿军服佩带勋章，率领高级参谋四人进入餐厅，服务员立即送上香槟酒。鲜花盘中放着十多种名牌酒，连我国新疆的哈密瓜也出现在‘满洲国太上皇’的宴席上。其他如整只烤小猪和整只大鸡，都一道道送上克罗米的餐桌。坐在我旁边的一个日本军官告诉我：‘梅津司令官阁下备有法国式和德国式西菜专厨，并备有中国名厨，今晚用的是法国式西菜。’”从周逸峰这段

汉奸汪精卫访问伪满洲国

描述中可以看出，当时溥仪心情并不好！而关东军司令官的心情很好。溥仪心情不好，是因为遇到冤家汪精卫。梅津美治郎心情好，是因为对汪精卫和溥仪都还算满意。

王庆祥编著的《溥仪年谱》也记录了这次溥仪和汪精卫的会面。

> 5月7日　溥仪敕派伪宫内府大臣熙洽到“新京”车站“奉迎”“中华民国国民政府主席”汪精卫。
>
> 5月8日　上午9时50分，“中华民国国民政府主席”汪精卫率随员“外交部部长”褚民谊、“参谋总长”杨揆一、“教育总署督办”周作人、“行政院侨务委员会委员长”陈君慧、“航空署署长”陈昌祖及驻伪满“中华民国特命全权大使”廉隅等共八人入“宫”，觐见溥仪，汪精卫“就建国以来，国运之昌隆和满华国交往之日益发展前途”发表“祝辞”。溥仪致“欢迎辞”。汪精卫一行“捧

呈赠品”。10时10分汪精卫一行“退宫”归还“满业公馆”。10时45分溥仪“临幸”汪精卫住宿公馆以为答访。11时10分“还宫”。11时50分汪精卫一行再度进“宫”。正午，溥仪赐宴嘉乐殿。下午1时30分宴毕，汪精卫一行返归“满业公馆”。“满业”，系满洲重工业开发株式会社的简称。

综合周逸峰和《溥仪年谱》的言论，汪精卫的确吃了末代皇帝设的这顿饭局。从徐良和溥仪的对话可以看出，汪、溥之间关系并不和睦。“随行五人”之外，还有第六人，即明知处境尴尬也要赴宴的汪精卫。

文本中提及一次的人物

——朱启钤说略

《我的前半生》提及一次的人物很多。详见该书“人物索引（前六章）”统计。第三章《紫禁城内外》第一节《袁世凯时代》尝云：“到了元旦这天，我被打扮了一下，穿上金龙袍褂，戴上珠顶冠，挂上朝珠，稳坐在乾清宫的宝座上。在我两侧立着御前大臣、御前行走和带刀的御前侍卫们。总统派来的礼官朱启钤走进殿门，遥遥地向我鞠了一躬，向前几步立定，再鞠一躬，走到我的宝座台前，又深深地鞠了第三躬，然后向我致贺词。贺毕，绍英走上台，在我面前跪下。我从面前龙书案上的黄绢封面的木匣子里，取出事先写好的答辞交给他。他站起身来向朱启钤念了一遍，念完了又交还给我。朱启钤这时再鞠躬，后退，出殿，于是礼成。”

《我的前半生》仅仅提及一次的人物朱启钤就是这样出场的，用细致的笔墨叙说民国二年新年袁大总统派来的礼官在逊帝面前的礼仪活动。

朱启钤，谱名启纶，字桂辛，号蠖公、蠖园，晚年自号所居曰“勤炳烛斋”。祖籍贵州紫江（今开阳），1872 年 11 月 12 日生于河南信阳，1964 年 2 月 26 日卒于北京。他的一生经历了晚清、北洋政府、国民政府、新中国的人民政府四个历史时期，为我国著名政治家、实业家、古建筑家、收藏家。王世襄尝云：“可惜现在的人对他知道的太少，不能理解他的重要性，从学术上来说，他是中国很多学科的奠基人。”

然而，本文并不是给朱启钤作传。而是钩求他与溥仪哪怕是间接的关系，譬如公安事业、人际交往，等等。末代皇帝的重要经历和朱启钤的重要经历，或许在两个人茫茫然无所知的情况下就聚合了。还是先从朱氏谱系谈起，说说他怎么就成了给“小朝廷”拜年的礼官。

朱启钤原籍江西，曾祖朱理堂于道光十二年（1832）游湖南返，主讲于省城贵阳正本书院，遂迁于此。朱启钤的姥爷傅寿彤，咸丰三年（1853）进士，官至河南按察使、布政使。父亲朱庆墉是姥爷的学生，娶了姥爷的千金。朱启钤很小的时候，由于父亲溺水而亡，生活在外祖父家里。朱启钤的姨夫是晚清军机大臣瞿鸿机。《我的前半生》第一章《我的家世》第三节《慈禧太后的决定》中，亦提及一次。“西太后曾经打过主意，要先把奕劻开缺。她和军机大臣瞿鸿机露出了这个意思，谁知这位进士出身后起的军机，太没阅历，竟把这件事告诉了太太。这位太太有位亲戚在一家外文报馆做事，于是这个消息便辗转传到了外国记者的耳朵里，北京还没有别人知道，伦敦报纸上就登出来了。英国驻北京的公使馆据此去找外务部，询问有无此事。西太后不但不敢承认，而且派铁良和鹿传霖追查，结果，瞿鸿机被革了职。”

1891 年，瞿鸿机出任四川学政，朱启钤跟随入川。瞿鸿机欣赏朱启钤天资聪颖，做事精干，有异于常人的禀赋，遂着意栽培，大力提携。因为朱启钤写得一笔好字，并且和瞿鸿机的字相似，瞿鸿机还让他替批文案，代拟文书。1902 年，在瞿鸿机的大力举荐下，30 岁的朱启钤出任京师大学堂译学馆工程提调及监督。在北京的这段时间，朱启钤结识了徐世昌。徐世昌非常欣赏他，给予“稳健干练，事必果行”的评价，并把他推荐给袁世凯，得到其重用。自此，朱启钤进入北洋集团，为袁世凯竭尽全力，忠诚效劳。

辛亥革命后，朱启钤在北洋政府做过交通总长、内务总长，并曾由袁世凯任命为代总理。他经历了赵（秉钧）、熊（希龄）、孙（宝琦）、段（祺瑞）、徐（世昌）等内阁，一直维持其阁员的地位，可谓北洋政坛的“不倒翁”。然而，这位政权“不倒翁”却一度迷失在“洪宪帝制”的声浪中。1915 年，杨度、孙毓筠、刘师培等人组织筹安会，为袁世凯复辟帝制制造舆论。朱启钤出任“登基大典筹备处长”，与段芝贵、周自齐、梁士诒、张镇芳、雷辰春、袁乃贵一起，被人并称为“七小人”。袁世凯死后，朱启钤以筹备洪宪帝制大典祸首之一遭通缉，1918 年被赦免。在朱启钤漫长的一生中，他对自己参与“洪宪帝制”一事从不辩解，从不公开说袁世凯的坏话，也不说袁的好话。即使是章士钊同他谈袁世凯，他仍然坚持“不能以成败论英雄”。

用今天的话说，朱启钤当过“北京市公安局局长”。究竟怎么一回事呢？1905 年，清朝设立巡警部，徐世昌任尚书，赵秉钧任右侍郎。朱启钤调至巡警部，任北京内城巡警厅厅丞、外城巡警厅厅丞。当时的警察什么都要管，一身兼任多职，举凡安全、交通、消防、卫生、社保、救济，等等，都要操心。朱启钤经常骑着马在京城巡逻，几乎所有的街道、建筑都烂熟于心。他看到北京夜晚漆黑一片，就试着在街上安装路灯。但京师某御史以“自家数世夜不燃灯”为由，向皇帝弹劾、控诉，朱启钤没有退却，照常试验。朱启钤还在外城大栅栏推行过“单行道制”，不过，有个人却自恃皇亲国戚，公然违反规矩，此人就是肃亲王善耆的福晋。让人惊讶的是，朱启钤竟敢向皇亲国戚开罚单——判罚那个福晋十块银圆，但居然使肃王爷听了惩罚理由心悦诚服，使得“单行道制”施行得十分顺利。可见，朱氏作为晚清的旧警政人员，敢于担当、善于做事，在北京警政历史上写下一段佳话。

众所周知，由于溥仪的特殊身份以及撰写《我的前半生》，从新中国成立之初到特赦之后，他结识了许多公安干部包括群众出版社的干部。朱启钤与公安出版是有些瓜葛的，还是要从图书说起。

朱启钤素爱藏书，尤留意地方文献，有藏书楼曰“存素堂”。其中贵州地方文献编有《存素堂入藏图书黔籍之部目录》，著录黔人、黔事文献四百余种。1960 年，朱氏向家人嘱托，百年后将平生收藏有关贵州文献、图书赠给贵州省博物馆及贵州省图书馆。1962 年 11 月，贵州有关人员前往北京，接受了这批图书捐赠。在这批图书中有清人朱逢甲所著《间书》手稿。朱启钤作序谓此书为贵州候补道于钟岳所有。“近岁余搜求黔南文献，书肆乃捆载其家藏故纸，并残蚀不堪触手者，悉归之余，既为一一整比……”朱氏在这篇序言中依据地方志考证朱逢甲与第一藏家于钟岳之关系，并检出清人别集中言论以及七律、五律等，钩稽朱逢甲事迹，用力颇勤。

《间书》为清咸丰年间风起云涌的农民起义的产物。当时，除太平天国反抗清朝统治的起义，贵州也绝非等闲之地，爆发了苗族和各族人民的起义，持续时间较长，直到清同治十一年（1872）才被镇压下去。《间书》的作者朱逢甲参与了对贵州农民起义的镇压活动。他为了给朝廷的这种镇压活动出谋划策，收集了古书中经史子集大量材料，对我国历史上的间谍活动概略地加以评述，是为《间书》。换言之，实乃一部深蕴战略学遗产的中国古代间谍史话。

《间书》之所以能在群众出版社出版，首先要感谢于浩成。他是北平人，抗日战争期间读过日伪的出版物。曾为北洋政府内务总长朱启钤家藏的《间书》手稿铅排件发表于《中和杂志》，于浩成把它记在心上，“文化大革命”前，他担任群众出版社副总编辑时，将存于群众出版社资料室的《中和杂志》所载《间书》用蓝皮本印出，作为内部读物在公安机关发行。其时正值《我的前半生》公开出版，一内部发行，一公开出版，皆为公安出版之重镇，溥仪的著作和朱启钤的家藏，就这样在一家出版社聚会了。1978 年，群众出版社恢复后，第一批公开出版的图书，除从中华书局索回的《我的前半生》，还有《间书》、《金陵春梦》、《程一鸣回忆录》、《福尔摩斯探案集》、《点与线》等，共同确定了公安出版的特色和方向。笔者是从销量达十万余册的公开出版物《间书》附录的“朱启钤序”中略知这位藏书家的。

末代皇帝晚年，有幸得到周恩来总理的亲切关怀，中国共产党的统一战线工作也很好地落实到朱启钤身上。他年长周恩来近三十岁，两人在不同的时代都担任过政府总理，周恩来尊重朱启钤，桂老亦佩服周公。新中国甫始，周恩来便派人将朱氏接到北京，出任中央文史研究馆馆员、全国政协委员等职。据收藏界杂志社的一篇网文记载：

> 1957年深秋的一个傍晚，周恩来和章文晋（朱启钤外孙，曾任驻美大使）来朱家吃便饭，说他家的丸子特别好吃，要品尝品尝。席间，周恩来说他在北戴河看到一篇碑文，上面有他叔父周嘉琛的名字，问朱启钤知道不知道，桂老说：“民国二年，我任内务部总长，举办县知事训练班时，你叔父是我的门生，当时他正在临榆县知事任内。”总理笑着说：“那你比我大两辈，我和章文晋同志是同辈了。”朱启钤还说：“总理，国家不是说人民信仰自由吗？我不愿意火葬，我死了，请把我埋在北戴河，那里有我的继室于夫人的墓。我怕死后办不到，所以现在对你说。周恩来答应：“我一定帮你办到，桂老，你放心吧。”不过，1964年朱启钤病故后，不知什么原因，他还是安葬在了八宝山革命公墓。

如果溥仪知道民国二年给他致新年贺词的礼官朱启钤，也同样得到周恩来总理的亲切关怀，内心肯定感到十分欣慰的。

说到群众出版社出版的图书，笔者想起末代皇帝在世时的一位与他同为特赦战犯的好朋友沈醉先生，在群众出版社出版了名气颇大的《我所知道的戴笠》一书。相信20世纪70年代后期的读者都会记得其中引录了一首诗："赵四风流朱五狂，翩翩胡蝶最当行。温柔乡是英雄冢，哪管东师入沈阳。"诗中提及的"朱五"，指朱湄筠女士。故事是这样的：1931年11月20日，上海《时事新报》发表了马君武的一首题为《哀沈阳》的七言绝句，即沈醉引述的这首诗，讽刺张学良在"九一八"事变之夜得知日军进攻沈阳北大营时，仍沉迷于歌舞。该诗传诵一时，张学良背上了"风流将军"、"不抵抗将军"的骂名，赵四、朱五、胡蝶更是被视为"红颜祸水"。多年以后，在香港的一次宴会上，朱湄筠正好碰到马君武，她拿着个酒杯走了过去，说："马先生，你知道我是谁吗？我就是你诗中所写的那个朱五啊，来，我敬你一杯，我谢谢你了，你把我变成名人了！"马君武当时的神态非语言笔墨所能形容，不俟终席匆匆拔腿而去。

朱家千金多，皆为京津社交场的明星人物，由于朱启钤游历过欧美，思想开放，从不限制子女的社交活动，因此她们才十分活跃，时有朱家"八凤"之誉。其中就包括朱湄筠女士。

当然，由于桂老1964年2月就作古，他既无缘拜读1964年3月公开出版的《我的前半生》，更不知晓1979年公开出版的《我所知道的戴笠》了。

溥仪与“新人物”胡适的交往

笔者没有资格论列中国20世纪的顶尖名人之一胡适，但对他和溥仪的关系却略知一二。说出来，没有给胡适增光添彩的意思，却能帮助我们更多地认识溥仪。

胡适有攀龙附凤的虚荣心。末代皇帝则更希望了解外部世界的精彩。《我的前半生》第三章《紫禁城内外》第四节《不绝的希望》说：“我十五岁时从庄士敦师傅的谈话中，知道了有位提倡白话文的胡适博士。庄士敦一边嘲笑他的中英合璧的‘匹克尼克来江边’的诗句，一边又说‘不妨看看他写的东西，也算一种知识’。我因此动了瞧一瞧这个新人物的念头。有一天，我好奇心发作之下，打了个电话给他，没想到一叫他就来了。这次会面的情形预备后面再谈，这里我要提一下在这短暂的而无聊的会面之后，我从胡适给庄士敦写的一封信上发现，原来洋博士也有着那种遗老似的心理。他的信中有一段说：‘我不得不承认，我很为这次召见所感动，我当时竟能在我国最末一代皇帝——历代伟大的君主的最后一位代表的面前占一席位！’”溥仪笔下的胡适一出场，便露出轻薄相。

十五六岁的溥仪对电话十分好奇，就跟现代人刚玩手机时的心情一样。该章第七节《内部冲突》，讲了末代皇帝与胡适的一次电话交流以及会见。

> 随着电话机，电话局送来了一个电话本。我高兴极了，翻着电话本，想利用电话玩一玩。我看到了京剧名演员杨小楼的电话号码，对话筒叫了号。一听到对方回答的声音，我就学着京剧里的道白腔调念道："来者可是杨——小——楼——呵？"我听到对方哈哈大笑的声音，问："您是谁呵？哈哈……"不等他说完，我就把电话挂上了。真是开心极了。接着，我又给一个叫徐狗子的杂技演员开了同样的玩笑，又给东兴楼饭庄打电话，冒充一个什么住宅，叫他们送一桌上等酒席。这样玩了一阵，我忽然想起庄士敦刚提到的胡适博士，想听听这位"匹克尼克来江边"的作者用什么调儿说话，又叫了他的号码。巧得很，正是他本人接电话。我说：
>
> "你是胡博士呵？好极了，你猜我是谁？"
>
> "您是谁呵？怎么我听不出来呢……"
>
> "哈哈，甭猜啦，我说吧，我是宣统啊！"
>
> "宣统？……是皇上？"
>
> "对啦，我是皇上。你说话我听见了，我还不知道你是什么样儿。你有空到宫里来，叫我瞅瞅吧。"
>
> 我这无心的玩笑，真把他给引来了。据庄士敦说，胡适为了证实这个电话，特意找过了庄士敦，他没想到真是"皇上"打的电话。他连忙向庄士敦打听了进宫的规矩，

明白了我并不叫他磕头，我这皇上脾气还好，他就来了。不过因为我没有把这件事放在心上，也没叫太监关照一下守卫的护军，所以胡博士走到神武门，费了不少口舌也不放通过。后来护军半信半疑请奏事处来问了我，这才放他进来。

从《我的前半生》的描述来看，溥仪不经意地引出胡适的一次紫禁城交游。大抵末代皇帝只把胡适当作京剧演员杨小楼、杂技演员徐狗子之流看待。但胡博士却把谒见宣统看成非常隆重的事情。关于胡适与溥仪第二次会见，《我的前半生》未记载。爱新觉罗·溥仪著、王庆祥整理注释的《溥仪文存》（群众出版社 2017 年 11 月版）有王氏一段按语：“1924 年 5 月 27 日，北京大学教授胡适再度进宫与溥仪会晤，报界以此为新闻，轰动一时。后来溥仪又写信给胡适，其信稿在溥仪出宫后发现于养心殿，内容体现了溥仪的开明进步思想，这可能是他基于一席面谈，而受到胡适的启迪。”王庆祥编著《溥仪年谱》（群众出版社 2017 年 11 月版）在“1924（甲子）中华民国十三年溥仪十八岁”目下，也确实著录：“5 月 27 日，胡适再度入宫会晤溥仪。”但《溥仪文存》收录“溥仪致胡适的信（1922 年 5 月 30 日）”，内容已经十分“开明进步”了。容后细引。

该章第十二节《三岔口上的抉择》叙述了胡适与溥仪第三次来往。正当溥仪被冯玉祥赶出紫禁城处于危难之际，段祺瑞发来密电：“皇室事余，全力维持，并保全财产。”之后，醇亲王府的门禁有了松动，“没有‘顶戴’、‘功名’的胡适也没受到阻拦”，他去探视慰问溥仪。

不久以前，我刚在报上看到胡适一封致王正廷的公开信，大骂国民军，表示了对于“以武力胁迫”修改优待条件这种行为的“义愤”。虽然陈宝琛仍然把他视同蛇蝎，但郑孝胥已经和他交上了朋友，有些遗老也认为他究竟比革命党和国民军好。他走进北府，没有受到阻拦，我见到他，表示了欢迎，并且称赞他在报上发表的文章。他又把国民军骂了一通，说："这在欧美国家看来，全是东方的野蛮！"

胡适这次见我，并不是单纯的慰问，而是出于他的"关心"。他问我今后有什么打算。我说王公大臣们都在活动恢复原状，我对那些毫无兴趣，我希望能独立生活，求些学问。

"皇上很有志气！"他点头称赞，"上次我从宫里回来，就对朋友说过，皇上很有志气。"

"我想出洋留学，可是很困难。"

"有困难，也不太困难。如果到英国，庄士敦先生可以照料。如果想去美国，也不难找到帮忙的人。"

"王公大臣们不放我，特别是王爷。"

"上次在宫里，皇上也这样说过。我看，还是要果断。"

"民国当局也不一定让我走。"

"那倒好说，要紧的还是皇上自己下决心。"

尽管我对这位"新人物"本能地怀着戒心，但他的话确实给了我一种鼓励。我从他身上觉察出，我的出洋计划，一定可以得到社会上不少的同情。因此，我越发讨厌那些反对我出洋的王公大臣们了。

代表英美大资产阶级利益的胡博士，确实为刚刚从紫禁城这个樊笼"逃脱"的末代皇帝吹来一股清新的风。笔者赞同李文达修改《我的前半生》的考虑："……原稿中，把溥仪的行动写得太直线化，除了复辟几乎任何别的不想，这是不够真实的。如果根据这条线索——什么时候他特别想复辟，什么时候又泄气，想得过且过，什么时候又怕得要死——这样修改一下，不但性格更鲜明，而且也解决了时代背景的渲染、周围人物的暴露等等问题。"是的，溥仪在《我的前半生》中描述的他与胡适的交往，就是书稿创作成功的一个缩影。

话说回来，笔者倒叙一下，看看《我的前半生》是怎样写传主和胡适第一次会见内容的：“这次由于心血来潮决定的会见，只不过用了二十分钟左右时间。我问了他白话文有什么用，他在外国到过什么地方，等等。最后为了听听他对我的恭维，故意表示我是不在乎什么优待不优待的，我很愿意多念点儿书，像报纸文章上常说的那样，做个‘有为的青年’。他果然不禁大为称赞，说：‘皇上真是开明，皇上用功读书，前途有望，前途有望！’我也不知道他说的前途指的是什么。他走了之后，我再没费心去想这些。没想到王公大臣们，特别是师傅们，听说我和这个‘新人物’私自见了面，又像炸了锅似的背地吵闹起来了。”这次会见的时间，据《溥仪文存》说是1922年5月30日。《溥仪文存》还记载了《我的前半生》没有的末代皇帝谈话内容：“我们做错了许多事，到这个地位，还要糜费民国许多钱，我心里很不安。我本想谋独立生活，故曾要办皇帝财产清理处。但许多老辈的人反对我，因为我一独立，他们就没有依靠了。”

且看那封“开明进步”的信。

(胡适) 先生：

久欲见先生，今日相见，深为欣快。上次，先生给吾之大作《胡适文存》，良深钦佩。文学盖今世与古世不同，不当定照旧制，应随时变通，可见真正古代明达之人，并非拘定旧章。古人还说过，达时务者为英雄，不过后代一班穷酸腐儒，造出许多谬论，无论何事，均当守旧，视维新如仇敌，中国数十年来所用事者，止此班守旧人耳。无论何事，不知变通，以致受外人之欺侮，如胶州湾为德所占，威海卫为英所占，朝鲜、台湾为日所占，安南为法所占；中日之战，赔偿二百兆；庚子之役，西后信义和团之邪教，与世界各国宣战，以致帝后蒙尘。吾民何罪，遭此

> 毒酷。此则不得不归罪于清朝太后。且太后用海军军费修颐和园，只图一己之私欲，对于人民置若罔闻，独不思一草一木从何而出。正吾民之脂膏耳！彼以此等倒行逆施，万恶寻归，原不足论，独惜我堂堂中华大国为一二守旧人所坏也。后来，中国国民知此守旧之朝廷绝不能持，故有革命之思想。余甚赞成彼等国家主义，不惜生命而改革此旧腐政治。余虽满人，绝持公论，绝不能己为满人之不道满人之短处也。日本不过中国一二省，彼睹西欧科学及制造之精进，不惜巨费立派人留学泰西，不数年归国，改革一切政治，遂一跃而为大国。中国数十大倍于彼，此维新与守旧之别也。

我对末代皇帝讴歌民主革命、抨击西太后的"开明进步"思想大表惊讶。这封信函会不会是由庄士敦等人操刀代笔，用来满足他的好朋友胡博士的胃口？倘溥仪当时真是这种思想，那就应了王学泰先生的见解："学泰根据自己掌握的史料，认为溥仪的'回忆'是靠不住的。末代皇帝绝不是单纯'好奇'，只是想看一看胡适，而是通过庄士敦早与胡适有交往，他们的交往也不仅仅是谈论新文学问题，而是末代皇帝向胡适述说了自己的政治见解。"（详见群众出版社 2020 年 5 月版拙著《皇城根下的记忆》所收录文章《已逝斯人未尽才——忆王学泰先生》）王氏所云"早与胡适有交往"，指的是"先生给吾之大作《胡适文存》"语。此事在胡适日记里有相当详细的记载："我因为宣统要见我，故今天去看他的先生庄士敦，问他宫中情形。他说宣统近来颇能独立，自行其意，不受一班老太婆的牵制。前次他把辫子剪去，即是一例。上星期他的先生陈宝琛病重，他要去看他，宫中人劝阻他，他不听，竟雇汽车出去看他一次，这也是一例。前次庄士敦说起宣统曾读我的《尝试集》，故我送庄士敦一部《文存》时，也送了宣统一部。这一次他要见我，完全不同人商量，庄士敦也不知道，也可见他自行其意了。庄士敦是很稳健的人，他教授宣统，成绩颇好；他颇能在暗中护持他，故宣统也很感激他。宫中人很忌庄士敦，故此次他想辞职，但宣统坚决不肯放他走。”（见团结出版社 2007 年版王庆祥著《溥仪人脉地图》）《我的前半生》并未交代这件事情。但我更相信溥仪当时是真萌，尚不具备较为成熟的政治见解。也就是说，《我的前半生》是真实的，只是漏记了胡适送他书之事。

《我的前半生》最后一次提及胡适是末代皇帝已经在东北就任伪满洲国“执政”之后。胡适在关内发表论文，称誉《国联调查团报告书》为“世界之公论”。这个“报告书”代表的是英美大资产阶级的利益，日本人当然不会采纳，胡适也就帮不上溥仪的忙了。

外国编

甘粕正彦的下场

长春电影制片厂的老职工都知道甘粕正彦。他在日本军国主义者之中，似乎够不上甲级战犯或乙级战犯，但在意识形态领域所做坏事，为战犯们所不及。他担任伪“满洲国映画协会”理事长期间，弄来大笔资金，推进机构改革，启用各方人才，对厂里员工表达善意；基本上想到什么就能做成什么的甘粕正彦所依靠的，是与伪满和日本政要的非同寻常的关系。板垣征四郎、土肥原贤二、石原莞尔、东条英机、岸信介、古海忠之等日本政要，都是他的好朋友，有什么事，只要他一出现，资金、用人等在别人眼里的难题基本都能解决。而伪“满映”每有新片诞生，甘粕正彦则会亲自去伪满国务院把伪总理大臣张景惠请来观看。那时候，伪“满映”在厂区不远处专门建设了湖西会馆，是一个设施奢华的高级俱乐部。张景惠到来之后，先接受宴请，品尝山珍海味，然后看电影，十分惬意。伪满皇宫同德殿里也专门安设了电影厅，许多记录“康德皇帝”政治和社会活动的“时事电影”就是甘粕正彦安排现场摄制的，也都在同德殿电影厅放映过，溥仪总是携带他的谭贵人或李贵人一起观看。而除了电影，音乐会、话剧等其他夜间的娱乐方式，也都被甘粕正彦主宰的庞大的伪“满映”所把持。有人给他这样的评价：统治“满洲国”的，溥仪只是个牌位，白天的真正统治者为关东军，夜里则属甘粕正彦。故云：“夜皇帝”。

伪满电影要求改变以往多年来形成的创作思维和演出内容，要按照统治当局的立场和思想去编演和生产剧目。这一时期的电影为迎合日本侵略而拍摄，当时生产的伪满电影大致分为“娱民电影”、“时事电影”、“启民电影”三种。娱民电影类似于故事片，主要通过色情和恐怖内容毒害中国东北人民。时事电影就是新闻片，主要记录伪满时期的各类时事，快速报道日伪统治现状，美化伪满建设，配合形势进行宣传，其中心是粉饰太平，为日伪歌功颂德。启民电影主要是文化片，包括宣传片、教育片和纪录片，重点宣传日本的移民政策，宣传日本的军国主义及武士道精神，污蔑抗日军民，记录日本关东军侵略和屠杀中国人民的情景和日本对伪满统治的新貌。这些影片无不浸透着殖民主义文化的毒素，愚弄着广大的中国东北群众。

也许是因为溥仪“世胄踞高位”，忽略了伪“满映”之“下里巴人”，尽管他在《我的前半生》中十分痛恨甘粕正彦，但所呈现的则是“夜皇帝”的另外一面。

《我的前半生》第五章《潜往东北》第五节《在封锁中》，写1931年11月13日末代皇帝从天津偷渡到辽宁省营口市的“满铁”码头，迎接他的全都是日本人。溥仪说：

经过上角利一的介绍，才知道这都是板垣派来的人，为首的叫甘粕正彦。此人在中国知道他的不多，在日本却大有名气。他原是个宪兵大尉。日本大地震时，日本军部趁着震灾造成的混乱迫害进步人士，遭难的大杉荣夫妇和七岁的孩子就是死在他手里的。震灾后，这个惨案被人揭发出来，在社会舆论压力之下，军部不得不让他充当替罪羊，交付军事法庭会审，处以无期徒刑。过了不久，他获得了假释，被送往法国去念书。他在法国学的是美术和音乐，几年之后，这位艺术家回到日本，随即被派到关东军特务机关。据二次大战后日本出版的一本书上说，作为九一八事变信号的柳条沟铁道的爆炸，就是他的一件杰作。在营口码头上，我怎么也不会想到，这个彬彬有礼的带细腿近视眼镜的人，会有这么不平凡的经历，如果没有他的杰作，也许我还不会到东北来哩。

甘粕正彦把我和郑氏父子让进预备好的马车，把我们载到火车站。坐了大约一个多钟头的火车，又换上了马车。一路上没听到任何解释，稀里糊涂地到了汤岗子温泉疗养区……

《我的前半生》所提到的大杉荣，是一位主办《战旗》杂志的无政府主义者。该刊经常登载一些批评政府的文章，甘粕正彦认为这是对天皇的侮辱和亵渎，于是便下黑手。开始人们误以为是地震灾害夺去了这一家三口的生命，但警察挨家挨户走访时闻到了一股恶臭。循着臭味，他们发现大杉荣夫妇等是被杀的，弃尸屋后水井，手段极为凶残。经过细致侦查，得知甘粕正彦和他的两个手下是真凶。关于“柳条沟铁道的爆炸”，《我的前半生》说得尚少，据鲍盛华长篇报告文学《电影北上》记载：

（1931 年）9 月 19 日，一路风尘的甘粕正彦现身在吉林省的吉林市，就在他出现不久，吉林的日本侨民住宅“神秘地”爆炸了，甘粕正彦和日本驻吉林市特务机关长大迫通贞中佐立即告诉当地政府，这是中国人所为，必须严惩。9 月 25 日深夜，甘粕正彦乘一辆无牌照号汽车，又神奇地出现在哈尔滨的街头。第二天，日方即向外界宣布，日方多个机构遭到炸弹袭击，哈尔滨的 4000 名日本侨民面临生命危急。而当年的 11 月，甘粕正彦又出现在营口迎接溥仪的几个日本人中间，其行动迅速、行踪之诡秘，令人叹服。

甘粕正彦是特务出身，驭人有术，末代皇帝及遗老们都是他掌控的提线木偶，随其安排。据《我的前半生》记载，溥仪在离开天津静园以前，曾留下一道手谕，令胡嗣瑗、陈曾寿随后来东北与他会合。但遭到郑孝胥的阻止，溥仪曾请求郑“去和甘粕、上角商量，结果只准许胡嗣瑗见一面，条件是当天必须回大连”。“同时，天津和北京的一些想做官的遗老们借口服侍我，跑到抚顺来，也都被郑孝胥和甘粕正彦挡了驾。就连恭亲王溥伟想见我也遇到拦阻。”溥仪还说：“郑氏父子到了营口、旅顺，和甘粕正彦谈了几次心，关东军因此了解到他父子远比罗振玉‘灵活’，不像罗振玉那样非有蟒袍补褂、三跪九叩不过瘾，因此乐于以他为交易对手。”溥仪还提到他担任伪满“执政”签署的内阁组成人员名单也是甘粕正彦在抚顺时早就跟他商量好的。据说关东军最终把伪满洲国的“政体”由元首执政制改为实行帝制，就是采纳的甘粕正彦的主张。

代表日本关东军的甘粕正彦维护军方的霸主地位。《我的前半生》说：“当时互相倾轧、你争我夺的不但有遗老，在日本浪人和特务之间也不例外，得势的当然是板垣手下的上角和甘粕这一伙。当过我父亲家里家庭教师的远山猛雄本想到我身边沾沾光，由于不是军部系统的，最后都给上角和甘粕挤走了。”

由于《我的前半生》自传体裁的局限性，甘粕正彦在书中并不起眼，给人的印象不深。以下根据有关史料补充或延伸末代皇帝所述。

1891 年 1 月 26 日，甘粕正彦出生于日本仙台市一个赫赫有名的士族家庭，为日本战国时代屡立奇功的甘粕近江守的后裔。他的叔叔曾授衔日本中将，受家庭教育的影响，他青年时期就读日本陆军士官军校，后成为陆军少尉。甘粕正彦的老师东条英机觉得他是一株好苗子，引导他成为宪兵，并在三十岁出头时晋升大尉军衔，1929 年受东亚经济调查局局长大川周明派遣，来到了中国东北，以军国主义恶魔的身份，开始演出一幕又一幕历史大剧……

1932 年，同溥仪一起来到“新京”长春的甘粕正彦被任命为伪满洲国民政部警备司第一任司长，一度被称为该傀儡政权的“警察之父”。后来转做输入劳工的工作，把其中的巨额利润的一部分用于在天津等地的特务经费；为了表彰其“功绩”，关东军把热河金矿无偿送给甘粕正彦开发，他把收入几乎都花在了日本在中国的各项战略之上。1937 年 4 月，他又回到伪满洲国为官，出任伪满协和会总务部长。这个协会的根本宗旨就是奴化中国人。溥仪在《我的前半生（灰皮本）》中把它称为“蝎虎会”，并用了八千余字的篇幅揭露它。甘粕正彦罪恶人生的最后一站，是在号称亚洲第一的伪“满洲国映画协会”担任理事长，造就了“满映”的兴旺发达。

甘粕正彦一生的价值观表现为：日本大和民族是神的子孙，所缔造的文明，世界上的任何一个地方都不能媲美。中华民族是大和民族鱼肉的对象，通过榨取中华民族，使神的象征日本天皇以及大和民族长治久安、繁荣昌盛。

这是一个日本军国主义的狂人兼傻瓜。逄增玉撰文《殖民主义电影机构的殖民性与现代性及其复杂纠结——对“满映”理事长甘粕正彦的历史考察》（收入《抗战文化研究》2015 年第九辑），对执掌“满映”的“夜皇帝”的所作所为有评价：

> 他的那些现代性的管理和行为，是与最大的殖民性相联系的，是为了在精神上对中国人民进行麻醉和欺骗，此之可谓“精神的大屠杀”。为了这样的目的所施行的现代性，表善而实恶，这应该是基本的判断和认识，不过，从历史的另一端来看，这种现代性也命名得“满映”成为当时亚洲最大最先进的电影工厂，其机器设备、管理水平、

> 对中国人演职员和技术艺术人员的培养，也使得“满映”由殖民主义的文化机构，在抗战胜利后成为新中国电影的摇篮，“满映”走出的电影人对新中国电影事业作出了巨大的贡献。

是的，就如同历代封建王朝留下的名胜古迹一样，它们只属于人民！

日本无条件投降之后，1945 年 8 月 20 日，甘粕正彦服氰化钾自杀。在他自杀的办公室的一块黑板上写着：“一场豪赌，血本无归，一无所有。”

“犹抱琵琶半遮面”的本庄繁

本庄繁的名字最早在《我的前半生》所征引的《郑孝胥日记》中出现。这篇日记记录“九一八”前后静园的动态。后来，书稿中多次出现本庄繁的名字，但都不是写溥仪与他见面，而是末代皇帝关心的复辟之事，必然牵涉到他。《郑孝胥日记》云：“上乃决，复命万绳栻往召板垣。遂改‘暂为维持’四字。板垣退而大悦。昨日本庄两次电话来询情形，板垣今日十一时当去。暂许之议，十时乃定。危险之机，间不容发。盖此议不成，则本庄、板垣皆当引咎辞职，而日本陆军援立之策败矣。”原来溥仪一旦同意担任伪满“执政”，不仅“祖国的东北完全变成了殖民地，三千万同胞开始了染满血泪的苦难生活”，而且“也给本庄、板垣之流增添了信心，奠定了他们

‘发家’的基石”。否则，本庄繁会因日本关东军的阴谋失败而“引咎辞职”，末代皇帝倒是对关东军的一号人物有“救官”之恩。

《我的前半生》第六章《伪满十四年》第一节《傀儡戏开场》记录了溥仪和本庄繁见面的情况。那是在伪满“执政”就职典礼上，关东军司令官本庄繁出席捧场。该章第二节《尊严与职权》叙述了一件令汉奸们难受的事件。

>……《给与令草案》中规定，“日系官吏”的俸金与“满系”的不同，前者比后者的大约高出百分之四十左右。财政总长熙洽最沉不住气，首先发表意见说：“这个议案，简直不像话。咱们既然是个复合民族国家，各民族一律平等，为什么日本人要受特殊待遇？如果说是个亲善国家的国民，就该表示亲善，为什么拿特别高的俸金？”实业总长张燕卿也说：“本庄繁司令官说过，日满亲善，同心同德，有福同享，有难同当。假若待遇不同，恐非本庄司令官的本意。”其他总长，如交通总长丁鉴修等人，也纷纷表示希望一视同仁，不分薄厚。总务厅长官驹井德三一看情形不好，便止住了总长们的发言，叫议案起草人人事课长古海忠之为草案做解答。古海不慌不忙，谈出了一番道理，大意是，要想讲平等，就要先看能力平等不平等，日本人的能力大，当然薪俸要高，而且日本人生活程度高，生来吃大米，不像“满”人吃高粱就能过日子。他又说：“要讲亲善，请日本人多拿一些俸金，这正是讲亲善！”总长们听了，纷纷表示不满。驹井不得不宣布休会，改为明天再议。

这件事情的结果是一切按照日本人的意图办。熙洽自认为与本庄繁有点儿关系，向驹井顶了嘴。驹井勃然大怒，认为满洲是日本人从俄国人那里用鲜血换来的。熙洽表示本庄司令官也没有向我这样喊过。驹井依然喊叫：“这是军部决定的。”总之，满洲是日本人的，本庄繁即“军部”，为太上皇，为压在包括溥仪在内的所有汉奸头上的一座大山。

在该章第六节《幻想的破灭》中，溥仪说本庄繁亲自在东京为溥杰做媒，身为“御弟”，跟日本女人结婚，可以增进“日满亲善”。大将军衔的“太上皇”为何这样热心？原来“在关东军的授意下，‘国务院’便通过了一个帝位继承法，明文规定：皇帝死后由子继之，如无子则由孙继之，如无子无孙则由弟继之，如无弟则由弟之子继之”。末代皇帝最担心的是他们兄弟二人都是牺牲品，本庄繁的险恶用心在于要一个日本血统的皇帝。

本庄繁是第九任关东军司令官，也是溥仪见到的第一任关东军司令官。笔者言其“犹抱琵琶半遮面”是有原因的。且看该章第八节《几个“诏书”的由来》中的一段叙述。

> 新继位的司令官兼第五任大使梅津美治郎来了。他通过吉冈向我摊了牌，说日本的宗教就是满洲的宗教，我应当把日本皇族的祖先“天照大神”迎过来立为国教。又说，现在正值日本神武天皇纪元二千六百年大庆，是迎接大神的大好时机，我应该亲自去日本祝贺，同时把这件事办好。
>
> 后来我才听说，在日本军部里早就酝酿过此事，由于意见不一，未做出决定。据说，有些比较懂得中国人心理的日本人，如本庄繁之流，曾认为这个举动可能在东北人民中间引起强烈的反感，导致日本更形孤立，故搁了下来。后来由于主谋者断定，只要经过一段时间，在下一代的思想中就会扎下根，在中年以上的人中间，也会习以为常，于是便做出了这个最不得人心的决定。他们都没有想到，这件事不但引起了东北人民更大的仇恨，就是在一般汉奸心里，也是很不受用的。以我自己来说，这件事就完全违背了我的“敬天法祖”思想，所以我的心情比发生“东陵事件”时更加难受。

看来，关东军司令官一茬接一茬，冰水青蓝，后出更胜。

《溥仪文存》收录1932年3月10日溥仪致日本关东军司令官本庄繁的信。全文如下：

径启者，此次满洲事变以来，贵国竭力维持满蒙全境之治安，以致贵国军队及人民均受重大损害，本执政深怀感谢。且确认此后敝国之安全发展，必赖贵国之援助指导。为此，对于下开各项，特求贵国之允可。

一、敝国关于日后之国防及维持治安委诸贵国，而其所需经费均由敝国负担。

二、敝国承认贵国军队凡为国防上所必要将已修铁路、港湾、水路、航空等之管理，并新路之布设均委诸贵国或贵国指定之机关。

三、敝国对于贵国军队认为必要之各种施设竭力帮助。

四、敝国参议府就贵国人选有达识名望者任为参议，其他中央及地方各官署之官吏亦可任用贵国人。而其人物之选定，委诸贵司令官之保荐。其解职亦应贵司令官之同意。前项参议之人数及参议总数有更改时，若贵国有所建议，则依两国协议，以增减之。

五、将来由两国缔结正式条约时，即以上开各项之宗旨及规定，为立约之根本。

《溥仪文存》的注释整理者王庆祥在此信后加按语，揭示了此信的产生经过：溥仪致日本关东军司令官本庄繁的信，实为由日方在汤岗子就代为定稿充作与本庄繁的“交换文”了。实情如下：3月6日7时30分，溥仪偕近臣郑孝胥、罗振玉等，在上角利一、甘粕正彦、工藤铁三郎陪同下，从旅顺出发，中午12时40分到汤岗子，下榻于对翠阁宾馆。同日婉容也由万绳栻等扈从前往汤岗子。

继而，张景惠、臧式毅等前往对翠阁“请驾”，呈进《推戴书》，“代表国人”表示尊重溥仪提出的条件“暂任执政一年，转行帝制”。当天下午，日本关东军代表上角利一和甘粕正彦，通过郑孝胥向溥仪提出：在就任“执政”后要立即写一封致关东军司令官本庄繁的信函，秘密交给司令官本人，作为未来某日“立约之根本”。“立”什么“约”？就是后来的《日满议定书》。这封由溥仪亲笔签署于1932年3月10日的密函，存于档案中，永远嵌入了历史。溥仪前往长春就任“执政”，中途在汤岗子做暂时停留。一是等待所谓的“人民代表迎驾团”，要摆这个谱；而更重要的就是关东军要求溥仪签署给本庄繁的字据，即《溥仪致本庄书》的拟定稿，向溥仪说明了必须履行委托的手续后，命郑孝胥用毛笔抄清，然后再由溥仪签字画押。郑孝胥在当天日记中对此有明确记述：“扈驾……至汤岗子，驻跸对翠阁。板垣来觐。缮致本庄繁书。”片仓衷在《满洲事变机密政略日志》中也有对此事的记载：“板垣来到汤岗子迎接溥仪后，开始会谈，决定了满洲国的最后人事安排。然后溥仪在由板垣早已和幕僚们研究，自己拟定的所谓《溥仪·本庄交换公文》上签了字。”溥仪就任伪满“执政”后，办的第一件“公事”就是让郑孝胥向本庄繁交出《溥仪·本庄交换公文》。

本庄繁

“犹抱琵琶半遮面”的本庄繁，为什么选中了溥仪成为他在东北的代理人呢？据［日］花谷正著《我们如何计划发动“九一八”事变》说：“我们所考虑的独立政权之首脑条件是：1. 为三千万民众所敬仰、出身世家而有德望的人；2. 满洲人；3. 不会跟张作霖或蒋介石合作的人；4. 肯跟日本人合作的人。而拿这些条件来衡量，最理想的人选当然是溥仪。”据［日］古海忠之著《难忘的满洲国》说：“将隐居在天津的清废帝宣统招至满洲，使之充任国家元首，其理由是：1. 清朝的始祖发迹于满洲，溥仪从血统上是满洲人；2. 因此溥仪在满洲土著民等多数民众中，无疑受到尊重；3. 溥仪同张学良政权及国民政府没有任何关系；4. 从溥仪过去的经历来看，可以同日本合作。”

本庄繁，1876 年 5 月 10 日出生，日本兵库县人。1897 年，本庄繁成为日本陆军士官学校这所鼓吹武士道精神，充满军国主义思想毒素的场所的第九期毕业生。他与著名的侵华头目荒木贞夫、真崎甚三郎、阿部信行、松井石根一起，被称为陆士九期的“五员大将”。日俄战争后，本庄繁被选入陆军大学继续深造。在这所培养武士道精神的大学里，与侵华战争的狂热分子板垣征四郎和土肥原贤二成为同期学员。他们的结识，为日后合谋侵华打下了基础。其人是在“九一八”事变前最紧要的时刻被任命为关东军司令官的。他指挥了战前部署与动员，领导了事变本身并随后侵占东北全境，于是本庄繁成为真正的“伪满洲国之父”。1945 年 11 月 20 日，本庄繁接到远东国际军事法庭传审的第二次，在东京盟国占领指导处切腹自杀。

曾经两任日本关东军司令官的武藤信义

日本关东军是1919年4月12日组建的，至1945年8月16日向苏联红军无条件投降，其间总共产生了十四任司令官。武藤信义是唯一在这个位置上坐过两任者（第五任和第十任），也是伪满洲国成立后的第二任，他接替了本庄繁，因为猝死，南次郎又接替了他。

《我的前半生》第六章《伪满十四年》第三节《订立密约以后》说：

> 九月中旬，日本新任关东军司令官兼第一任驻“满”大使武藤信义来到了长春。十五日这天，在勤民楼内，武藤与郑孝胥签订了《日满议定书》，这就是以那个密约为基础的公开协议（协议从略）。

举行完了仪式，喝过了香槟酒，我就急不可待地跟武藤单独进行了会谈。我这时是信心十足的。因为林廷琛和蔡法平不多天前刚从日本回来，他们告诉我，武藤在东京不但已经同意了我的要求，而且连恢复我的尊号都答应予以考虑哩。

武藤是日本大正时代晋升的陆军大将，做过参谋本部次长、教育总监、军事参议官，第一次世界大战率日军占领过苏联的西伯利亚。他这次以大将资格来东北，身兼三职——关东军司令长官（从前都是中将衔）、关东厅长官（“九一八”事变前日本设在辽东半岛的殖民总督）和“驻满洲国大使”，到任不久就晋升为元帅，是这块土地上的事实上的最高统治者，“满洲国”的太上皇。日本报纸称他为“满洲的守护神”。在我的眼里，这个六十五岁的白发老头儿，确实像一个神似的那么具有威灵。当他十分有礼貌地向我鞠躬致敬时，我就有了一种得天独厚的感觉。等我把话说完，他很礼貌地回答道：

“对于阁下的意见，我必带回去认真地加以研究。”

他带走了胡嗣瑗写的那几条要求。可是一天一天过去，不见他的研究结果。按规定，我每月有三次和关东军司令兼大使会见。十天后，我和他第二次会见时，催问他研究的结果，他仍是说：“研究研究。”

他每次跟我见面，礼貌总是周到的，向我深深鞠躬，微笑，一口一个“阁下”，并且用一种崇敬神情谈起我的每位祖先，不过就是对我的各项要求绝口不提。如果我把话题转到这方面来，他则顾左右而言他。我被这样置之不理的应付了两次，就再没有勇气问他了。

一直到一九三三年七月武藤去世时为止，我和他每次见面，只能谈佛学，谈儒学，谈“亲善”。在这期间，我的权威在任何人眼里都没增加，而他的权威在我心里则是日增一日，有增无减。

然而据《溥仪文存》记载，1932 年 9 月 15 日武藤与溥仪会面的十个月后，这位关东军司令官对溥仪梦寐以求恢复帝制的问题，与伪满洲国“国务总理”郑孝胥谈过：“这当然是个很好的想法，但是需要充分的准备。即使时机已到，也必须做好充分的准备。首先巩固满洲，然后在华北建立亲日亲满政权，进而影响中国的中部和南部，只有日满中实现了真正的协作，东洋和平才可以说得到了保证，无论如何要做到这一步。”武藤信义的眼光是富于日本军国主义者的战略性的。

那么，这位被末代皇帝视为稳重的、不轻易表态的、“像一个神似的那么具有威灵”的长者，骨子里和实践中都是什么货色呢？且看解放军出版社 2009 版张子申、薛春德著《历史的耻辱柱（一）——17 名侵华日军将帅毙命全记录》的两大段记录。

第一段记录如下：“1927 年 6 月 27 日，日本东京国会大厦的一个会议室里，乌烟瘴气，喧嚣声不停。‘东方会议’正在这里召开，专题研究侵略中国的进军方略。主持人是田中首相。武藤信义作为关东军司令官参加了会议。

“会议进行到第九天，即 7 月 5 日，田中首相点到几天来一言不发的武藤信义，要他发言。这个武藤表面上看起来满脸的憨实，其实肚子里装满坏水，是日本侵略者中的智囊人物。

“武藤欠了欠身子，干咳了两声，开了腔。他很会煽情，先问了一句：‘列位，中国产的一种柿子，大家喜欢吃软的，还是喜欢吃硬的？’

“‘当然是软的甜，硬的涩。’有人莫名其妙地回答。

“‘连傻瓜都知道软的好吃。’有人摸不着头脑地说。

“‘这就好办了。我们面前有两个敌人，一个是红色苏俄，一个是中国。就军事、政治、经济、民风而言，中国都比苏俄软，自然就好吃些。’武藤看了看若有所悟的与会者，继续说：‘然而偌大的一个中国，我们眼下还不具备全部吞下去的条件，只有一口、一口地吃才好消化。我的意见是先从蒙、满开始。一是在中国东北我们

有基础，二是这样也会对苏俄有些震慑。'

"武藤又看了看左右，说：'当然，两国交战，出师有名。这个名嘛，连我们的孩子都能想出来。甲午战争不就是借朝鲜"东学党"起义，以杀我侨民而出兵的嘛。田中阁下在此，依我之意，只有占领蒙、满，夺取财富资源，建立前进基地，独霸中国的时刻，就会水到渠成。'

"'说得好。'田中首相赞扬了一句，接着说，'武藤君真不愧是陆大的高才生，研究中俄问题之精辟，令人敬佩。我立刻禀报天皇陛下，以神的旨意昭书于全国。'"

第二段记录如下："武藤到任不久，即以日本国特命全权大使的身份与'满洲国'国务总理郑孝胥签订了《关于规定国防上必须的矿业权的协定》，明确规定日本有权在中国东北建炼铁厂、炼钢厂，所需原料，包括对 39 座煤炭、石油、油母页岩、铅、锌、镍、锑、锡、白金、水银矿及石墨、石棉、硝石等矿山的开采权。

"9 月 15 日，武藤呈请天皇批准，发表了《日本政府关于承认满洲国的声明书》。接着武藤又胁迫伪满洲国签订了《日满议定书及附件》，强迫伪满洲国确认日本或日本国臣民在中国东北地区所享有的一切特殊权益，其中包括日本侵略军的驻扎权。

"武藤在稳定了东北的局势后，于 1933 年 1 月 1 日夜，借口中国军队向日本宪兵队门前投掷手榴弹，令第八师团调集四辆兵车、三辆铁甲车、五架飞机对山海关发动进攻，日本海军也开炮助战。

"驻山海关的中国守军何柱国部，虽然英勇反击，顽强抵抗，终因孤军作战，力不从心，只好撤退，致使'天下第一关'的山海关落入日军之手。

"1 月 27 日，武藤在对热河作战训示时指出：'热河省之形势日趋险恶。为巩固满洲国的基础，不允许对此形势少许放任。'2 月 10 日，他指示关东军司令部向有关作战兵团下达作战意图，明确表示要将热河省真正变成'满洲国'的领域。

"2 月下旬，武藤下令第六、第八师团开始向长城一线进击。3 月，完全占领赤峰、承德、冷口等地，及热河全省。4 月 12 日，关东军向潮河左岸、南天门、八道楼子一线发动进攻。中国守军浴血奋战，使日军官兵的尸体堆积如山。

1932年9月15日，溥仪派伪满“国务总理”郑孝胥与新任关东军司令官兼驻伪满特命全权大使武藤信义在勤民楼签订了《日满议定书》，实为《日满密约》的正式文本。

“4月下旬，武藤下令增加援兵，进行反扑，中国军队撤至南天门一带。5月，关东军突破长城各隘口防线，强渡滦河，侵占密云、遵化、蓟县、唐山等冀东地区22县。平津告急。在武藤指挥关东军大举进攻热河及河北省东北部时，于5月3日晋升为陆军元帅。

“5月30、31日，中日两军代表、两国政府在塘沽进行正式交涉。武藤派遣关东军副参谋长冈村宁次和喜多、永津、远藤等人参加，中国方面由北平军事委员会分会总参议熊斌中将参加。中国在屈辱妥协的《塘沽协定》上画押，同意将中国军队撤出延庆到芦台以西以南地区，实际上承认了日军侵占热河的‘合法性’，并为日军肢解华北、进窥平津铺垫了道路。

“《塘沽协定》正式缔结后，6月5日，日军在河北省东北部建立据点，武藤方才下达作战主力部队撤退的命令，暂时停止了关内的作战。

“7月27日，武藤信义在极度兴奋中，突发心脏病猝死。”

甭瞧末代皇帝是个只关心什么时候能够“登极”的傀儡，他也“放眼世界”。《溥仪文存》录有1933年溥仪和武藤信义关于世界局势的对话：

执政：德国的希特勒是否能如墨索里尼一样统治德国？他能够完全控制犹太人吗？

大使：这个问题很难说。

执政：德国今后能够复兴吗？

大使：应该可以吧。

执政：德国的复兴对法国来说不是威胁吗？

大使：正是如此。法兰西在取得欧洲大战（第一次世界大战）胜利后，便相当放松了警惕，下回很难再向前一次那样打败德国了吧。

执政：苏联的前景将会如何？

大使：苏联的内患恐怕会日益增多。

执政：谁将会代替苏维埃势力？

大使：似乎不会出现能代替苏维埃的强大势力，最终会以分裂收场吧。

执政：欧洲的动荡不安，对东洋的和平来说倒应该是一件好事。

从中可以窥见武藤信义的政治思维。

溥仪与日本天皇裕仁等人的交往

据王庆祥编著《溥仪年谱》记载，早在1925年1月，溥仪致函日本摄政皇太子裕仁，表示要“辞谢优待经费，游历世界各邦”，“决欲以私人资格早日东渡”，拟于“旧历岁首启行”。其时，裕仁尚未登极，溥仪出洋的想法，由于种种原因也未实现。

《我的前半生》第六章《伪满十四年》第五节《第三次做“皇帝”》、第七节《吉冈安直》和第八节《几个“诏书”的由来》都涉及日本裕仁天皇等人。

使我终于产生最大的错觉，自认有了极高的权威的，是在一九三五年四月访问日本之后。

其实这次访日，全是关东军安排的。他们说，为了答谢日本天皇派御弟秩父宫来对我“即位”的祝贺，也是为了对“日满亲善”的躬亲示范，需要这样办一办。

日本政府以枢密顾问官林权助男爵为首组织了十四人的接待委员会，派出战舰比睿丸来迎接，白云、丛云、薄云等舰护航。我从大连港起航时，有球摩、第十二、第十五驱逐舰队接受我的检阅，到达横滨港时，有百架飞机编队的欢迎，记得我在这次晕头转向、受宠若惊的航程中，写下了一首谄媚的四言诗：“海平如镜，万里远航。两邦携手，永固东方。”

在航行的第四日，看了一次七十条舰艇的演习，又在晕船呕吐之中写了一首七言绝句：“万里雄航破飞涛，碧苍一色天地交。此行岂仅览山水，两国申盟日月昭。”

总之，还未上岸，我已受宠若惊。我不仅对日本所示之威力深感惊异，我还把这看做是对我的真心尊敬，真心帮助。过去的一些不愉快，只怪自己误会了。

到了日本东京，裕仁亲自到车站迎接我，并为我设宴。在我拜会他们后他又回拜了我。我接见了日本元老重臣，受了祝贺，又同裕仁一起检阅了军队。

上述内容记录了溥仪第一次访日时“一国君主”的正常心态。当他再渡扶桑时，已经呈现出很难受的孙子样了。

这是我第二次访问日本，时间在一九四〇年五月，待了一共只有八天。

在会见裕仁的时候，我拿出了吉冈安直给我写好的台词，照着念了一遍，大意是：为了体现“日满一德一心不可分割”的关系，我希望，迎接日本天照大神（所谓“天照大神”是日本统治阶级用来愚弄日本人民，维护万世一系的天皇统治而臆造出来的，他们把天照大神说成是日本天皇的祖先，天皇是天照大神的神裔，每代天皇都是“现代神”，即神的化身。——引者注)，到“满洲国”奉祀。他的答词简单得很，只有这一句：

“既然是陛下愿意如此，我只好从命！”

接着，裕仁站起来，指着桌子上的三样东西，即一把剑、一面铜镜和一块勾玉，所谓代表天照大神的三件神器，向我讲解了一遍。我心想：听说在北京琉璃厂，这种玩意儿很多，太监从紫禁城里偷出去的零碎，哪一件也比这个值钱，这就是神圣不可侵犯的大神吗？这就是祖宗吗？

在归途的车上，我突然忍不住哭了起来。

溥仪含泪的痛苦幽默，指向裕仁冰冷的“只好从命”。有这样得意地把自己的祖宗送到别国当祖宗的蛮横吗？这是《我的前半生》以少少许笔墨刻画天皇裕仁的点睛之笔。然溥仪第二次访问日本时间为“五月”且待了“八天”，当属记忆误差。据王庆祥编著《溥仪年谱》记载，溥仪从1940年6月22日至7月10日第二次访日。其间7月6日自大阪出港，踏上返程；7月10日登陆大连港，随后返回“新京”。

李立夫主编、王文锋执行主编《溥仪研究·下卷》（天津人民出版社2012年版）收录的王丽杰署名文章《溥仪与裕仁——伪满洲国皇帝与日本天皇往来实录》，其文征引《盛京时报》、《政府公报》、《伪满宫廷秘录》等信史，细化了溥仪两次访日的行程及日满双方的活动，以下将第一次访日情形录之。

为了殖民统治的需要，关东军于1935年4月6日至4月27日安排溥仪第一次访日，名义上是答谢日本天皇派御弟秩父宫的即位祝贺，实际上是通过溥仪与裕仁的会晤，通过裕仁的“盛情”款待，进一步笼络溥仪，做出日满亲善的姿态，使其更加为日本效力。

1935年4月6日上午11时30分，溥仪抵达日本东京，天皇裕仁亲自到东京火车站迎接，之后溥仪乘马车卤簿赴行辕——赤板离宫，即裕仁为皇太子时居住的宫殿入住。下午 1 时 44 分，溥仪在秩父宫的陪同下，乘马车卤簿由二重桥正门驶入宫城，首先在凤凰间与天皇、皇后、秩父宫殿下欢聚。溥仪对伪满“建国”以来，日本皇室的援助及秩父宫访满的“厚谊”深致谢意，同时赠送礼品，裕仁表示谢意并赐谒溥仪的随行人员。下午 3 时 40 分，天皇裕仁由侍从长陪同到赤板离宫答访溥仪，向溥仪赠大勋位兰花章颈饰，并说：“奉赠最高勋章。”晚 6 时 30 分，溥仪乘车到宫城，出席裕仁为他举行的晚宴，参加宴会的有皇后、秩父宫、高松宫、各皇族及日本、伪满重臣等计 160 人。宴会在乐队奏“欢迎之曲”中开始。裕仁首先发表致辞，大讲日满两国不可分的关系，祝伪满国基巩固，国势日盛，希望溥仪在日本期间对日本的国情、风景多考察、多参观，连同皇室及臣民的热诚接待，留下美好的记忆。溥仪致答词，对天皇表示谢意：“即位以来，国基略见就绪，此皆贵国援助之结果，希望两国更加同心协力，以保东亚永久之和平，而谋世界人类之幸福。此次亲访贵国，备受陛下之款待和贵国国民之欢迎，此情永不能忘。”宴会后，天皇与皇后同溥仪共进牡丹间欢叙，在正殿欣赏宫中秘曲，典雅舞乐。7 日，溥仪先后参拜日本明治神宫，高献玉串，奉奠神前，

日本天皇裕仁在东京车站迎接溥仪

礼拜神位，亲告此次访日与日本皇室接触的喜悦；到大宫御所拜见皇太后，表示敬意；参拜靖国神社；举行晚宴，招待日本皇族。8日，到秩父宫赤板表町宫邸，双方互谈访问感想。9日，溥仪和裕仁出席在代代木练兵场举行的阅兵式。10日，溥仪在赤板离宫设晚宴招待秩父宫和高松宫及宫妃。11日，溥仪到大鸟居参拜大正天皇的陵墓。13日下午，溥仪特意到洗心亭拜见裕仁的母亲，手挽皇太后游览御苑，裕仁母亲赋和歌赠给溥仪："幼松添新绿，兆得满苑春。我心如慈母，善邻总相亲。"之后又说："皇帝陛下返回满洲后，此间每见日落，就会想起陛下来访之事啊。"溥仪说："此后每见旭日东升，定会追忆天皇、皇后两陛下及皇太后陛下之厚望。"分别时，裕仁母亲对溥仪说："兹在此处告别，今后不知何时尚能与陛下相会，再合作散步否。"溥仪答道："此次为公式访问，今后或能再作非公式访问，皇太后陛下珍重玉体，是所祈望。"14日，溥仪进宫，与裕仁、皇后告别，裕仁在丰明殿设宴为其饯行。15日，溥仪结束在东京的访问，前往关西等地。在东京火车站，秩父宫代表裕仁致欢送词："皇帝陛下这次到日本来，对于日满亲善，具有重大贡献，我国天皇陛下对此感到非常满意。务请皇帝陛下抱定日满亲善一定能做到的确实信念而回国，这是我的希望。"溥仪回答道："我对这次日本皇室的隆重接待和日本国民的热诚欢迎，实是感激已极，我现在下定决心，一定要尽我的全力，为日满的永久亲善而努力。我对这件事情，是抱有信心的。"在以后的日本各地访问期间，溥仪不断发表感想，特别是24日，在"比睿"舰向西航行中，召见日本首席陪同员林权助男爵，大发议论说："朕此次访问，增进两国皇室之亲善，殆如一家，此皆东洋精神，互为一致，而由至诚相感者也。归国之后，当使日满亲善之彻底，以确立东洋之和平，而增进人类之福祉。并为达到此目的报粉身碎骨之觉悟。为了日满亲善，我确信，如果日本人有不利于满洲国者，就是不忠于日本天皇陛下，如果满洲人有不利于日本者，就是不忠于满洲国皇帝。若有不依此精神及主旨者，必自行消灭，此乃这次访日所得之结论。"……关东军司令部于1936年9月18日，炮制一篇题为《“满洲国”的根本理念和协和会的本质》的文章，其中专门阐述了日本天皇和伪满皇帝之间的关系：“满洲国皇帝基于天意，即天皇之圣意而即位，因此必须为皇道联邦的中心——天皇服务，以天皇的圣意为己心，以此作为即位的条件。”并将溥仪与裕仁二者的关系规定为“宛如月亮凭借太阳的光芒而散发光辉一样”。如果溥仪不遵从这种关系，“则将丧失其地位”。可见日本不仅要求溥仪出卖领土主权，而且要出卖自己的全部灵魂。

如果说，末代皇帝在“比睿”舰西行中的言论，反映出当时的他思想上已经病入膏肓，那么，关东军炮制的文章真是一针见血地把“两国申盟”的恶疾治好了。

笔者在长春溥仪研究会和伪满皇宫博物院共同主办的《溥仪及其时代》2018年第2期发表拙文《溥仪研究的“账本”：〈伪满史料简目〉考略》，介绍上海收藏家朱其石先生的《日皇裕仁拍致溥仪之谢电原本及译文》时说：

> 电报作为一种重要的通讯设施，广泛被社会各界所采用。其特点为简便、准确、快捷，因此成为溥仪与裕仁互相勾结、互相利用的重要形式。
>
> 从时间上看，1932年4月29日，溥仪给裕仁发出第一封电报——生日贺电；1945年5月20日，发出最后一封唁电，对日本皇室闲院宫逝世表示哀悼。据不完全统计，在长达14年的时间里，总共互发电报200余封。从种类上看，主要有贺电、答谢电、唁电、慰问电四种；从内容上看，触及政治、经济、军事、日常生活等方方面面。
>
> 那么，朱其石收藏的日皇裕仁拍致溥仪之谢电究竟是哪一封呢？伪满皇宫博物院杨忠臣署名文章《溥仪与日本天皇的一封特殊电报》便是眼见为实的明证。其云：众所周知，伪满皇宫博物院收藏着反映伪满洲国时期政治、经济、军事、文化、宗教等方面的文物藏品于一身，可谓大

家。值得庆幸的是在这近两万众多文物藏品中，就有一封极为珍贵且保存完好的电报。这封电报长 21 厘米，宽 14.5 厘米，质地为 20 世纪 30 年代的新闻纸。这封电报原收藏于上海市朱其石老先生手中，1982 年由我院业务人员（即指该院研究馆员王文锋先生——引者注）征集回院。之所以说这封电报珍贵，主要因为它是目前在我国发现的唯一一件日本天皇在 1934 年 5 月 3 日发给刚登上“皇帝”宝座的伪满洲国傀儡皇帝溥仪的一封复谢电。这件文物藏品于 1996 年经国家文物局专家鉴定组鉴定为一级文物。电报全部用日文打印，译成汉语意为：“新京满洲国皇帝陛下，陛下之特使（“登极大典”结束后，为向日本天皇报告伪满帝制实施情况并向日本天皇“谢恩”，溥仪派伪满“国务总理”郑孝胥、伪“财政部大臣”熙洽作为修聘特使率二十人出访日本。郑孝胥在日本皇宫谒见了天皇裕仁，并递交了溥仪给日本的手书，就实施帝政，向日本表示谢意——引者注）完成使命无事归国，朕甚为欣快。为此特寄御悬电深谢且贵我两国间之关系益加亲密至为喜悦。裕仁。”在电报右上角盖有“至急官邸”的红色印章。

这件国家一级文物表明：伪满洲国及溥仪给中华民族带来的耻辱，悬为千秋殷鉴，以铭记于国人之心。

最后的恶魔山田乙三

曾任伪满洲国“总理大臣”秘书官的高丕琨晚年曾说：“主宰伪满国政的是关东军司令官，他们是日本军国主义最高统帅的化身，是伪满洲国的太上皇。”从“九一八”事变到伪满洲国垮台，先后有七位日本重量级军国主义分子担任关东军司令官。山田乙三是末任。

山田乙三，1881 年出生，1944 年 7 月就职。此时，日本军国主义已经倒计时，由于长城以内战场和太平洋战场的需要，关东军的兵力不断抽出，比起全盛时已减少了一半。苟延残喘而又穷凶极恶的山田乙三乞灵于细菌战，不仅在对华战争中使用细菌武器，还在活人身上进行实验。日本战败时，他带头逃到通化，最后被苏联红军俘虏。因为搞非人道的细菌战，加之是甲级战犯，他被苏联伯力军事法庭判处25年有期徒刑。服刑期间，山田乙三曾忏悔道："我了解我所犯罪恶的深重性。"1956年，75岁的山田乙三被减刑释放，回到日本后于1965年病故。

《我的前半生》第六章《伪满十四年》第八节《几个"诏书"的由来》和第十节《大崩溃》都提及山田乙三。

> 到了一九四四年，日本的败象越来越清楚，连我也能察觉出来，日本军队要倒霉了。有一次吉冈跑来，转弯抹角地先说了一通"圣战正在紧要关头，日本皇帝为了东亚共荣圈各国的共存共荣，作奋不顾身的战争，大家自应尽量供应物资，特别是金属……"最后绕到正题上，"陛下可以率先垂范，亲自表现出日满一体的伟大精神……"
>
> ……以后我又自动拿出几百件衣服，让他送给山田乙三，即最末一任的关东军长官。
>
> 一九四五年八月九日的早晨，最末一任的关东军司令官山田乙三同他的参谋长秦彦三郎来到了同德殿，向我报告说，苏联已向日本宣战了。
>
> 山田乙三是个矮瘦的小老头儿，平时举止沉稳，说话缓慢。这天他的情形全变了。他急促地向我讲述日本军队如何早有十足准备、如何具有必胜之信心。他那越说越快的话音，十足地证明连他自己也没有十足的准备和信心。他的话没说完，忽然响起了空袭警报。我们一齐躲进了同德殿外的防空洞，进去不久，就听见不很远的地方响起了爆炸声，我暗诵佛号，他默不作声。一直到警报解除，我们分手时为止，他再没提到什么信心问题……次日，山田乙三和秦彦三郎又来了，宣布日军要退守南满，"国都"要迁到通化去，并告诉我必须当天动身。我想到我的财物和人口太多，无论如何当天也搬不了，经我再三要求，总算给了三天的宽限。

中国文史出版社2017年版全国政协文史和学习委员会编《回忆溥仪》收录爱新觉罗·毓嶦署名文章《最后一周的伪满皇帝》，其中有其8月9日日记，可与溥仪自己的回忆相参考。

> 上午，日本关东军总司令官山田乙三带着参谋长外号“秦大耳朵”的秦彦三郎，一同来见溥仪。通知他苏联已正式对日宣战，“政府”即日“迁都”通化，并向他吹嘘了一通，说通化山连山，山套山，关东军在那里修了多少地下工事，掏空了多少大山，那里是地下长城，固若金汤，将来一旦美军在日本本土登陆，日本天皇也将到这里来。最后说：“请陛下完全可以放心。”溥仪此时不想走也得走，唯有请求宽限两天，收拾行李和安排随行人员。从这天下午起慌慌乱乱地收拾行李，还夹着要钻几回防空洞。其实苏联飞机一颗炸弹没有扔，只是扔了一些照明弹。

群众出版社2017年版王庆祥编著《溥仪年谱》“1945年　中华民国三十四年　溥仪三十九岁”目下，著录山田乙三与溥仪的两次交往。

> 1月1日　溥仪亲临“建国神庙”向天照大神奉奏告文，捧献五彩币，奏谢“神庥庇佑”，祈祷伪满国运隆昌。二十五分钟后，溥仪在勤民楼会见前来贺年的关东军司令官兼驻满全权大使山田乙三。继而开始接见入宫朝贺的够级别日满文武官员以及各国驻伪满使臣。
>
> 4月6日　溥仪“临幸”关东军司令部官邸，与日本关东军司令官兼驻伪满特命全权大使山田乙三会见并谈话，上午11时38分“启跸”，下午3时12分“还宫”。

明知日本灭亡在即，溥仪仍表示伪满洲国要与日本共存亡，号召民众尽一切手段全力地支援战争。1944 年 8 月 31 日，就在山田乙三到职一个多月后，末代皇帝召见张景惠、武部六藏进宫并发布“敕谕”，向新任关东军司令官表示赤诚：“兹当战局愈益重大之秋，亲邦天皇陛下曾谕示宜亘物心两面充实战力之旨，我全国官民，宜深认识日本之兴，则为满洲之兴；日本之亡，则为满洲之亡。而日满之兴废，又为全东亚之兴废。必尽一切手段，集中于战争完遂之一途，躬行实践，以期奉副天皇陛下之宸虑，并达成我目的。”溥仪还带头示范，表示自己对主子的忠心，特派宫内府次长荒井静雄向关东军司令官山田乙三赐巨额内帑金，用于日本造飞机。为此，山田乙三和日本海相杉山、陆相米内都对溥仪支持圣战表示感谢，给予末代皇帝极大鼓舞。据吉林文史出版社 1993 年版《伪满宫廷秘录》载，1945 年 1 月 15 日，为支持伪满洲国的“金属献纳”运动，起带头表率作用，溥仪将宫中的一百多件金属制品均送给山田乙三用于战争。其中有银质刻花瓶一对、四腿二耳银杯一件、雌雄鸡大银瓶一件、银质刻山水瓶一件、银质飞机模型一件、银质双耳楞高方花瓶一对，等等。并为进一步表达对日本侵略战争的支持，他将按惯例每年必过的生日也取消了，“传谕”停止万寿节朝贺活动。溥仪“必尽一切手段”使“物心两面充实战力”的举措，数不胜数，不一一列举。

据王庆祥所撰《溥仪逃亡团在大栗子沟等地存在历程——依据相关档案及知情人访谈整理》一文记载，山田乙三是在 1945 年 8 月 12 日专门登上末代皇帝溃逃吉林省临江县大栗子沟的火车上与他最后一次见面的。

1945 年 8 月 17 日，溥仪在大栗子沟“退位”。《退位诏》（已佚）念毕，溥仪留言：“本人基于日满一德一心之大义，现在退位。希望各位注意自己的身体健康，如有幸长生在世，想还能有再见的机会吧。”是的，末代皇帝后来在苏联的赤塔、伯力以及中国的抚顺战犯管理所与他的“大臣们”又聚会在一起了。

上绞架的土肥原贤二

土肥原贤二是一个“决东海之波流恶难尽，罄南山之竹书罪无穷”的日本军国主义者。他还有一个“难兄难弟”——板垣征四郎。《我的前半生》第五章《潜往东北》第三节《夜见土肥原》把他们一并说了。“土肥原和板垣，在‘远东国际军事法庭’审判的二十五名战犯中，是被判定犯罪条款最多的两人。他们两人罪状相同，都犯了七条‘破坏和平罪’，犯了‘违反战争法规惯例及违反人道之犯罪’中最重的一条，即‘命令准许违约行为’之罪。远东国际军事法庭对这批战犯拖到一九四八年十一月才判决，土肥原与板垣和其他五名战犯都被判处了绞刑。”

土肥原贤二被判处绞刑十六年之后，溥仪在《我的前半生》中塑造了他的文学形象。

那时关于他有种种充满了神秘色彩的传说，西方报纸称他为“东方的劳伦斯”，中国报纸上说他惯穿中国服装，擅长中国方言。根据我的了解，他在中国的活动如果都像鼓动我出关那样做法，他并不需要传说中的劳伦斯的诡诈和心机，只要有一副赌案上的面孔，能把谎话当真话说就行了。那次他和我会见也没有穿中国服装，只不过一套日本式的西服；他的中国话似乎并不十分高明，为了不致把话说错和听错，他还用了吉田忠太郎充当我们的翻译。

他那年四十八岁，眼睛附近的肌肉现出了松弛的迹象，鼻子底下有一撮小胡子，脸上自始至终带着温和恭顺的笑意。这种笑意给人的唯一感觉，就是这个人说出来的话，不会有一句是靠不住的。

他向我问候了健康，就转入正题，先解释日军行动，说是只对付张学良一个人，说什么张学良“把满洲闹得民不聊生，日本人的权益和生命财产得不到任何保证，这样日本才不得已而出兵”。他说关东军对满洲绝无领土野心，只是“诚心诚意地，要帮助满洲人民，建立自己的新国家”，希望我不要错过这个时机，很快回到我的祖先发祥地，亲自领导这个国家；日本将和这个国家订立攻守同盟，它的主权领土将受到日本的全力保护；作为这个国家的元首，我一切可以自主。

他的诚恳的语调，恭顺的笑容和他的名气、身份完全不容我用对待罗振玉和上角利一的态度来对待他。陈宝琛所担心的——怕罗和上角不能代表关东军，怕关东军不能代表日本政府——那两个问题，我认为更不存在了。土肥原本人就是个关东军的举足轻重的人物，况且他又斩钉截铁地说：“天皇陛下是相信关东军的！”

我心里还有一个极重要的问题，我问道：

“这个新国家是个什么样的国家？”

“我已经说过，是独立自主的，是由宣统帝完全做主的。”

“我问的不是这个，我要知道这个国家是共和，还是帝制？是不是帝国？”

“这些问题，到了沈阳都可以解决。”

“不，”我坚持地说，“如果是复辟，我去，不然的话，我就不去。”

他微笑了，声调不变地说：

“当然是帝国，这是没有问题的。”

“如果是帝国，我可以去！”我表示了满意。

“那么就请宣统帝早日动身，无论如何要在十六日以前到达满洲。详细办法到了沈阳再谈。动身的办法由吉田安排吧。”

他像来时那样恭敬地向我祝贺一路平安，行了礼，就告辞了。……

《我的前半生》通过叙述并稍加画龙点睛式的第一人称心理议论，点缀肖像描写，尤其突出对话，来塑造土肥原贤二。这些对话并不精彩，但筋道，反映出日本侵略者歹毒之一个侧面——“能把谎话当真话说”。末代皇帝在伪满十四年充当提线木偶的屈辱，足资佐证上当受骗之苦！

《夜见土肥原》这一节，对土肥原贤二从静园返回特务住所后，又背着日本驻津总领事馆秘密策划了一起所谓的“天津事变”记载不详。现依据孙喆甡编著《中国末代皇帝爱新觉罗·溥仪传》补上。“11 月 8 日上午，天津市公安局所属第三保安大队接到密报，日本一支千余人的便衣队准备分三路进犯华界。中方很快进入戒备状态，准备迎击来犯之敌。当晚 10 时 30 分，日便衣队果然由日租界冲出，进犯华界。保安队奋力迎击，一时枪声大作，战斗十分激烈。次日凌晨 2 时许，日本驻军司令香椎派人向河北省主席王树常提出，要中方保安队后撤三百米，同时又指使其便衣队向保安队发起了更猛烈的攻势。王为防止冲突扩大，下令让保安队后退。于是，中间形成了一个无人出入的区域。日本方面借此机会占领了日本租界以外沿线，并施实了戒严（《我的前半生》则云："静园门外开来担任'保护'之责的铁甲车，于是静园和外界也隔绝了。"——引者注）。10 日晚，日方便将溥仪等人偷偷用船送到了东北。"

其实，对土肥原贤二把溥仪哄骗到东北去，当时日本外务部和关东军就有矛盾，日本驻天津总领事桑岛主计在致日本外务大臣币原喜重郎的报告中称："土肥原来津之目的，系奉关东军之命，以满洲独立之前提，急速诱出宣统皇帝，推翻张学良之势力，不顾任何人之劝告与干涉。根据关东军之立场，一意采取独自之行动，以即使有背国策，亦在所不惜之决心。且在政界有力分子支持下，玩弄一切策略，又不择手段，于 8 日发动暴动，因计划不周而告失败。于是，借此全市暴动之机会，诱至宣统皇帝前往满洲，其胡作非为实非吾人所能想象者……土肥原之此项举动，不仅殃及我国侨民之处境，且扰乱天津之治安，损及日本之威信及国际立场，莫此为甚。"（转引自中国文史出版社 1987 年版政协天津市文史资料研究委员会编《天津便衣队暴动》）然而，尽管桑岛主计对日本军国主义分子不管不顾的野蛮和无耻十分讨厌，日本外务部却已经与关东军有了不便语人的默契。《白河偷渡》这一节引录了二次大战后被发现的档案材料，其中有外相币原 11 月 6 日发给桑岛总领事的密电稿，其云不能"过度拘束皇帝的自由"，"现在满洲方面的政局，也稍安稳，东三省民众总的意志，也想拥戴皇帝。如果对于国策的执行没有妨碍，听其自然也无不可"。

据群众出版社 2017 年版爱新觉罗·溥仪著、王庆祥整理注释的《溥仪文存》记载，1933 年 11 月 6 日，末代皇帝与土肥原贤二有一次会面谈话。其时，这位"东方的劳伦斯"已经担任奉天特务机关长了。

执政：有一年半没有见面了。

土肥原：正是如此。这一年半时间，我回日本担任了军队教育工作。满洲国的事我也时刻放在心上，看到报纸上有关满洲国健全发展的报道，实在感到欣喜。时隔一年半后的今天，有幸拜见执政，看到圣体安康，圣容威严，真是感慨万分，无法用语言来表述。

执政：土肥原少将的汉语应该不错啊！

土肥原：因有一年半未使用汉语，恐有失礼之处，便请了林出书记官（指林出贤次郎，是个老牌特务。1933年，被聘为伪满执政府的“行走”。——引者注）同行。与林出书记官是相识二十余年的朋友，关系相当亲密。

执政：在天津时，若没有土肥原少将的一番话，我也许就无法下定最后的决心。土肥原少将可算是（为满洲国建国）立下了首功啊！

土肥原：天津的事已经过去了，现在回想起来，完全是天意而非人为，回顾既往，万事皆天意安排，天津一事也是天意，才有今天这一结果。

土肥原在胡说八道！他与溥仪在天津的勾结纯系人为。倘说天意，他的上绞架，就是天意！

《我的前半生》前六章出现了123位日本人的名字，这些人是溥仪走向叛国投敌之路的人脉。他很少给人做简历，但他给土肥原贤二做了一个比其他日本人都要长得多的简历。

土肥原，是个完全靠侵略中国起家的日本军人。他在陆军士官学校十六期步兵科和陆军大学毕业后，做过日本参谋本部部员，第十三步兵联队长，一九一三年起他来到中国，在关东军中服务，给东北军阀的顾问坂西利八郎中将当了十多年的副官。他和张作霖的关系特别深，一九二四年直奉战争中，他策动关东军帮助过张作霖。一九二八年关东军决定消灭张作霖，在皇姑屯炸死张作霖的阴谋，也有他参加。不久，他即因功晋级大佐，担任了沈阳特务

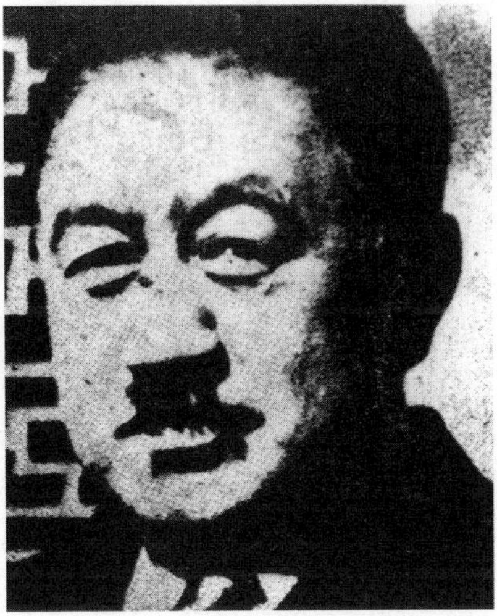
土肥原贤二

机关长的职务，从此开始了判决书上所述的那些罪行，开始了飞黄腾达。其实土肥原的许多“杰作”《判决书》里都没有提到，例如一九三一年十一月的天津骚动事件、一九三二年热河战争的爆发、一九三五年五月的丰台事变和冀东伪组织的成立、十一月香河流氓暴动和冀察的特殊政权的出现，都离不开土肥原的策划活动。可以说，在那段时间里，土肥原走到哪里，灾难就降临哪里。大约他的失败只有过一次，即在他拉拢之下叛国的马占山，后来反正抗日。但是这并没有影响他后来的升迁，他被调去当旅团长的时间不长，又调回任关东军的特务机关长。一直到“七七”事变，日本人要成立的伪组织都成立起来了，骚乱、暴动等手段也被武装进攻代替了，土肥原才脱去了白手套，拿起了指挥刀，以师团长、军团长、方面军总司令等身份，统率着日兵在中国大陆和东南亚进行屠杀和掠夺。就这样，在尸骨和血泊中，他从“九一八”事变起不过十年间，由大佐升到大将。

是的，土肥原贤二的罪行自然包括把溥仪骗往东北，末代皇帝对一个巴掌拍不响的共同犯罪刻骨铭心。他在北京的日本公使馆避难时，读过报纸上警告他莫与日本人走得近的文字。四十年后，溥仪在《我的前半生》中说：“今天看来，哪怕我从这些文章中接受一条意见，也不会把我的前半生弄成那样。记得有几篇是揭发日本人的阴谋的，现在我把它找出来了。这是一份登在《京报》上的‘新闻编译社’的消息，其中有一段说到日本人对我的打算，它和后来发生的事情竟是那么吻合，简直令我十分惊讶：‘其极大黑幕，为专养之以俟某省之有何变故，某国即以强力护送之到彼处，恢复其祖宗往昔之地位名号，与民国脱离，受某国之保护，第二步再实施与某被合并国家同样之办法。’”“某被合并国家”当指更加水深火热的朝鲜。

说说工藤忠

《我的前半生》附录的前六章“人物索引”揭示了123位日本人在书中出现的情况。这些人物大者有日本天皇、秩父宫雍仁，战后被国际军事法庭判处重刑或侥幸逃脱审判的甲级战犯土肥原贤二、山下奉文、冈村宁次、东条英机、板垣征四郎、梅津美治郎，等等；中者有日本首相、日本将军（包括关东军驻伪满洲国历任司令官）、日本高级外交官、伪满洲国日籍高级官员、日籍高级特工，等等；小者容纳三教九流。总之，溥仪在天津和伪满结识的五花八门的社会关系，换来了他勾结日寇、叛变祖国的罪名。

日本浪人工藤忠是一位与溥仪的关系非同寻常的小人物。末代皇帝在自己的著作中屡屡提及他。

《我的前半生》第五章《潜往东北》第四节《白河偷渡》叙述天津骚乱事件的第三天，溥仪藏进一辆跑车的后备厢里出逃，上了“一只小小的没有灯光的汽船”——“比治山丸”，船上还坐有三个日本人，“一个是上角利一，一个是从前在升允手下做过事的日本浪人工藤铁三郎，还有一个叫大谷的……”

溥仪就任伪满洲国“执政”后，马上开始做起“皇帝梦”来。他觉得应该派个人到东京从侧面去活动一下，至少应该打探些消息来。接受这个使命的就是工藤铁三郎。溥仪在《我的前半生》第六章《伪满十四年》第五节《第三次做“皇帝”》中叙述道：

> 他在清末时即跟随升允，在升允后来的复辟活动中，他是积极的赞助者。我在旅顺时，他不像上角和甘粕那样以军方代理人的面目出现，而是处处站在我一边说话，甚至背地里还表示过对关东军的不满。有一次，我看到杯子里的茶水似乎颜色不对，怕有人下了毒，要叫人拿去化验一下，这时工藤立即端起杯子把茶喝了一口。我当了“执政”后，他是唯一呼我为“皇上”的日本人，并且时常表示不满意关东军的跋扈，时常表示相信我定能恢复“大清皇帝”的名位，他所表现出的忠心，简直不下于最标准的遗老，因此，我赐他改名为“忠”，拿他当自己家里人看待。他也感激涕零地表示誓死效忠，永世不变。他接受我的使命，去了不多时间就回来了。他在日本见到了南次郎和黑龙会的重要人物，探听出军部方面当权人物是同意实行帝制的。根据他的消息，我相信时机是快到了。

溥仪登极伪满洲国“皇帝”时，典礼在“帝宫”勤民楼举行。“我立在楼前，两旁站列着宫内府大臣宝熙、侍从武官长张海鹏、侍从武官石丸志都磨和金卓、侍卫处长工藤忠、侍卫官熙仓奂（熙洽之子）和润良等人……”这是《我的前半生》第六章《伪满十四年》第五节《第三次做“皇帝”》的记载。

无独有偶，溥仪在《灰皮本》第二篇《天津时代》第七章《我完全成日本帝国主义的“药笼中物”》第十一节《汽车厢底的“奇货”》，第三篇《前来东北》第七章第二节《对翠阁温泉旅馆》，第四篇《长春时代》第十章《伪满帝制时代》，三次提到工藤忠。一次是说俩人在“比治山丸”上见面，比《定本》多出一条信息，言其“由罗振玉打电报把他从日本特意约来参加这一阴谋活动的”。一次是说溥仪从“比治山丸”转登“淡路丸”，该船船长“从望远镜中发现了几只船艇”，推测大概是张学良派来的船只，偷渡者慌作一团，溥仪叙述道：“把我所携带的几支手枪交给日本浪人上角利一与工藤铁三郎等，叫他们可以拿着我的凶器准备朝着自己同胞的身上去放。”亦多出一桩细节。一次所说内容与《定本》同。可见，将早生版本与晚生版本进行比勘，方可得知不同版本之间的传承变异。

日本学者野崎晃市根据同国籍人山田胜芳《溥仪的忠臣——工藤忠》一书介绍了工藤忠的行迹（收入赵继敏、王文锋主编，吉林大学出版社出版《末代皇帝溥仪在紫禁城》）。可补传主自传所述内容之阙失。他1882年在日本青森县出生，1903年从朝鲜到中国，走遍大江南北，搜集情报上传日本政府。由于他少年时代练过剑道且身材高大魁梧，符合给溥仪做侍卫的条件。其人见过孙中山，结识蒋介石，民国初年，狂热地参加清室复辟活动。《定本》所云“升允”，系蒙古贵族，担任过清季陕甘总督等重要职务，乃复辟组织宗社党中的实力派。在所谓支持溥仪的“勤王”活动中与工藤忠一拍即合。丁巳复辟时，工藤忠第一次拜见了溥仪，遂一生追随。他曾向末代皇帝转交升允密信，劝说张勋逃避外国使馆。又与升允前往甘肃，拉拢回教徒参加复辟运动，并回到北京再拜溥仪禀报甘肃情况。溥仪还通过他办理赴日留学事宜。工藤忠还参与了关东军在皇姑屯炸死张作霖事件。“九一八”事变发生，他先到奉天会见罗振玉、谢介石，游说张海鹏、熙洽归顺，后来到天津静园护驾。1934年3月1日溥仪登上伪满洲国“皇帝”的宝座，1935年4月工藤忠跟随末代皇帝一行访问日本。1937年4月17日在日本京都，溥仪通过他会见近卫文麿，表示迁到北京当中国皇帝的愿望。1940年溥仪第二次赴日，祭拜天照大神，工藤忠也随行。1942年跟头山满、近卫文麿一党反复密议，出谋划策跟中国国民党停战。日本投降前，工藤忠为了参加亲戚的丧事滞留日本，从此离开了溥仪。

野崎晃市说：

> 1946年在溥仪被苏联红军逮捕拘留期间去东京国际法庭作证时，工藤忠曾发表过一段谈话：自昭和六年（1931年）离开天津直到日本投降止，在这15年前后的时间内，我一直担任侍卫长的职务，没有离开过皇上的身边。作为一个与皇上有着最为深厚关系的日本人说来，真是无论如何，哪怕是只能看到一眼也好，也是想见一见他的。对此曾做了种种努力，也未能办到。最后幸而得到了一张某报社临时记者身份证，才到了法庭，当然禁止同他说话。8月16日溥仪来到东京审判场所站在证言台，工藤借了新闻记者的身份证旁听溥仪的证言。庭审结束后在走廊跟溥仪见面说了一声“陛下”，溥仪回答：“啊！工藤！”被苏联兵围绕的溥仪走过去了。法庭结束后，溥仪在法庭的证言在日本国内引起了对他的不满和批判。工藤忠为了给溥仪辩护，1952年写了一本书《皇帝溥仪》，在这本书里问日本人：“溥仪背叛日本了，还是先日本抛弃溥仪？”1965年12月18日，83岁的工藤忠名副其实地一直保持对溥仪的忠诚去世了。

工藤忠为何对末代皇帝愚忠到底呢？日本国民普遍无民主共和理念，而有崇信天皇的民族集体意识。当既象征国家又具备实质决策权的战前日本天皇，为了垄断资本家和军国主义者的利益与溥仪联手时，有机会接近溥仪、得宠于他的工藤忠，也就像效忠本国君主那样效忠伪满洲国“皇帝”了。1916年10月，日本大限重信内阁垮台，朝鲜总督寺内正毅出任内阁首相。他认为共和政治不能挽救中国，而君主制度对中国较为适宜，并声称：“无论是谁，如能强而有力，坚决实行复辟，则合乎我等的理想。”（据《近代史资料》总第35号《张勋与佃信夫》，邹念兹译自日本黑龙会编《东亚先觉志士记传》中卷）第二次世界大战之前的历任日本内阁都期待在中国复辟帝制，哪怕只有一隅之地，终于找到了理想的扶植对象溥仪。“挽救中国”不过是一个幌子，通过毁灭中国而造就日本帝国的繁荣昌盛，才是他们的“理想”。

溥仪在日本投降时与工藤忠不在一起。否则，末代皇帝很有可能与他一起去苏联，并且一起在抚顺接受改造。《我的前半生》第五章《潜往东北》第四节《白河偷渡》说：

> 过了二十年之后，我从日本的《文艺春秋》杂志上看到了工藤写的一篇回忆录。据他说当时船上暗藏了一大桶汽油，准备万一被中国军队发现，无法脱逃的时候，日本军人就放火烧，让我们这几个人证与船同归于尽。那时我的座位距离汽油大概不会超过三米远，我还认为离着“幸福”是越来越近了呢！

不知工藤忠事先还是事后知道了此事。倘事先知道了此事，因为他是日本人，不在被烧之列，那就太险恶了吧！

古海忠之的忏悔及有关论文佐证[1]

——兼谈伪满新史料的价值

《我们在满洲做了什么——侵华日本战犯忏悔录》是李文达撰写《我的前半生》时搜集的“副产品”，在图书出版之前，是未曾公开的新史料。其中，日本战犯古海忠之对伪满洲国鸦片政策的反省，可与溥仪研究中揭露日本侵略者利用鸦片毒害东北人民的论文和评析伪满时期“鸦片断禁”政策的论文相佐证，从而显见异同。战犯忏悔学写实主体的自我价值与研究主体的认识、开发行为相融合，可能造就新的学术成果。

一、《我的前半生》中的古海忠之

古海忠之是政治地位仅次于武部六藏的伪满洲国总务厅副长，即伪满洲国实际上的行政掌权者之一。他在抚顺战犯管理所认罪态度较好，其深刻反省对于其他日本战犯的改造具有带头和促进作用，因而被沈阳军事法庭从轻判处有期徒刑十八年。溥仪在《我的前半生（全本）》中多次提及此人。

《我的前半生（全本）》第八章《由抗拒到认罪》第六节《检举与认罪》中，叙述了讯问员的审讯内容："你检举的这一条：在日本战犯古海忠之的策划下，日寇一年掠去六百万吨粮食，说得不具体，现在说说你的根据。"把溥仪问得"张口结舌"。当时的溥仪还处于总想蒙混过关的半认罪半抗拒的改造阶段，但也可说明古海忠之的"策划"在日本的侵略行为中所起的重要作用。第七节《震动》中，溥仪叙述了1954年全体伪满战犯旁听日本战犯坦白和检举大会的情况。他说："我们听了伪总务次长古海忠之的带翻译的认罪发言，和我在一起的犯人都认为他这个发言很真诚，交代了伪大臣们都不知道的大量的真实罪行，例如鸦片政策就是一项。""鸦片政策"这四个字，在溥仪的记忆中被烙刻得很深，但《我的前半生（全本）》囿于体裁和主题，并未就此详细申说和描述。《我的前半生（全本）》第十章《一切都在变》第三节《日本战犯》中，溥仪披露了古海忠之在沈阳军事法庭中的最后陈述："在东北全境，没有一寸土地没有惨无人道的日本帝国主义暴行的痕迹。帝国主义的罪行就是我的罪行。我深深认识到我是一个公然违反国际法和人道原则、对中国人民犯下了重大罪行的战争犯罪分子，我真心地向中国人民谢罪。对于我这样一个令人难以容忍的犯罪分子，六年来，中国人民始终给我以人道主义待遇，同时给了我冷静地认识自己的罪行的机会。由于这些，我才恢复了良心和理性。我知道了真正的人应该走的道路。我认为这是中国人民给我的，我不知道怎样来感谢中国人民。"是的，战犯的自我价值是中国共产党改造战犯成就的组成部分。罪行已经发生，后果无法挽回，但作为存史的当事人和教化的反面者，形成千秋殷鉴。对这个最后陈述的抽象性、概括性，我们不必苛责，司法程序走到这一环节只能如此。那么，伪满洲国的鸦片政策究竟是怎么回事呢？

溥仪在沈阳军事法庭作证，右一为古海忠之

二、古海忠之的认罪及有关论文佐证

群众出版社 2016 年 12 月出版的《我们在满洲做了什么——侵华日本战犯忏悔录》中《供述二十四　在鸦片政策上的罪行》，收录了古海忠之的《鸦片政策的本质》一文。吉林大学出版社 2016 年 3 月出版的《末代皇帝溥仪在长春》中，收录了权芳敏署名文章《日本侵略者利用鸦片毒害东北人民》和李慧娟、苑宏光署名文章《伪满时期“鸦片断禁”政策评析》。比较这些文字的异同，能够更深入地认识伪满洲国的鸦片政策。

古海忠之在认罪书中（以下简称古文），首先披露的是鸦片政策的行政立法。他说：“在伪满洲国成立不久，各种政策尚未制定就绪，匆忙建造‘国家’的基础时，鸦片政策成为一切工作中的首要任务。在一九三二年十月，就已经制定了《专卖法》，专卖起鸦片来了。”权芳敏的研究论文（以下简称权文）说：“1932 年 9 月 16 日，伪满政府公布了《暂行鸦片收买法》，设立了‘鸦片专卖筹备委员会’，积极为实行鸦片专卖制度做准备。11月30日，又公布了《鸦片法》和《鸦片法施行令》……1933年1月，公布了《鸦片缉私法》和《查获私土奖励规则》。”又说：“1933年伪满洲国政府成立鸦片专卖公署。专卖公署印发鸦片吸食证，并通过各地警察机关发出公告，要求吸食者前来领取。……可谓大开吸毒之门。”古文所云“《专卖法》”是否指权文所云“《暂行鸦片收买法》”？这在时间上稍有出入。但把“《鸦片法》和《鸦片法施行令》”和“《专卖法》”放在一起说则在时间上吻合——10月份制定的法律，11月予以公布和实施。而权文所云“《鸦片缉私法》和《查获私土奖励规则》”与成立鸦片专卖公署一事，则为“《专卖法》”公布实施的后续政策。

其次，古文在认罪书中还反省了伪满洲国实施鸦片政策的政治目的和欺骗性：“日本帝国主义为要炮制出一个所谓的‘理想国家’来，就必须先减弱中国人民的反抗意识，萎缩民族的力量。所以日本帝国主义者对于中国人民就进行了欺骗，把鸦片的专卖弄成仿佛是将要禁止吸食的样子。”对“禁止吸食的样子”的个案描述，权文说：“以戒毒为名，占有劳动力。……先是以戒烟为名，要求鸦片吸食者进行信息登录，掌握全东北吸食者数量和人员情况、地区分布，据伪满政府1942年发表的鸦片登记者数字约为100万人，这是一个不可小觑的劳动力资源。然后，将久已废弃不用的180处康生院重新整理经营，作为禁烟场所，将吸食人员集中起来，进行‘戒烟’。戒烟的真正使命，是占有鸦片吸食者的劳动力。因此，禁烟并不是对吸食者的治疗和康复，而是选拔有劳动能力的青壮年，在他们具备劳动能力后，就编成康生队，和日本人征用的劳工一样，到矿山、工地服劳役……”权文还说：“日本军方曾断言，中国只要有40%的吸毒者，那它必将永远是日本的附属国。”这是对古文“减弱中国人民的反抗意识，萎缩民族的力量”的坦白更为一针见血的注脚，把古海忠之之流的狼子野心和盘托出。

古海忠之在认罪之前，纯系明知故犯的恶人。古文说：“吸食鸦片的危害，是人道意义的重大问题，凡有鸦片的地方必定有腐败和堕落伴随。有官吏的渎职、贪污，定有收购者的残酷榨取或是对农民进行迫害的事情。伪满洲国政府对于密买偷卖、走私以及淫荡享乐等，全然置之不顾，公然地以人民的牺牲来实现帝国主义的野心。”笔者坚信，古海忠之的这个认识，在他刚刚执政伪满洲国时就有。进一步说，代表天皇的日本侵略者之集体意识萌生、凝固已久，为了实现他们鲸吞中国的野心，明知是坏事，也要嚣张地做到底。要不是中国共产党人对日本战犯进行了伟大的改造，这些人恐怕进棺材之前都会认为他们是维护日本帝国利益的功臣呢！

权文对伪满洲国的鸦片政策之危害，有充分揭露，可以佐证古文。“在日伪统制东北的十四年中，由于日伪统治肆意扩大鸦片种植面积，强迫东北人民毁良田种鸦片，变卖家产吸食鸦片，导致东北地区经济极度贫困，人民生活水平下降到无法生存的地步。许多人因长期吸食鸦片，‘性情懒惰，好吃好喝，降低生产，有的不事生产’，更甚者‘倾家荡产，不顾一切，拆卖房屋，卖老婆孩子’。为了吸食鸦片，人们已经不顾廉耻，没有了道德尺度，妇女卖淫、男子偷盗……”

无独有偶。古海忠之的下级伪满洲国热河省赤峰县副县长坂田义政和伪满洲国三江省依兰县警正引地章，在《我们在满洲做了什么——侵华日本战犯忏悔录》中，也通过自己的认罪佐证了古文“定有收购者的残酷榨取或是对农民进行迫害”之说。

引地章说：

> 根据我的回忆，在一九三五年间，在锦州省的锦县内，曾把由专卖署买来的生烟，在自己所设的工厂内做成制品而把它配给到零卖所去。根据烟务股股长佐藤忠三的话，把当时六元一两的生烟买进来，在其中掺上若干假的，分装在二十五至三十个纸包内，于是把这些从两角一分一包至两角三分一包的东西，说成是卖五角钱的东西，这样就能得到百分之百的利润。

坂田义政说：

> 他们把村庄周围的大门都给关上，让警察官站上岗，将村民聚集到有宽敞房屋的大院内，让他们把生烟土和许可种植鸦片的证明拿出来，对每个人挨次进行了强制收购。对于契约不够定额的人则加以拷打，追问“有没有隐藏”，更派搜查班把他们的家财器具乱丢出去而进行搜查。还把一个病卧着的老大娘从炕上赶了起来，进行身体检查。发现她藏有少量的鸦片，于是立即把它抢了过来。有了病而得不到治疗的人们——只靠着鸦片希求脱离病痛的老大娘，就像疯了似的追赶着哀求：“这鸦片是我宝贵的药品，无论如何请还给我吧！”而那毫无同情心的警察官，却用装有铁钉的皮靴，立即向那老大娘踢去……

可见日本战犯从上到下是一个德行。但引地章在抚顺战犯管理所改造得不错，他在认罪书中还说：“列宁曾说过，宗教就是鸦片，这是因为他认为鸦片是最坏的一种东西而对之加以斥责……”宗教是精神鸦片的论述，最早见于马克思的著作，日本战犯学习了马列著作后，思想有所觉醒。

古海忠之还坦白了日本关东军侵犯热河省和实施鸦片政策的密切关系，即日本侵略中国之战略构想的题中应有之义包括大肆生产、销售鸦片。古文说：“对于鸦片政策的急切采用，也成为关东军侵略热河的一个前提。鸦片专卖处在尚未侵略热河之前，早就把热河弄到鸦片这件事作为当务之急。关东军认为获得了热河省所产的大量鸦片，既可以将它作为使中华民族衰弱的工具，还可以给伪满洲国带来巨额的收入。”权文则通过统计的方法记述了热河种植鸦片的面积，可做古文内容的补充。“1933 年，热河省强制种烟 40 万亩”，到 1934 年“全省仅十三个县旗种烟就达到 660 万亩，约占全省土地 46%，人均 1.3 亩”（权文引《东北行政委员会民政局》档案）。对于在热河省种植鸦片的收入，古文说：“在第一年度有三百六十万的鸦片专卖收入，在三年后就超过了两千万元。”权文则说：“1933 年为 300 万元（与古文数字有出入），1939 年为 3393 万，1940 年达到 12600 万元。”到了 1937 年，伪满洲国的鸦片政策在表面上产生了变化。古文说：“但是这样积极推行的鸦片政策，到了 1937 年，竟然也遭到了舆论的强烈反对，致使不得不多少在某种形式上改变一下政策，以躲避一下人民反对而图混过一时。于是就挂出了‘在十年之后禁绝鸦片、麻醉药’的招牌。”李慧娟、苑宏光的研究论文（以下简称李文）对古海忠之的交代做了进一步的申论：“1937 年 10 月，日本在伪满地区推行了《鸦片断禁方策要纲》（简称《要纲》）。要纲在书面上宣称自 1938 年开始，日伪将在伪满地区展开一场全面的禁绝鸦片运动，并计划用十年的时间，完成‘鸦片断禁’政策的实施。在这十年之中，通过逐渐减少鸦片的种植面积，减少吸食、贩卖鸦片的人数，使得鸦片的肆意传播逐渐停止。日本帝国主义便由最初向东北地区实行的鸦片侵入政策，转而又颁布了《鸦片断禁方策要纲》，其真实目的，是想借着《要纲》这个缘故，向伪满地区扔至一颗糖衣炮弹，继续推行鸦片的毒害政策。在《鸦片断禁方策要纲》实施的过程中，便暴露了日本帝国主义刻意欺骗的本性。”李文还从“吸食鸦片人数不断增加”、“鸦片经营方式实行统管”、“戒烟机构名存实亡”、“栽种鸦片的面积有增无减”四个方面，说明、分析了鸦片断禁政策实施的实质。但李文所说“《鸦片断禁方策要纲》”，在古文中则表述为“挂出了‘在十年之后禁绝鸦片、麻醉药’的招牌”，大抵因为古海忠之是囚禁于抚顺的战犯，他写交代凭记忆，并没有求证文献的严谨，然仅凭“招牌”两字的讽刺意味，也足以烘托出日本战犯的自嘲心理。

三、伪满新史料的价值

《我们在满洲做了什么——侵华日本战犯忏悔录》，是研究日本帝国主义侵华史的新史料。权文的参考文献著录包括《清史稿》、专著《中国近百年经济史纲》、论文（如《二三十年代国内鸦片问题》）、《禁烟公报》、《中国烟稿年鉴》以及省档案馆和中央档案馆根据所藏编著的一些公开出版或未公开出版的文献材料。李文的参考文献著录包罗范围似乎稍专业，而且更合乎学术规范。除出版较早的姜念东著《伪满洲国史》（1981 年），与权文共同征引的中央档案馆编《伪满洲国的统治与内幕——伪满官员供诉》，还有专著《伪满时期的东北烟毒》、《战时日本贩毒与“三光作战”研究》、《鸦片与近代中国》、《东北经济掠夺》、《中国东北沦陷十四年史纲要》、《鸦片毒害政策的双重作用》等。可见，论文作者广泛收集、梳爬钩沉，确实费了一番工夫。对夫子自道式的“伪满官员供诉”之类的原始材料，也未轻易放过。但不可能征引《我们在满洲做了什么——侵华日本战犯忏悔录》，因为，作者在写论文时尚不知道此史料的存在。

《我们在满洲做了什么——侵华日本战犯忏悔录》原名《副县长罪恶史》（笔者按：伪满政权的县长是汉奸，副县长是日本人）。它是李文达撰写《我的前半生》时搜集的“副产品”。李文达说：“《前半生》所用资料，时间从奕譞分府出宫的 1859 年到溥仪蒙特赦的 1959 年止。范围包括：旧书、旧报纸、国家档案、日记与笔记、战犯自述材料、‘文史资料’、日文书籍、调查记录，等等。”“战犯自述材料”包括《日本战犯自述选录》和《副县长罪恶史》。这些珍贵史料由群众出版社委托专人抄出，原拟在 20 世纪六七十年代择时分批出版，由于“文化大革命”而搁浅。直到 2007 年出版《我的前半生（全本）》之后，根据《我的前半生》图书档案提供的线索，群众出版社开始重视这些“副产品”，将其一部分整理出版。

《我们在满洲做了什么——侵华日本战犯忏悔录》收录的忏悔文章，多数为日本中下级军政人员所作。分门别类的供述凡三十四节。古海忠之的文章分别有《供述六　移植开拓团的罪行》中的《开拓政策及其本质》、《供述二十四　在鸦片政策上的罪行》中的《鸦片政策的本质》、《供述二十五　棉花强征工作的罪行》中的

《棉花强征工作的目的》、《供述二十六　强抓劳工的罪行》中的《劳工对策的本质》。由于古海忠之在伪满洲国的掌权地位，使得他的供述不囿于具体事例，而更多披露了政权高端者才能掌握的内容。

古文说：

一九四〇年把鸦片从专卖署撤了出来，给换上了一个好看又好听的招牌——禁烟总局。虽然让它来承办关于鸦片的一切事务，但事务内容却和从前并无不同。

在一九四一年伪满洲国政府更制定出一个《再度加强禁绝鸦片、麻醉药要纲》来，打算保持一下体面，但在该年底就爆发了太平洋战争。这就使我们公然地撕破了这种欺骗政策的外衣，现出来本来的面目，公然地拿着鸦片政策去为战争政策服务了。

就这样，我们为了要增加税收积极地出售鸦片，"管烟所"——鸦片零卖所就成为官方许可的吸食鸦片的地方，甚至不惜以妇女作为诱饵。特别是一九四二年在日本政府的指导下，于东京召开了大陆（满洲、华北、蒙疆）代表出席的鸦片会议。在会议上作了"以满洲及蒙疆作为在亚洲的生产鸦片的供应基地"的决议。我们为了不负日本政府的托付，把栽种鸦片的面积大为扩展，一直以来在热河省和兴安省一部分地区的栽种地区不用说，竟然在奉天、四平、吉林等省，也使之从事栽植，政府的收入也达到了未曾有过的记录——七百五十万两（一两为五万元）。这些鸦片不但积极地助长了在满洲境内的吸食，更大量地运到南京、上海、香港以及德国、日本等地，竟毫无顾忌地把鸦片的毒害传播到世界人民中间去。

由鸦片得到的利润，在当初是三百六十万元，在最后的年度，就是在日本投降的一九四五年里，拿这个将要达到一百倍——超过三亿元的预算来看，就能够充分说明在口中高唱着禁绝鸦片的日本帝国主义者的居心竟何在了。如果日本帝国主义再晚失败些日子，不问可知，世界人民将会多受多大毒害。现在当反省到这件事情时，我不由得不寒而栗。

权文说：“伪满洲国厚生部次长关屋悌藏在一次对话中提到，1944 年鸦片开支 1.1 亿元，而鸦片的收益是 3 亿元，净利润为 1.9 亿。”可与古文统计的数字相参照。但权文说：“1938 年，禁烟总局成立。专卖总署所掌握的鸦片专卖事务移交禁烟总局……”这与古文所云“一九四〇年把鸦片从专卖署撤出来，给换上了一个好看又好听的招牌——禁烟总局”的表述，在禁烟总局成立的时间上，出现了不同的说法。难道是古海忠之记忆有误？抑或权文所征引的文献不准确？况且权文这段话并无征引文献，似乎属于论者之串讲。相信通过对旧有史料与新史料的比次考索，可以解决这个问题。

李文对《鸦片断禁方策要纲》实施四年之后的情况表述，与古文并无矛盾。譬如对古文“拿着鸦片政策去为战争政策服务”的深刻反省，有较为详细的阐述。再譬如“伪满政府被迫继续扩大鸦片的种植面积，恢复了之前被禁止鸦片地区的重新种植，例如，在当时的奉天、吉林、四平地区”的表述，印证了古海忠之的忏悔。但，古文所云伪满洲国政府文件《再度加强禁绝鸦片、麻醉药要纲》和东京鸦片会议及会议决议，在李文中则只字未提。研究伪满洲国的诸多政策、会议，是认识溥仪及其时代的锁钥。一个政策的出台，一次会议的召开，往往产生连锁反应的政策或会议，对重要历史人物、重大历史事件的考察，其捷径就是深入到这些连锁反应里去，通过对政策或会议的性质、功能、价值、影响等的认识，包括对政策制定者和会议组织人的心理分析，解读整个时代。《我们在满洲做了什么——侵华日本战犯忏悔录》所提供的新史料，一定程度地弥补了研究溥仪及其时代的史料之阙失。

历史新发现大都基于新史料，这是一个不用多讲的常识问题。

《我们在满洲做了什么——侵华日本战犯忏悔录》的出版，不仅在于它丰富和拓展了对伪满洲国史进行研究的基本材料，而且还提示人们或许有一个新的研究领域出现。《我的前半生》、《伪满洲国的统治与内幕——伪满官员供诉》、《我们在满洲做了什么——侵华日本战犯忏悔录》、《中国归来的战犯》、《史证》、《三光》、《侵略》、《诞生》、《侵华罪行忏悔录》等公开出版的各种中日图书，包括许多国民党战犯、汪伪战犯的《回忆录》，还包括一些亟待开掘的口述史料，等等，共同构成了战犯忏悔学。[2]这门学问写实主体的自我价值与研究主体的认识、开发行为相融合，可能造就新的学术成果。不妨通过成千上万的日本侵略者之一的古海忠之来管窥锥指。他对“移植开拓政策”、“劳工对策”、“棉花强征工作”等方面日本侵略者制定政策的来龙去脉以及政策实质及危害，也有较深刻的反省，充分表明了战争罪犯接受改造之后的“含金量”，有裨于我们的研究工作。还可举一个例子：书中伪满洲国西南地区特务宪兵队队长桥本岬的忏悔《供述三十二　热河省大讨伐的罪行》，详细描述了“以延安为根据地而把解放斗争扩大到华北一带的中国共产党和其领导的八路军部队，于一九四一年终于以其先锋部队越过了长城线，进入了古北口的两侧地区——兴隆、青龙和滦平各县”后，日本侵略军队和伪满汉奸部队的负隅顽抗以及对当地民生的压榨、迫害、摧残。倘把这些新史料与晋察冀抗日军民的和谐关系、英勇斗争结合起来审视，便能呈现一幅完整的历史画面。是的，抗日战争史和敌伪活动史，单一研究哪一个侧面都不能完整理解这段历史，甚至会影响对整体抗战史的研究。

说到古海忠之的忏悔，再不妨从重视专题分类的图书目录入手，从《我们在满洲做了什么——侵华日本战犯忏悔录》的目录中试举十例：《参事官制度的确立》、《治安维持会的罪行》、《对蒙旗的政策》、《协和会与副县长》、《街、村制度的罪行》、《对北满地区爱国者所犯的罪行》、《掠夺粮食的罪行》、《伴随实行经济统治的罪行》、《对于所谓“游民”的镇压罪行》、《对于国民党地下工作者的大镇压》，大抵可以说明日本侵略者在伪满洲国所犯罪行的各个视域，亦可从中探讨他们的忏悔的认识价值和历史价值。

倘若我们在做专题研究时，不仅征引新史料以充实论文或专著的内容，从而提高学术文章的质量，还能够从目录学入手，由目录产生问题导向而读书，一部一部地读下去，以此为基础随读随记，并自然地形成某些观点，然后以日本侵略者、伪满汉奸等的忏悔为纲，以其他相关文献、档案或口述史料为目（换言之，仅把它当作一种对照研究亦可），以纲挈目，以目解纲，对比异同，考订差别之原因，并进行深入的阐释，争取提出一个问题，尽量解决这个问题，“参考群书，评其异同，俾归一途（司马光语）”，形成“战犯忏悔录胠说”这样的著作，从而全方位、多视角地进入溥仪及其所处时代。

战犯忏悔学作为一个深刻而多类的整体，是中国共产党改造罪犯事业取得伟大胜利的产物。这门只能产生在中国特色社会主义国情之中的学问，对全世界人类文明的进步具有深远的影响。

注释：

［1］本文曾以同名发表于中国政协文史馆编《文史学刊》（第九辑），中国文史出版社 2019 年版。收入本书，只保留一条注释，其他均删削。

［2］还有一种准战犯忏悔著作，如群众出版社 2005 年出版的帚木蓬生著、藤新华译非虚构性小说《逃亡》。作者出生于第二次世界大战之后，但由于他与一位在抗日战争中供职于香港特高课的日本战犯有特殊的因缘，使用限知视角“我”来记述这位战犯对美国情报人员和国民党军统人员的刑讯、迫害、残杀以及战后为了躲避通缉在日本的逃亡生活。这位日本战犯对日本天皇的罪行有切身体会和独到见解。

揭秘未点名日本战犯[1]

《我的前半生》是一部跨越一百余年中国历史、揭示这段历史沧桑巨变的优秀传记作品。因其署名作者为爱新觉罗·溥仪先生，故它不仅是传播于全世界的名著，而且素有奇书之美誉。书中涉及的晚清史、民国史、伪满洲国史、新中国成立以后的历史，与传主的传奇经历纠缠在一起，构成溥仪及其时代的特大学术主题。所以，钩索文本之外的史实以证《我的前半生》的内容，方能显示出文本之内所产生的广泛的辐射度，从而以小见大，构成“一滴水映出大海狂澜”的阅读效果。

本文所述未点名人物，特指《我的前半生》中未点名的日本战犯。书中人物点名的，详见该书附录的前六章“人物索引”。第七章以后的化名人物很多，未详细点名的人物亦不少；正面人物有共和国元帅、抚顺战犯管理所工作人员、劳动人民等，反面人物主要是伪满战犯和其家族成员以及侍从等。某些日本战犯在《我的前半生（批校本）》和《我的前半生（全本）》中曾被点名，而《我的前半生》把他们的名字抹去了。

还有一个问题：由于溥仪在战犯改造单位所处环境和条件的局限，加之写作初稿时认识的局限，《我的前半生（灰皮本）》只字未提日本战犯改造。书稿“另起炉灶”后，在公安部所属群众出版社的帮助下，他懂得了自己的改造和日本战犯的改造是一个密不可分的整体，涉及日本战犯，话可以不多，但意义之重大不容低估。增益这部分内容，乃版本进阶后的重要贡献。

一、未点名人物略晒

《我的前半生》第九章《接受改造》第六节《日本战犯》云：“有几个战犯从日本报纸、杂志上知道美国军队占领了他们的土地之后，出现了一种叫‘胖胖女郎’的妇女职业，这是和我国解放前‘吉普女郎’类似的现象，他们恼怒起来，骂那些女人不要脸……”又云：“他们回国之后，来信谈到了少年犯罪数字惊人，谈到了‘胖胖女郎’的命运。在管理所放映过的日本电影《基地的儿童》、《战火中的妇女》都是现实。”这些日本战犯的为首者就是前日本陆军第59师团中将师团长藤田茂，他在抚顺战犯管理所阅读了上述报纸、杂志，观看了上述电影。“看到美国军队占领了日本的国土，美国坦克轧压着他们的土地，美军的飞机染污他们的天空，美国大兵奸淫日本妇女……他闭上双眼。藤田茂又从日本杂志上知道，美国军队占领了他们的土地之后，出现了一种叫‘胖胖女郎’的妇女职业。这里的妇女有的是自愿的，有的是被迫的。由于美国军队里有不少黑人士兵，这样日本社会出现了不少混血儿，给日本儿童带来了终身的苦恼。当这些混血儿到了上学的年龄，发现自己皮肤与别人不一样，特别是受到其他学生讥笑时，竟大哭起来。看到这里，藤田茂不禁落下眼泪。”——上引文字出自抚顺战犯管理所管教员崔仁杰署名文章《改造日本将校战犯侧记》（收入抚顺市政协文史委员会编：《震撼世界的奇迹——改造伪满皇帝溥仪暨日本战犯纪实》，中国文史出版社 1990 年版）。其内容与《我的前半生》的内容稍有雷同。这是因为，无论《我的前半生》还是管教员的表述，来自同一生活源泉，溥仪和管教员的记忆表象互补。

《日本战犯》这一节说：“有个日本战犯，是前陆军将军……他承认了指挥他的部队在冀东地区和河南浚县等地，进行了六次集体屠杀和平居民的罪行。”这个将官为日军 117 师团师团长铃木启久中将。其人的犯罪行为远不止《我的前半生》所述，据叔弓著《中国改造日本战犯始末》说：

> 1945 年 8 月 10 日，铃木启久获知军方情报称苏军攻入“满洲”，气急败坏，疯也似的命令少将旅团长庄司巽：凡是可以供苏军利用的一切都要统统破坏掉，“以利于我们自己的后退”，“不给敌人留下一点儿东西”，片瓦不留。于是，8 月 12 日，放火烧毁了白城子飞机库和兵营；8 月 12 日，放火烧毁了白城子陆军医院；8 月 12 日，放火烧毁了白城子陆军宿舍；8 月 12 日，放火烧毁了 11 栋房屋；8 月 12 日，放火烧毁了 8 栋旅团司令部附属房屋；8 月 12 日，放火烧毁了军人会馆、小卖店和日官庙；8 月 12 日，放火烧毁了林兼厂；8 月 12 日，烧毁了军粮秣集积所万太楼；8 月 12 日~13 日，放火烧毁了 100 多栋陆军军官宿舍；8 月 12 日~16 日，炸毁了齐——白线江桥和洮儿河铁桥；8 月 13 日，放火烧毁了白城子火车站的车辆段、工务段、电务段的修车厂、机械室、充电室、铁工厂、木工厂、电话所、试验室、给水所。变电所以及候车室、天桥、粮库、商店、餐厅、住宅、医院……救火的人中有 5 人被抛入火中活活烧死（这不过是书中披露的铃木启久在中国犯罪的只鳞片爪——引者注）。

《日本战犯》这一节还说：“有一天，我们平整场地、修建花坛，从院子里的土坑里挖出了一具白骨，头骨上有一个弹孔。学过西医的老元和老宪都判断死者生前是一个少女。后来，老万翻译了一个日本战犯的文章，这人是从前抚顺监狱的典狱长，他描述了那时关押爱国志士时的地狱景象……他说：‘现在中国正在建设给全人类带来幸福的事业，让我们走正当道路，不再犯罪，重新做人。’”其人为日本早稻田大学法学科毕业的大村忍。他属于“老监狱”，曾经任东京高级监狱看守部长、伪满洲国副典狱长、抚顺监狱的典狱长。《我的前半生》第八章《由疑惧到认罪》第十节《东北人民的灾难和仇恨》有溥仪参加日本战犯的学习大会的记述：“我们全体伪满战犯参加大会旁听。在那些坦白与检举中，给我们印象最深、使我们感到震动最大的是前伪满总务厅次长古海忠之和一个伪满宪兵队队长的坦白。”这个伪满宪兵队队长即为担任过伪满洲国宪兵上尉连长和伪满洲国西南地区特务宪兵队队长的桥本岬，兹不赘述。《日本战犯》这一节有一处提到一位日本前大佐，受到了不起诉处分而被释放，“我的三妹夫曾翻译过一封从日本的来信，是和这位大佐同船回国的一个战犯写的，信里提到日本记者知道了这个大佐在监狱里被他的部下（也是战犯）追问过去的罪行时，很是恼怒，所以在船上访问了他，希望他说点儿和别人不同的话，因为，战犯们对新中国的称赞和感激已经使某些记者早不耐烦了。他们从大佐的嘴里并没有得到希望得到的任何东西，记者问他：‘你为什么还是说那些话？你现在还怕中国吗？’他答：‘我现在是坐在日本船上，对中国有什么怕的？我说的不过是事实罢了。’”关于这位日本大佐，《我的前半生（全本）》对他被追问时的情形描述得更详细：“他站在台上还荡着手，叙视台下控诉者，带着傲慢的样子，这个态度更激怒了台下的人，以致纷纷要求把他那双手铐起来。”此人为日本关东军第八司令部参谋广濑三郎。《日本战犯》这一节还提到了一个不愿意认罪的小兵，他得了直肠癌，因病情恶化被送进医院抢救，动了两次手术，做了人工肛门，而且医生为他输了自己的血，把他救活了。“出院之后，他在一次大会上，当众叙述了他过去如何残杀和拷打中国人的罪行，又对照了中国人民在他病危中如何抢救了他。他在台上一面哭一面讲，台下的人也一面哭一面听……”这个小兵叫佐野一。

二、藤田茂的变迁

在日本战犯中有两位拔尖的人物，俗称“文看古海忠之，武看藤田茂”。古海忠之作为乙级战犯已经在书中被点名，而同为乙级战犯的藤田茂则未点名。此人在侵华战争中，从日军第 20 军团第 28 联队大佐联队长、第 12 军骑兵第 4 旅团少将旅团长，到第 59 师团中将师团长，他的升官图完全是踩着中国人民的尸体打造的。《我的前半生》中《日本战犯》一节他是隐藏在字面里的人物，不点其名是由于“抚顺所对丙级战犯略其姓名之认识的深化，即为了符合《我的前半生》传主特点及体裁和内容的要求而统筹安排处理点名或不点名的问题”。诚然，藤田茂被沈阳军事法庭判处有期徒刑 18 年后，于 1957 年 9 月提前释放，接下来他脱胎换骨、重新做人的表现，太令中国共产党和中国人民满意了。

以下通过一些史料，简要梳理反映在藤田茂身上的沧桑巨变。

藤田茂自 1913 年 4 月起，五次随军入侵中国，在先后盘踞吉林、河北、山西、河南、山东、湖北等地四年零四个月期间，参与和指挥了两次侵略进攻与 36 次血洗城乡的“讨伐”、“扫荡”。他曾在多地多次制造惨案，杀害中国军民 49000 余人，烧拆房屋 6300 余间，抢走牲畜 1700 余头。更有甚者，仅 1945 年他就指挥部下在光化县老河口一把大火烧了全镇，在胶东烧房 18000 余间，并在济南准备“霍乱作战”。藤田茂训示部下，“俘虏要在战场杀掉算入战果”，仅在山东“秀岭一号作战”中就杀害中国被俘人员六七十人。“以实敌（活人）刺杀作为对新兵之试胆教育（训练）”，仅在山东蒙阴、益都、沂水，刺杀活人靶 100 余人；强迫居民用人身当扫雷工具，仅在山东博山、益都、沂水、蒙阴、青岛、历城等地，有60余人踏探地雷死亡；还强逼居民从事军事劳役后，全部杀人灭口。

就是这样一个双手沾满中国人民鲜血的日本军国主义恶魔，刚走进抚顺战犯管理所时，身穿将官服，肩佩军阶，足蹬马靴，依然是昔日侵华时的凶神派头，并曾表示“宁愿为天皇而死，也要为国复仇”。藤田茂作为日本将官中态度最顽固的一个，不但不认罪，反而说：“我是帝国主义者，你们是共产主义者，我们之间没有谈话的必要。”然而，表面上的淫威掩盖着内心的矛盾和空虚，使得他经常去管理所的图书馆看书解闷。抚顺所的孙明斋所长引导他学习《中国通史》，学习马列著作和毛主席的有关著作以及日本共产党《赤旗报》。当他学习了列宁的《帝国主义论》等著作后，并了解了世界革命形势，特别是中国人民志愿军在朝鲜战场上取得的伟大胜利，开始思考日本的悲惨现实是怎样造成的，以前中国百姓的惨状又是谁造成的。他逐步认识到中国共产党和中国人民的力量，懂得了中国政府改造他是为了给他重新做人的机会。据刘家常、铁

日本战犯藤田茂会见亲属

汉著《战犯改造纪实》记载，藤田茂还认清了战时天皇的反动嘴脸。他说："裕仁在日本拥有占全国总数23.7%的土地和60亿美元的资本，在发动侵华战争期间，私人财产增长275%，原来被我当作最神圣的并为之舍身尽忠的天皇，根本不是代表日本国民的杰出象征，而是一个大地主、大资本家、大骗子，这使我不能不产生一种表达不出来的愤怒和憎恨！"

1956年8月，日本前军人访华团团长远藤三郎到抚顺战犯管理所访问，点名要见当年日本陆军士官学校的老同学藤田茂。藤田茂对老同学丝毫不客气，向他列举了日本军国主义的罪行，教训远藤三郎道："你们都是日本高级将领，在侵华战争中演出了不少类似我们这样的悲剧。我们只有在深刻反省的基础上，取得中国人民谅解的基础上，才有资格谈中日友好。"远藤三郎听后频频点头，表示惭愧。藤田茂回到日本后，当选"中国归还者联络会"首任会长。晚年致力于"中归联"事业，为推进日中友好而奔走呼号。他曾四次率团访问中国，还受到周恩来总理的亲切接见。1982年，88岁的藤田茂去世前，特意嘱咐家人把来中国访问时周总理赠给他的中山装穿在身上，以表示在九泉之下的学生怀念中国老师、系念日中友好之情。在押的全部日本战犯就像《我的前半生》所描述的那样，或迟或早地认罪服法，接受了革命思想教育。中国共产党人的春风化雨之功，远远不仅溥仪所述，以下试举所方管教员杨玉德署名文章《为日、伪战犯保管珍宝时的见闻》（收入抚顺市政协文史委员会编：《震撼世界的奇迹——改造伪满皇帝溥仪暨日本战犯纪实》，中国文史出版社1990年版）中的一段描述为例：

其实，在押的日本战犯，对我们保管其物品，也都是存有疑虑的。记得1956年夏季的一天，我去日本将官监号，前日军59师团司令长官藤田茂对我说："班长，看看东西的有没有，可以吗？"他刚来时思想还很反动，把我们看守人员称作是"下贱人"，还说什么"中国人小气"。他的珍珠玛瑙宝贝比别的日本战犯多，所以他常说，他的

日本战犯归国后自动组织“中国归还者联络会”（中归联）
并出版了自己的回忆录

东西有可能被中国当局所占有。后经多次复核，看到我们所保管的贵重物品均在，才对我们看守人员的态度和称呼有了改变。但心中的疑虑仍未彻底消失。有一天，他又向我提出要核对保管的东西。我答应了他，领他到二所管区那间仓库里。我帮助他从货架上找到他的军用旅行背包。藤田茂解开捆着的双头皮带，来回地翻动着他那些旧物和苏联发给他的劳动用品。我和看守员郝纯昌同志帮他一一清点物品。在清点过程中，我见他从旅行包中拿出一个褐色的长方形小盒。他轻轻地拉开上盖，里边放着一对玉石雕刻的蟋蟀，两只蟋蟀牙齿是白色，翅膀是绿色的，都四脚蹬开，向前用劲，摆出咬斗的姿势，栩栩如生。藤田茂见到他的宝贝蟋蟀完好无损，心中十分高兴。他双手捧着小木盒，目不转睛地仔细观看了很长时间还不舍得放下。他一会儿哈哈大笑起来，一会儿高兴地对我说道：“班长的，你的看，真有意思，它们两个正在打架呢！”

中国社会科学院已故研究员步平，在《我的前半生（批校本）》研讨会上曾说：“战犯改造问题，我以前专门研究过这段历史，还在两位当年的日本战犯陪同下到过抚顺战犯管理所。战犯管理所从所长到工作人员见了日本战犯都非常熟悉、亲热……”是的，一定条件和环境中的日常行为、双向互动所产生的催化作用，胜过某种抽象精神的灌输。历时七十年，中国共产党人“随风潜入夜，润物细无声”的大本领依旧令人回顾品味，并且仍然在各个领域持续着。

三、《三光政策》的出版

《我的前半生》第九章《接受改造》第六节《日本战犯》有这样一段叙述：“他们一回国便出版了一本书：《三光政策》。那些亲身参与了日本军队在中国暴行的人写下了他们如何在中国土地上制造无人区，如何拿中国人民做细菌武器的试验，如何把活人解剖……这本书第一版五万册，在一个星期里便卖光了！”《三光政策》究竟是怎样一本书呢？

在《震撼世界的奇迹——改造伪满皇帝溥仪暨日本战犯纪实》和《中国改造日本战犯始末》两书中，都附录了富永正三、绘鸠毅、三尾豊所撰《中国归还者联络会三十年的脚步》一文。这三位作者都是从抚顺所归国的日本战犯，他们的文章详细介绍了《三光政策》。

富永正三，1941 年 7 月随日本陆军第 39 师团入侵中国，历任见习士官、中队长。1945 年 8 月在中国东北开原县被苏联红军俘获，押至苏联；1950 年 7 月由苏联政府移交中国，1956 年 8 月被中国政府免于起诉。释放归国后，曾担任中国归还者联络会会长。绘鸠毅是藤田茂的属下，1942 年 5 月随日本陆军第 59 师团入侵中国，任陆军军曹。1945 年 8 月在北朝鲜被苏联红军俘获，押至苏联。他与富永正三、三尾豊一样，同时被苏联红军俘获，同时被苏联政府移交中国，同时被中国政府免于起诉。释放归国后，曾任中国归还者联络会常务委员长。三尾豊 1935 年 5 月就随日本侵华军来到了中国东北地区，历任宪兵上等兵、宪兵准尉。释放归国后，曾任中国归还者联络会常务委员。

文章中说，1957 年 3 月，“中归联”编写的《三光政策》一书，由先文社发行。此书忠实地记述了日本军队在中国所犯下的凶恶战争罪行。因该书毫不隐瞒地将日本军队的丑恶暴露出来，受到广大反对战争的人们的热烈支持，当时虽畅销一时，却也受到反动势力的阻挠。非常遗憾的是，该书在初版之后就绝版了。第二年夏季，新读书社又用《侵略》二字作为书名，重新出版此书。1982 年 8 月，“中归联”编著的《新编三光——在中国，日本人做了什么?》由先文社发行。这年，日本国内发生了文部省篡改侵略历史的教科书事件。以此事件为起因，鉴于政治上复活军国主义的倾向有所上升，“中归联”便在这个时候，商求先文社出版此书。发行出售以后，竟成为全国占有第二、三位的畅销书，仅仅在一个月的期间里，就销售了 25 万册。《新编三光——在中国，日本人做了什么?》除收集了“中归联”会员小美野义利写的《日本鬼子》，还有 15 名会员写的参与侵略战争的自白。著名记者本多胜一撰写序言评述该书：“真的反省，真的谢罪，真的行动。我对笔者这种出色的实践，表示由衷的敬意。‘没有反省的民族’变化之日是否已经来了？这种萌芽能否长大，是否具备了成熟条件，令人甚为之悬系。”1984 年 5 月，“中归联”编著《三光（完全版）》一书，由晚声社发行。

2015 年 7 月，群众出版社为纪念世界反法西斯战争胜利 70 周年而出版的《侵华日军的自白》一书，即晚声社发行的《三光（完全版）》的中文译本。该书第一辑为《新编三光——在中国，日本人做了什么?》的内容，第二辑又补入 12 名日本战犯的文章，与第一辑合编，便为《三光（完全版）》，由群众出版社资深编审易孟林担纲责任编辑。富永正三在后记中说：“读者诸君如果能够从本书收录的手记中了解到日本人在中国干了些什么，知道战争使人变成鬼，中国人民靠高尚的道义又使我们由鬼蜮回到人间，则我们深感幸运。”

除野上今朝雄在1956年以个人名义在日本三一书房出版《战犯》一书外，《三光政策》以组织的名义和影响力开日本战犯写书忏悔风气之先。在这以后，从1972年至1989年，日本战犯以组织或个人名义出版的讲述自己如何由人变成鬼以及在获得中国的人道待遇和悉心教育下，又如何从鬼重新变为人的过程的图书，凡21种，在世界出版史上构成一道奇特的景观。看来，虽然《我的前半生》中关于日本战犯的描述所占篇幅很小，但这些内容背后却包含着丰富的故事。通过小篇幅的钩玄提要来寻觅历史风云大舞台，这是研究《我的前半生》成书史不容忽略的地方。或许溥仪最初把他的著作定名为《我是怎样由鬼变人的》也是受到了日本战犯的启发吧。

四、题外的话——跪奉日本战犯的“大下巴”

因为改造得不错，绝大多数日本战犯在《我的前半生》中不点名了，而伪满战犯则有一位在《全本》中未点名，《定本》里对他点了名。

《全本》描写“大下巴”的文字较多，不引。溥仪言其抗拒改造的无赖表现为“要写出来足可比我这本书还厚”。并云：“几十名全体伪满战犯中，最令所方头痛的，还数‘大下巴’。”政审《二稿本》时，“所方”气愤地表示：“169页6行……最令所方头痛的，还数大下巴……我们的意见，‘头痛’最好改表现最坏的大下巴。”“大下巴”何许人也？且看《我的前半生》如是说：

> 许多人从日本战犯大会上感染到的激情犹未消失，这时纷纷起立发言，自动坦白出自己的罪行，并且检举了别人。人们的检举比较集中的是前伪满司法大臣张焕相。他

在“九一八”事变前，做过东北讲武堂教育长、哈尔滨特区行政长官和东北军航空司令。“九一八”事变后，他从关内跑到抚顺老家，千方百计地巴结日本人，给统治者献计献策，上了四十二件条陈，因此，得到了关东军的赏识，并由军政部嘱托爬上司法大臣的位子。他有许多出名的举动，其中一件是他在被起用之前，在家里首先供奉日本神武天皇的神龛，每逢有日本人来找他，他必先跪在神龛前做好姿势等着。另一件是，他曾在抚顺亲督民工修造神武天皇庙，修成后和他老婆每天亲自打扫。在人们的检举声中，他吓得面无人色。后来人们提到他入所以来的种种对抗举动，例如故意糟蹋饭菜、破坏所内秩序、经常对看守员大喊大叫，等等，引起了全场人的愤怒。有人向他提出警告，如果今后再不老实，还要随时揭发他，政府也不会饶他。

倘将《全本》和《定本》对“大下巴”的叙述进行对照，《定本》的这些内容几乎是重新着墨，压抑了《全本》的小说笔法，写得比《全本》集中、简扼。读者当自检。可能是溥仪和李文达接受“所方”的提醒，认为不点“大下巴”的名就便宜他了，一定要把不思改悔比侵略者更加无耻的汉奸的臭名留在历史的耻辱柱上，同时也反映出溥仪经过改造后对民族敌人的深刻认识。

注释：

［1］本文曾以《揭秘〈我的前半生〉中的未点名日本战犯》为题，发表于长春溥仪研究会、伪满皇宫博物院主办内部刊物《溥仪及其时代》。收入该书，删削所有注释。

他挟着欧风美雨而来

——溥仪的英国老师庄士敦

末代皇帝三生有幸，在两千多年的封建社会刚刚就木时，结识了一位难能可贵的外国师傅庄士敦。其人还留下了一部大作《紫禁城的黄昏》与末代皇帝自己的《我的前半生》相辉映（笔者按，这是夸张的说法。其实，无论思想还是艺术，庄著都远不能与溥著相比）。

师生二人以学问交，又因学问而生出误会。

> 老师们对我的功课，从来不检查。出题作文的事，从来没有过。我记得作过几次对子，写过一两首律诗，做完了，老师也不加评语，更谈不上修改。其实，我在少年时代是挺喜欢写写东西的，不过既然老师不重视这玩意儿，我

只好私下里写，给自己欣赏。我在十三四岁以后，看的闲书不少，像明清以来的笔记、野史，清末民初出版的历史演义、剑仙侠客、公案小说，以及商务印书馆出版的《说部丛书》，等等，我很少没看过的。再大一点儿以后，我又读了一些英文故事。我曾仿照这些中外古今作品，按照自己的幻想，编造了不少“传奇”，并且自制插图，自编自看。我还化名向报刊投过稿，大都遭到了失败。我记得有一次用“邓炯麟”的化名，把一个明朝诗人的作品抄寄给一个小报，编者上了我的当，给登出来了。上当的除了报纸编者还有我的英国师傅庄士敦，他后来把这首诗译成英文收进了他的著作《紫禁城的黄昏》，以此作为他的学生具有“诗人气质”的例证之一。

“皇上”当学子就是牛。除封建经史教育，子集之事，师傅不敢过问，随他自由拓展。但是，剽窃投稿应该瞒不过陈宝琛这样的国学大师，只能蒙蒙学问混血的庄士敦。庄师傅的弱点也正是他的强项，皓首穷经的遗老们不可能看得上 20 世纪顶尖的学贯中西的大学者胡适博士，庄师傅则与他混得很熟。《我的前半生》说：“我十五岁时从庄士敦师傅的谈话中，知道了有位提倡白话文的胡适博士。庄士敦一边嘲笑他的中英合璧的‘匹克尼克来江边’的诗句，一边又说‘不妨看看他写的东西，也算一种知识’，我因此动了瞧一瞧这个新人物的念头。”清朝逊帝溥仪后来就真的有了与胡适交往的传奇故事。胡博士是西学东渐后较早受浸淫的重要学者。他比庄士敦的岁数小得多，从这位忘年交那里当然受益匪浅，并且走上了全盘西化的道路。因此，倘追索庄师傅对于溥仪生命价值的意义，恰恰在于他“挟着欧风美雨而来”。

在《我的前半生》第三章《紫禁城内外》第五节《庄士敦》中，著名的《紫禁城的黄昏》之作者正式登场了。以下摘录其中的一些内容。

我的父亲和中国师傅们“引见”雷湛奈尔德·约翰·弗莱明·庄士敦先生的日子，是一九一九年三月四日，地点在毓庆宫。首先，按着接见外臣的仪式，我坐在宝座上，他向我行鞠躬礼，我起立和他行握手礼，他又行一鞠躬礼，退出门外。然后，他再进来，我向他鞠个躬，这算是拜师之礼。这些礼都完了，在朱益藩师傅陪坐下，开始给我讲课……

这位苏格兰老夫子是英国牛津大学的文学硕士。他到宫里教书是由老洋务派李经迈（李鸿章之子）的推荐，经徐世昌总统代向英国公使馆交涉，正式被清室聘来的。他曾在香港英总督府里当秘书，入宫之前，是英国租借地威海卫的行政长官。据他自己说，他来亚洲已有二十多年，在中国走遍了内地各省，游遍了名山大川，古迹名胜。他通晓中国历史，熟悉中国各地风土人情，对儒、墨、释、老都有研究，对中国古诗特别欣赏。他读过多少经史子集我不知道，我只看见他像中国师傅一样，摇头晃脑抑扬顿挫地读唐诗……

……他很欣赏中国茶和中国的牡丹花，常和遗老们谈古论今。……有一次他给我拿来了一些外国画报，上面都是关于第一次世界大战的图片，大都是显示协约国军威的飞机坦克大炮之类的东西。我让这些新鲜玩意儿吸引住了。他看出了我的兴趣，就指着画报上的东西给我讲解，坦克有什么作用，飞机是哪国的好，协约国军队怎样的勇敢。……还有一次，他给我带来一些外国糖果，那个漂亮的轻铁盒子，银色的包装纸，各种糖果的香味，让我大为高兴。他就又讲起那糖果味道是如何用化学方法造成的，那些整齐的形状是机器制成的……

……他教的不只是英文，或者说，英文倒不重要，他更注意的是教育我像个他所说的英国绅士那样的人……

总之，后来在我眼里，庄士敦的一切都是最好的，甚至连他衣服上的樟脑味也是香的。庄士敦使我相信西洋人是最聪明最文明的人，而他正是西洋人里最有学问的人。恐怕连他自己也没料到，他竟能在我身上发生这样大的魅力：他身上穿的毛呢衣料竟使我对中国的丝织绸缎的价值发生了动摇，他口袋上的自来水笔竟使我因中国人用毛笔宣纸而感到自卑。自从他把英国兵营的军乐队带进宫里演奏之后，我就更觉中国的丝弦不堪入耳，甚至连丹陛大乐的威严也大为削弱。只因庄士敦讥笑说中国人的辫子是猪尾巴，我才把它剪掉了。

上述摘录内容说明，早在一百多年前就有崇洋媚外者，就有“外国的月亮也比中国的圆”之论调。溥仪堪称这方面的“楷模”。尽管末代皇帝没有跟着庄师傅渡过英吉利海峡，而是跑到东北给日本人当提线木偶去了，然而，是否可以说，对外国文化（这里指帝国主义文化）缺乏警惕性和批判精神，就有可能堕落成汉奸呢?

再说到溥仪剪“猪尾巴”辫子之事，目前所见史料以庄士敦著《紫禁城的黄昏》记述最详：“紫禁城里所发生的另一件令人震惊的事情是，皇上的辫子不见了。一般人都认为，这件事与我有间接的关系。皇上曾数次向我表达剪掉这个装饰物的愿望。他的叔伯们和家里的其他人，多数都已经剪掉了辫子。他也想剪，但宫里那班人却说什么也不让他剪。他们劝告他，什么人都可剪辫子，作为满族的代表和首领，他应该尊重列祖列宗留下的传统，坚持蓄留辫子。皇上不再同他们争辩。但是，有一天，他突然传唤剃头太监，命他把自己的辫子剪掉。那个太监大惊失色，他知道如果奉命，他必将受到严厉惩罚，甚至人头落地。因此，他苦苦哀求皇上，不要让他来做这件事。见他骇怕如此，皇上一言不发，走到另一个房间，拿起一把剪刀，亲手剪下了自己的辫子。自皇上剪掉辫子后，一连几日，紫禁城里充满了沮丧，宫里的人对我大有愤怒，将指责的矛头对准了我，认为是我唆使的。然而，此事发生不到一个月，紫禁城里就只剩下了三条辫子了（倘未猜错，这三条辫子当为太傅

庄士敦（1874—1938）

陈宝琛、少保朱益藩和内务府大臣绍英——引者注）。而此前至少有一千五百条……”据紫禁城出版社 2010 年版陈捷先著《宣统事典》考证，溥仪于 1922 年 4 月 27 日自己动手剪长辫。这与《我的前半生（全本）》后附“五十三大事记”1922 年目下所云“剪去发辫”一致。

以下补充一些《我的前半生》未述及的材料：庄士敦于 1931 年 10 月下旬回到英国。1934 年公开出版了《紫禁城的黄昏》一书。该书记述了有清一代盘踞紫禁城二百余年后的黄昏时期（从民国成立到 1924 年）的变故，没落的真实情况。庄士敦在书中写道：“谨以此书献给溥仪皇帝陛下，以纪念十五年前于紫禁城建立的友谊，并谨以此书对陛下及生活在关内外的他的人民，致以衷心的祝福。历经这个黄昏与漫漫长夜之后，正在迎来一个崭新而更加美好的黎明（庄士敦在祝福即将潜往东北的溥仪，足见其政治立场——引者注）。”1931 年 10 月溥仪为该书作序：“甲子十月，予自北府入日本使馆，庄士敦师傅首翼予出于险地，且先见日使芳泽言之，芳泽乃礼予，假馆以避乱军。乙丑二月，予复移居天津，距今七年。而庄士敦前后从予于北京、天津之间者约十三年，中更患难。仓皇颠沛之际，唯庄士敦知之最详，今乃能秉笔记其所历，多他人所不及知者。嗟夫！丧乱之余，得此目击身经之实录，信乎其可贵也。庄士敦雄文高行，伪中国儒者所不及。此书既出，予知其为当世所重必矣。辛未九月。”（朱文“宣统御笔”、白文“自强不息”两印为鉴）此序为溥仪在天津时所写，由郑孝胥誊录。据［韩国］金成倍《〈紫禁城的黄昏〉版本考——以与原著版本比较及各国翻译书的介绍、评价为中心》（收录于《第七届溥仪及其时代国际学术研讨会会议文集》）云：“1934年3月，英国维克多·戈兰茨公司（该公司因出版埃德加·斯诺的《红星照耀中国》而闻名世界——引者注）正式出版《紫禁城的黄昏》。该书初版首刷甫出，旋即轰动欧洲，一时洛阳纸贵，随后次刷工作紧锣密鼓地展开。之后，不料仍然供不应求，遂于当年5月、12月又分别进行了第3刷本、第4刷本增发。”金成倍文章还介绍了《紫禁城的黄昏》英文版后续出版情况，日语译本、法语译本、韩语译本的出版情况，中文译本的大陆版本和台湾版本的出版情况。可参看。